GRAMÁTICA COMPARADA DEL KREYOL Y DEL ESPAÑOL

GRAMÁTICA COMPARADA DEL KREYOL Y DEL ESPAÑOL

CON SUPLEMENTOS EN INGLÉS Y FRANCÉS

Tercius Belfort Noëlsaint

authorHOUSE®

AuthorHouse™
1663 Liberty Drive
Bloomington, IN 47403
www.authorhouse.com
Teléfono: 1 (800) 839-8640

Publicada por AuthorHouse   05/28/2015

ISBN: 978-1-5049-0330-1 (tapa blanca)
ISBN: 978-1-5049-0329-5 (libro electrónico)

Numero de la Libreria del Congreso: 2015906191

Información sobre impresión disponible en la última página.

Las personas que aparecen en las imágenes de archivo proporcionadas por Thinkstock son modelos. Este tipo de imágenes se utilizan únicamente con fines ilustrativos. Ciertas imágenes de archivo © Thinkstock.

Este es un libro impreso en papel libre de ácido.

Tab matyè ~ Tabla de contenido

BÈL

Kontwòl Kreyòl : Gramè kreyòl-espanyòl
Yon gid konplè gramè kreyòl-espanyòl

☆ Règ gramè	☆ Reglas gramaticales
☆ Dyalèk ak kilti kreyòl	☆ Dialectos y cultura del kreyòl
☆ Konparezon ak lòt lang	☆ Comparación de idiomas
☆ Istwa, kont, literati	☆ Historia, cuentos y literatura
☆ Teknik pou tradiksyon	☆ Técnicas de traducción
☆ Vokabilè ak egzèsis	☆ Vocabularios y ejercicios

Una guía completa de gramática kreyòl-Español

Bèl Kontwòl kreyòl: Gramè kreyòl-espanyòl sa a se yonn nan yon seri liv an plizyè lang (kreyòl-anglè-espanyòl-fransè) ki plis pase yon gramè. Li se pito yon liv referans ki genyen ladann, pami anpil lòt bagay: (1) apresyasyon lang an jeneral e lang kreyòl an patikilye; (2) istwa ak orijin kreyòl ayisyen an; (3) règ gramè kreyòl ki koresponn a règ gramè tout lòt lang an jeneral e règ espesyal kreyòl an patikilye; (4) vokabilè ki koresponn a tout nèf pati diskou gramatikal yo (atik, non, pwonon, adjektif, vèb, advèb, prepozisyon, konjonksyon ak entèjeksyon) ansanm ak tout lòt vokabilè de baz ki endispansab pou yon moun pale yon lang etranje (L2); (5) kreyòl konpare, sa vle di rapò kreyòl la ak lòt lang tankou espanyòl, anglè ak fransè; (6) aspè metalengwistik ak pragmatik, sa vle di kreyòl la nan kontèks kiltirèl li; (7) tèks kreyòl pou ede apranti a li kreyòl la trè byen ; (8) Bèl Kontwòl kreyòl baze sou prensip ak metodoloji didaktik tankou: preparasyon ak prezantasyon materyèl yon fason lojik, ki chita sou bezwen apranti a, ki soti sou sa yon moun konnen rive sou sa l poko konnen, soti sou sa ki pi senp pou rive sou sa ki pi konplike, sou repetisyon ak imèsyon, sou prensip evalyasyon ansanm ak sou patisipasyon aktif moun k ap aprann nan.

Li konsidere tou sa ki rele WIDS (Worldwide Instructional Design System) e li konpatib ak evolisyon teknolojik la nan moman globalizasyon sa a (imèl, ibouk…). An jeneral, seri Kontwòl kreyòl la ap ede nou pran kontwòl lang kreyòl la pandan n ap KLEP li, sa vle di: pandan n ap Koute, Li, Ekri e Pale kreyòl ayisyen an.

Men tout sa nou jwenn nan koleksyon miltileng sa a: Bèl **Kontwòl kreyòl -Gramè**; Bèl **Kontwòl kreyòl: Diksyonè miltileng an 4 lang**; Bèl

Este libro denominado "Bèl Kontwòl kreyòl: Gramè kreyòl-español" es uno de una colección de libros en varios idiomas (kreyòl-inglés-español-francés) que es más que una simple gramática. Es más bien un libro de referencias que tiene estos segmentos, entre otros: (1) apreciación del idioma en general y del kreyòl en particular; (2) historia y origen del kreyòl haitiano; (3) las reglas gramaticales del kreyòl que corresponden a las de todos los idiomas y de las reglas especiales del kreyòl en particular; (4) vocabulario que corresponde a las nueve partes del discurso gramatical (artículo, nombre, pronombre, adjetivo, verbo, adverbio, preposición, conjunción e interjección) asi como todos los demás vocabularios de base que son indispensables para que uno pueda aprender un segundo idioma (L2); (5) el kreyòl comparado, es decir la relación del kreyòl con los demás idiomas tales como el español, el inglés y el francés, (6) el aspecto metalingüístico y pragmático, es decir el kreyòl en el contexto cultural; (7) textos en kreyòl que ayudan a aprender bien el idioma; (8) Bèl Kontwòl kreyòl se basa en el principio y metodología didáctica tales como: preparación y presentación del material de una manera lógica, que considera las necesidades del aprendiz, que se basa en lo que el aprendiz ya conoce para llegar a lo que no conoce, que va de lo más simple a lo más complicado, en la repetición e inmersión, sobre el principio de evaluación asi como la participación activa del aprendiz.

El libro considera también lo que se llama WIDS (Worldwide Instructional Design System) y es compatibe con la evolución tecnológica en este momento de globalización (correo electrónico, facebook, e-book…). En general, esta serie de Kontwòl kreyòl ayudara a uno a tomar el control del idioma kreyòl haciendo lo que llamamos

Kontwòl kreyòl -Konvèsasyon kreyòl avèk yon CD e ki kapab prezante sou fòm Powerpoint e Kiryozite nan lang kreyòl, español, anglè ak fransè.

Men tout sa nou jwenn nan koleksyon miltileng sa a: Bèl **Kontwòl kreyòl -Gramè; Bèl Kontwòl kreyòl: Diksyonè miltileng an 4 lang; Bèl Kontwòl kreyòl -Konvèsasyon kreyò**l avèk yon CD e ki kapab prezante sou fòm Powerpoint e Kiryozite nan lang kreyòl, Espanyòl anglè ak fransè.

Otè a genyen yon bakaloreya nan Kontablite e yon Mastè an edikasyon, nan "Instructional Design and Technology of Education". Li anseye nan nivo elemantè, nivo segondè ak inivèsitè an Ayiti e a letranje. Li tou se yon ansyen anplwaye Konsila Jeneral d Ayiti nan Pòto Riko.

Pou fini, li se manm ou ansyen militan plizyè òganizasyon ki p ap travay pou pwofi (ONG), men k ap lite pou yon Ayiti miyò. Li se otè plizyè lòt liv tankou: Haití, Mito y Realidad; Haití, Grandeza, Decadencia y Futuro; "Religious Bilingual Agenda and information", pami anpil lòt. Li ekri tou atik, powèm ak chan angaje e relijye (nou ka konsilte CD: The Gospel GPS Group: Men mwen zanmi, kote ou ye?, desanm 2013).

Nan liv sa a, nou itilize mo <u>kreyòl</u> olye nou ekri l an espanyòl (criollo) oubyen an anglè (Creole).

KLEP: escuchar, leer, escribir y hablar el kreyòl haitiano.

A continuación está el contenido de la colección multilingüe: Bèl Kontwòl kreyòl: Gramática kreyòl-español; Bèl kontwòl-kreyòl: gramática kreyòl-inglés; Bèl kontwòl kreyòl: gramática kreyòl-francés; Bèl kontwòl kreyòl: Diccionario multilingüe en 4 idiomas; Bèl kontwòl kreyòl: Conversación en forma de multimedia (CD, Powerpoint…) y Curiosidades en el criollo, Españyol, inglés y francés.

El autor posee un bachillerato en Contabilidad y una maestría en Educación, concentración en: Diseño Instruccional y Tecnología Educativa. Ha enseñado a niveles elementarios, segundarios y universitarios tanto en Haití como en Puerto Rico y en Florida. Es también ex empleado del Consulado General de la República de Haití en Puerto Rico. Para terminar, es miembro y ex miembro de varias organizaciones sin fines de lucro (ONG) que abogan por un Haití mejor. Es autor de varias obras tales como: Haití, Mito y Realidad; Haití: Grandeza, Decadencia y Futuro; Religious Bilingual Agenda and Information, entre otros. Escribe también poemas y canciones comprometidas y religiosas (ver CD: The Gospel GPS Group: Men mwen zanmi, kote ou ye?, diciembre del 2013). Utilizamos en este libro la palabra "kreyòl" en vez de "criollo" o "Creole".

Entwodiksyon a Bèl Kontwòl Kreyòl / Introducción al Bèl Kontwòl kreyòl

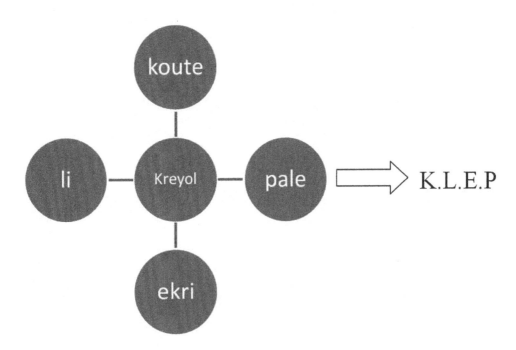

Seri Bèl Kontwòl Kreyòl sa a, an patikilye gramè kreyòl-espanyòl sa a, prezante yon fason pou moun kapab koute, li, ekri epi pale lang kreyòl ayisyen an ansanm ak lòt lang ki soti nan lang franse ak nan lang afriken yo. Sa vle di, moun nan ap kapab KLEP kreyòl la.

Sa sa ye KLEP?

KLEP se yon akwonim, yon sig ki vle di: **Koute, li, ekri ak pale.** Pou yon moun rive pale yon lang, li dwe pase nan wout sa a. Yon ti bebe dwe koute manman l ak papa l pale yon lang anvan l kòmanse di kèk mo. Pi ta, li pale lang lan kareman san l pa oblije li ak ekri anyen. Si timoun nan al lekòl, pwosesis aprantisaj la ka vini pi fasil e pi konplè. Yon moun ki analfabèt, sa vle di ki pa konn ni li ni ekri, kapab toujou pale yon lang li t ap koute anvan.

Eksperyans montre yon moun ki koute (tande) yon lang men ki pa rive fè aprantisaj pale l, e sitou si moun sa a pa twouve l nan yon milye kote li plonje vrèman nan pratike lang lan (imèsyon), moun sa a kapab konprann lang lan, men li pap kapab rive pale l. Sa fè pati de sa lengwis yo rele **fosilizasyon**. Nou ta di lang moun nan rabi. Milye tankou: lekòl, legliz, mache, reyinyon asosyasyon, klib kiltirèl, tout kote sa yo fasilite moun pratike yon lang. Kidonk, li ta bon pou moun k ap aprann lang kreyòl la chèche mwayen non sèlman pou l koute l, li l, ekri l, men li enpòtan pou l pratike l, pou l pale l. Lè sa a, l a kapab di : kreyòl pale, kreyòl konprann!

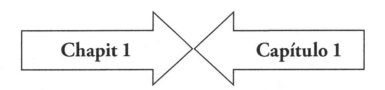

Konsiderasyon sou lang an jeneral

APRECIACION GENERAL

METÒD: KOUTE, LI, EKRI & PALE KREYÒL	MÉTODO: ESCUCHAR, LEER, ESCRIBIR & HABLAR KREYÒL

1.1 Konsiderasyon sou lang an jeneral

Pale de (2) lang jounen jodi a pa sifi. Kounye a, nou nan moman globalizasyon, nan moman pwogrè teknolojik, syantifik ak enfòmasyon. Se yon moman chanjman rapid, jan Thornburg te prevwa sa depi 1992. Dapre li, apati lane 2000, nou t apral viv nan yon moman de: **"chanjman rapid, yon mond globalize, yon tan de avansman nan edikasyon teknolojik moun potko janm wè…An menm tan tou, se yon tan ki plen anpil defi, menas ak opòtinite".** Nan menm ide sa yo, koleksyon Bèl Kontwòl kreyòl sa a prevwa chanjman yo ap afekte jan moun aprann yon lòt lang e se pou sa nou prepare nou pou leve defi a.

Anplis, yon moun ki bezwen aprann yon lang dwe konpare pwòp lang li deja konnen an ak sa lap aprann nan.

1.1 Consideración acerca de los idiomas en general.

Hablar dos idiomas hoy en día no es suficiente. Ahora, estamos en una era de globalización, en un momento de progreso tecnológico, científico e informático. Es un momento de cambio rápido, según lo vaticinió Thornburg desde el año 1992. Según él, a partir del año 2000, íbamos a vivir en un momento de " cambio rápido, en un mundo globalizado, un tiempo de avance a la educación tecnológica jamás visto… A la vez, se trata de un tiempo lleno de desafío, de amenazas y de oportunidad". En esta misma orden de idea, el documento "Bèl Kontwòl kreyòl" ha previsto que los cambios afectaran la manera en que la gente aprenda un segundo idioma, de manera que nos pongamos listos para levantar el desafío.

También, el libro facilita que uno pueda aprovechar para comparar su propio idioma con el que está aprendiendo.

Konsa tou, nan koleksyon Bèl Kontwòl Kreyòl la, nou mete anpil enfòmasyon ki gen pou wè ak konvèsayon chak jou, vokabilè anpil lòt matyè moun aprann lekòl, refleksyon ak anpil lòt tèm jeneral, san konte anpil egzanp ak egzèsis, dekwa pou aprantisaj la ka sanble tèt koupe ak anbyans lavi kouran moun kap aprann nan.

Pa konsekan, nou panse [ke] liv kreyòl sa yo kapab itil nan plizyè aspè. Si ou genyen li nan men ou, pa kouri mete l yon kote. Si w poko genyen l, chache fè sa. Li posib yon lè, ou ka bezwen l.

Pusimos mucha información relacionada con la conversación diaria, vocabulario de varias materias que uno aprende en las escuelas, reflexiones y temas generales, sin mencionar numerosos ejemplos y ejercicios, de manera que el aprendizaje se parezca con el ambiente del aprendiz. Pensamos pues que este libro pueda ser útil en varios aspectos. Si lo tiene en su mano, aprovéchaselo; si no lo tiene todavía, búsquelo. Lo puede necesitar.

1.2 KONSIDERASYON PEDAGOJIK

Nou te wè pou yon moun aprann byen yon lang, li dwe konsidere yon seri faktè ki rele KLEP, sa vle di **Koute** moun kap pale lang lan, **Li** lang lan, **Ekri** lang lan e **Pale** li. Se avèk rezon ke filozòf la te di tout konesans nou genyen pase nan sans nou yo (zorèy, je, men, bouch…). Metòd KLEP-KREYOL la se yon manyè, yon fason pou moun kapte, nou ta di menm "vòlè" kreyòl la rapid mete nan tèt li. Se yon metòd global total kapital. Ann pran kèk egzanp : Yon moun ki pale espanyòl byen konnen diferans an pwononsyasyon, an ekriti e an siyifikasyon ant taza (cup) e tasa (tax); ant jamón (jam) y jabón (soap); ant bellón e ficha (moneda, según la región), etc. Si yon moun pale franse byen, li konnen diferans ant "yeux" e "oeils"; ant "aïeux" et "aïeuls" e li konnen pwononse byen fraz sa a "les héros de l'indépendance". Si yon moun maton nan anglè, li kapab distenge pwononsyasyon e siyifikasyon mo sa yo, pa egzanp: "child and children"," island", to lead and the lead (metal), elatriye (elt). Moun sa yo te pase nan kat etap aprantisaj lang yo.

1.2 Apreciación pedagógica

Vimos para que uno pueda aprender bien un idioma, hay varios factores a considerarse. Entre estos factores está lo que se llama KLEP: escuchar la gente hablar el idioma; leer el idioma; escribirlo para finalmente hablarlo. El filosofo tenía razón cuando dijo que todo conocimiento pasa por nuestros sentidos (oreja, ojo, mano, boca…). El método KLEP kreyòl es un medio para captar, diríamos "robar" el idioma kreyòl de una manera rápida. Es un método global total capital. Por ejemplo, el que habla el español muy bien conoce la diferencia en pronunciación, en escritura y en significado entre taza y tasa, entre jamón y jabón, entre bellón y ficha, entre otros. Si uno domina el francés, conoce la diferencia entre **yeux** y **oeils**, entre **aïeux** y **aïeuls** y sabe pronunciar bien la oración " **Nous sommes fiers de nos héros de l'indépendance**". Si uno sabe muy bien el inglés, puede distinguir en pronunciación y en significado las palabras **child** y **childre**n, **island, to lead y the lead**, entre otros. Esas personas pasaron por las cuatro etapas del KLEP en su idioma.

1.2.1 Pouki sa yon moun ta dwe aprann yon lòt lang?

Yon moun kapab aprann yon lòt lang pou plizyè rezon : (1) pou l kominike ak lòt moun (enteraksyon), (2) pou l aprann lòt enfòmasyon ak lòt kilti, (3) pou l fasilite vwayaj li aletranje, (4) pou l ede lòt moun, (5) pa kiryozite, (6) pou fè tan pase, (7) paske lang lan bèl, (8) pou rezon travay, pami lòt rezon ankò. Ou ka gen pwòp rezon pa ou pou aprann kreyòl.

Tout moun bezwen kominike nan yon lang. Dapre Andreas Kemke (Andrews Larry, Linguistics for L2 Teachers, p. 20), menm Bondye genyen yon lang: Li konn pale swedwa, tandiske Adan ak Ev ta konn pale danwa; sèpan li menm ta konn pale franse.

1.2.2 Objektif Bèl Kontwòl Kreyòl.

Bi koleksyon liv sa yo se fasilite aprantisaj oubyen akizisyon lang kreyòl de baz franse a pou moun ki pale espanyòl. Konsa tou, li kapab fasilite moun ki pale kreyòl yo vin aprann espanyòl pi fasil, oubyen konpare de lang yo.

Nou kwè jous jounen jodi a, koleksyon liv sa a reyini plis règ, atou ak egzanp, an akò avèk òtograf ofisyèl kreyòl ayisyen an. Nou kwè tou, si yon moun reyini tout koleksyon kontwòl kreyòl la, li kapab rive pran kontwòl lang lan jous li rive vin maton ladan n.

1.2.1 ¿Por qué aprender otro idioma?

Uno puede aprender otro idioma por varias razones: (1) para comunicarse con otras personas (interacción), (2), para aprender otra información y otra cultura, (3) para facilitar su viaje al extranjero, (4) para poder ayudar a otras personas, (5) por curiosidad, (6) para hacer pasar el tiempo (pasatiempo), (7) porque el idioma es bonito, (8) por razones del trabajo, entre otros. Usted puede tener su propia razón para aprender el kreyòl.

Todo el mundo necesita comunicarse. De acuerdo con Andreas Kemke (ver Andrews Larry, Linguistics for L2 Teachers, p. 20), hasta Dios habla un idioma: el sueco; Adan y Eva hubieran hablado el danés, y el serpiente, el francés.

1.2.2 Objetivos de Bèl Kontwòl Kreyòl

La meta de este documento es facilitar el aprendizaje o la adquisición del idioma kreyòl de base francesa. También, puede facilitar al que sabe ya el kreyòl a aprender el español de manera más fácil o poder comparar los dos idiomas.

Otra meta de esta serie de libros es facilitarle al estudiante a nadar en mucha información en un ambiente adecuado al aprendizaje fácil e casi inconsciente.

1.2.3 Ti non jwèt lang yo

Alman se lang [de] **Get**
Anglè se lang [de] **Chekspi**
Panyòl se lang [de] **Sèvantès**
Esperanto se lang [de] **Zamenòf**
Franse se lang [de] **Molyè ou Voltè**
Grèk se lang [de] **Omè**
Laten se lang [de] **Sisewon**
Italyen se lang [de] **Dant**
Nelandè se lang [de] **Vondel**
Pòtigè se lang [de] **Kamoz**
Ris se lang [de] **Tolstoyi**
Kreyòl se lang [de]**?**

1.2.3 Apodos de ciertos idiomas

Alemán es el idioma de **Goethe**
Inglés es el idioma de **Shakespeare**
Español es el idioma de **Cervantés**
Esperanto es el idioma de **Zamenhof**
Francés es el idioma de **Molière ou de Voltaire**
Griego es el idioma de **Homère**
Latín es el idioma de **Cicerón**
Italiano es el idioma de **Dante**
Nerlandés es el idioma de **Vondel**
Portugués es el idioma de **Camões**
Ruso es el idioma de **Tolstoi**
Kreyòl es el idioma de**?**

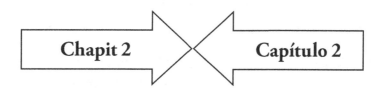

2.1 Konsiderasyon sou lang kreyòl an jeneral

"Si no se conoce el valor de las lenguas de los hombres, no se conoce a los mismos." (Confucio, Analectas, 2, XX,3)

2.2 Sa sa ye Kreyòl?

Kreyòl soti nan yon mo pòtigè "Crioulo" oubyen "criolo", mo ki li menm ta soti nan vèb laten "criare", sa vle di, elve lakay yon mèt, domestik. Moun te itilize mo a nan Lamerik pou deziye timoun ki fèt nan koloni an, men ki gen paran ewopeyen. Nan yon sans jeneral, men ki sa kreyòl te vle di:

2.2.1 Nèg ki fèt nan koloni an.

2.2.2 Kenpòt timoun ki fèt nan koloni an ki diferan de yon timoun blan ou timoun nwa sèlman.

2.2.3 Lang ewopeyen ki kowonpi, sa vle di lang nèg mal itilize lè yap kominike avèk mèt yo.

2.2.4 Yon vèsyon redui oubyen senplifye de lang kolon an ki se yon seri imitasyon pou fè esklav la rive kominike pi byen ak mèt li (Bloomfield & Clarence, 1961);

2.2.5 Kreyòl se tankou yon tablo penti miltikolò, paske li soti nan divès sous kiltirèl: endijèn, espanyòl, franse, lang afriken ak angle

2.2.6 Kreyòl se yon lang d izaj imedyat, yon lang kote nou eksprime folklò nou, kote nou fè sansasyon nou pase, yon lang ki gen anpil fòs (Césaire).

2.2 Qué es el Creole?

La palabra **creole** o **kreyòl** o **criollo** vendría del **portugués crioulo o criolo**, participio pasado del verbo latín criare que significa **criado en la casa del amo, doméstico**. En América, este vocablo se refería al niño nacido en las colonias, pero de parientes europeos. En un sentido más amplio, kreyòl significaba:

2.2.1 Negros nacidos en la colonia, autóctonos.

2.2.2 Mestizos, distintos de los blancos puros o de los negros puros.

2.2.3 Idioma europeo adaptado (corrupto) en la relación con los negros.

2.2.4 El kreyòl es una versión reducida o simplificada del lenguaje de los amos, producto de una serie recursiva de imitación (Bloomfield & Clarence, 1961).

2.2.5 El kreyòl es como una mezcla de pintura multicolor (Paultre,1982), pues él proviene de varios pueblos: indígenas, españoles, franceses, ingleses y africanos.

2.2.6 El kreyòl es el idioma de la inmediatez, la lengua del folclor, de los sentimientos y de la intensidad (Césaire, escritor martinico francés, citado por Archer, 1988).

2.3 Diferan kalite lang kreyòl

Kreyòl se pa yon lang ki pale sèlman an Ayiti kote gen anviwon 10 milyon moun kap itilize l chak jou anndan peyi a, san n pa bliye plizyè milye lòt ayisyen nan peyi etranje. Nou jwenn lang kreyòl la nan lemond antye, menm si kreyòl sa yo gen baz diferan. Nou jwenn kreyòl la depi soti Oseyan Atlantik pou rive jous nan Oseyan Endyen e Oseyan Pasifik. Dapre yon enstitisyon ki rele "Summer Institute of Linguistics" (SIL), genyen anviwon swasannsis (66) kalite lang kreyòl nan lemond, e lamajorite nan yo gen kenz lang kòm baz. Pa egzanp, nou jwenn baz afriken, alman, espanyòl, fransè, angle ak pòtigè. Dapre Paultre (1982), se nan rejyon Karayib la nou jwenn plis moun ki pale kreyòl. Dapre Dr. Albert Valdman, se an Ayiti nou jwenn twaka moun ki pale kreyòl nan lemond.

2.3 Diferentes tipos de kreyòl

El kreyòl no se habla únicamente en Haití por aproximadamente doce millones de haitianos de adentro y de afuera del país. El mismo se habla desde el Océano Atlántico hasta el Océano Índico y Pacífico. Según la institución denominada SIL (Summer Institute of Linguistics), hay unos sesenta y seis tipos de idiomas kreyoles en el mundo y que la mayoria de ellos tienen quince idiomas de bases tales como el francés, los idiomas africanos, el alemán, el español, el inglés y el portugués. De acuerdo con Paultre (1982), es en el Caribe que encontramos la mayoría de los kreyolófonos y el Dr M. Albert Valdman de añadir que es en Haití que encontramos la mayoría de la gente que hablan el kreyòl.

2.4 Non kèk lang kreyòl nan lemond / Nombres de algunos tipos de kreyòl en el mundo[1]

País	PEYI	Nombre del kreyòl	base
Australia del norte	Pati nò Ostrali	Kriol	Inglés
Canadá	Kanada	Joual (o Chwal)	Francés
Colombia	Kolonbi	Palenquero	Español
Curaçao, Aruba & Bonaire	Kiraso, Awouba ak Bonè	Papiamento	Español
Dominica	La Dominik	Criollo antillano (Kokoy)	Francés
Filipinas	Filipin	Chabacano	Español
Guadalupe	Gwadloup	Creol de Guadalupe	Francés
Guyana	Giyàn	Creol guyanés	Francés
Haití	Ayiti	Kreyòl	Francés
Isla de la Reunión	Lil La Reyinyon	Creol reunionés	Francés
Isla de Mauricio	Lil Moris	Creol de Mauricio	Francés
Jamaica	Jamayik	Creol de Jamaica (Jamaican talk)	Inglés
Louisiana	Lwizyàn	Cajun /gombo	Francés
Martinica	Matinik	Creol de Martinica	Francés

---

[1] Ver en internet los ejemplos de lenguas criollas

Papua (Nueva Guinea)	Papwa (Nouvèl Ginen)	Tok Pisin	Inglés
Isla de Rodríguez	Lil Rodrig	Creole mauriciano	Francés
Santa-Lucia	Sent Lisi	Creole de Santa Lucia	Francés
Islas de Seychelles	Lil Sechèl	Seselwa	Francés
Trinidad	Trinidad	Creole de la Trinidad	Inglés
San Bartolomé	Sen Ba	Creole de St Barth	Francés
Surinam	Sirinam	Taki taki /sranan/ sranan tongo	Inglés
Vanuatú	Vanwatou	Bislama	Inglés

Formación u orígenes del kreyòl

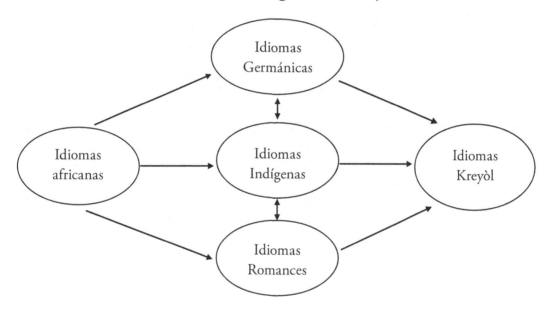

(Idiomas romances: español, francés; idiomas germánicos: holandés, inglés; idiomas africanos: los de Nigeria-Congo en particular; idiomas indígenas: arahuaco, maya etc.).

2.5 Inite malgre varyete lang kreyòl yo

Menm lè yon mo kreyòl soti nan yon lang de baz, sa li vle di a kapab yon jan diferan de mo orijin nan. Dapre Dorin (1973), kreyòl ayisyen an, menm lè nèf sou chak dis mo li genyen soti nan franse, li rete yon lang otonòm. Pou Pressoir menm (1947), kreyòl se pa yon defòmasyon lang franse. Nou kapab konpare kreyòl la ak franse a menm jan nou kapab konpare espanyòl ak italyen oubyen ak laten. Anplis, varyete ki egziste a pa anpeche gen kèk bagay an komen nan tout lang kreyòl ki egziste, annou di sitou nan kreyòl karayib yo.

Esklav yo te soti nan diferan peyi afriken e yo te vini avèk yon seri eleman kiltirèl tankou relijyon ak langaj. **Anplis, dapre Devonish (1986), divèsite lengwistik kiltirèl esklav yo te konvèje nan Karayib la nan fanmi lang "Nigeria-Congo", paske yo tout te pale lang sa a, espesyalman lang afriken ki rele "Mande" e "Kwa". Se pou rezon sa a nou wè yon bon jan resanblans ant tout lang kreyòl ki nan Karayib la, menm lè baz yo diferan, paske yo gen menm enfliyans afriken an.**

2.5 Unidad en la diversidad de los idiomas kreyoles

Aún cuando el kreyòl es de base francesa, el significado de una palabra kreyòl puede ser un poco diferente de la palabra de origen. De acuerdo con Dorin (1973), el kreyòl haitiano se queda autóctono, aún cuando nueve de cada diez palabras venga del francés. Para Pressoir (1974), el kreyòl no es una deformación del francés; el kreyòl es al francés como los idiomas romances son al latín. Además, la diversidad del kreyòl no impide que haya algo en común entre todo tipo de kreyoles existentes, especialmente los del Caribe.

Los esclavos vinieron de todas partes de Africa y se acompanaron de elementos culturales tales como la religión y el idioma. De acuerdo con Devonish (1986), la diversidad lingüístico-cultural de los esclavos se encuentran en el Caribe en la familia de idiomas Nigeria-Congo, porque todo el mundo había hablado esos idiomas, espcilmente **los idiomas mandé y kwa**. Es por esta razón que hay una similitud entre todos los idiomas del Caribe, aún cuando las bases son diferentes. Todos tuvieron la influencia africana.

K	L	E	P		
K	R	E	Y	O	L

EGZESIS-DEVWA / ASSIGNMENT

Saktefèt(revizyon)?

Sakafèt (pwogram)?

Sakpralfèt (pwojè)?

A. Reponn kesyon sa yo

1) Poukisa ou enterese aprann kreyòl?

2) Fè yon lis ak tout mo ou ekspresyon kreyòl ou deja konnen.

3) Chèche e note pou klas la ki kote nou konn KOUTE kreyòl.

4) Ki pwogram radyo ak televizyon an kreyòl ki genyen nan kominote kote wap viv la? Ki frekans yo ? Ki orè yo (kilè yo emèt) ?

5) Ki materyèl ekri an kreyòl nou kapab LI nou ka jwenn nan bibliyotèk la, nan libreri a oubyen prete nan men yon zanmi?

6) Chèche nan bibliyotèk la e nan lòt sous tankou entènèt lis dokiman ki genyen an kreyòl (liv, revi, jounal, materyèl odyovizyèl…).

7) Chèche e dokimante pou klas la kèk zouti an kreyòl nou kapab koute e apresye tankou: k-7, sidi, dvd, prezantasyon PowerPoint, dokimantè, fim, dokiman sou youtoub, enfòmasyon ou priyè pre-anrejistre, powèm, enfòmasyon sou **itune**, Im nasyonal ak lòt dokiman folklorik, elt.

B. Algunos gentilicios en kreyòl. Traduzca los mismos al español, utilizando el diccionario.

País		Nombre de los habitantes
Peyi	Abitan (kreyòl)	habitante (español)
Afrik	afriken	-----------------------
Almay	alman	-----------------------
Angletè	anglè	-----------------------
Ayiti	ayisyen	-----------------------
Beljik	belj	-----------------------
Espay	panyòl (espanyòl)	-----------------------
Etazini	ameriken	-----------------------
Gwadloup	gwadloupeyen	-----------------------
Kanada	kanadyen	-----------------------
Kiba	kiben	-----------------------
Kolonbi	kolonbyen	-----------------------
Lafrans	fransè	-----------------------

Matinik	matiniken	-------------------------
Mawòk	mawoken	-------------------------
Ondiras	ondiryen	-------------------------
Ozend	endyen	-------------------------
Pòtigal	pòtigè	-------------------------
Pòtoriko	pòtoriken	-------------------------
Senegal	senegalè	-------------------------

C. Preguntas: 1. ¿Nombrar los países de habla kreyòl cuya base es el francés? 2. ¿Nombrar los países de habla kreyòl cuya base es el inglés? 4. ¿Nombrar los países de habla kreyòl cuya base es el holandés? 5. ¿Nombrar los países de habla kreyòl cuya base es el español?

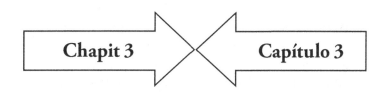

Chapit 3 ⤫ Capítulo 3

Kreyòl Ayisyen

3.1 Karakteristik prensipal lang kreyòl ayisyen an

Kreyòl ki gen pou baz lang franse a genyen karakteristik sa yo:

3.1.1 Mo yo pa chanje (mo envaryab, tankou lang chinwa ak lang afriken yo)

3.1.2 Pa gen zafè jan (maskilen-feminen) ak nonb (sengilye-pliriyèl), menm si gen kèk eksepsyon.

3.1.3 Repetisyon plizyè mo oubyen ekspresyon pou bay plis fòs, plis jarèt.

3.1.4 Izaj de "Ti" devan plizyè non (sans pejoratif, diminitif oubyen tandrès)

3.1.5 Detèminan yo (atik, adjektif posesif, adjektif demonstratif…) plase apre mo yo modifye a. Li enpòtan pou nou souliye atik endefini yo (yon, on) e adjektif nimeral yo toujou plase anvan non yo modifye yo. Ex: Kay la; machin nan; yon chyen; de tablo

3.1.6 Nazalizasyon oubyen demakasyon plizyè son franse: nanchon (nasyon); levasyon (edikasyon); ganyen (genyen); panyen (panye); prizonye (prizonye)

3.1.7 Itilizasyon anpil abrevyasyon (wè tab abrevyasyon an pi devan)

3.1 Ciertas características del kreyòl

El kreyòl se caracteriza por:

3.1.1 La invariabilidad de su palabra (como es el chino)

3.1.2 La ausencia de género y número de los nombres

3.1.3 La repetición de ciertas palabras por cuestión de énfasis.

3.1.4 El uso frecuente de ti (pequeño) ante el nombre. Ej. Ti Jak, ti Pyè, ti Mari (a veces, a la palabra **ti** se le añaden las partículas: zoulout, piti, zuit, gout, zing, bren, kal, eks., para indicar lo pequeñísimo o el cariño).

3.1.5 Colocación posterior de los determinantes (los artículos definidos, los posesivos, los demostrativos y ciertos adjetivos). Los artículos indefinidos (yon, on) y los adjetivos numerales se anteponen a la palabra que determinan. Ej. : Kay la (la casa); machin nan (el carro); yon chyen (un perro); de tablo (dos cuadros)

3.1.6 La nasalización de ciertos sonidos franceses: Ganyen (ganar); panyen (canasta); prizonye (prisionero).

3.1.7 El uso de muchas abreviaciones (ver tabla de abreviaciones).

3.2 Ki kote kreyòl ayisyen an soti?

Pandan 16èm ak 17èm syèk yo, yon seri peyi kolonizatè (Lafrans, Angletè, Espay ak Pòtigal) te gen koloni kote esklav yo ak kolon yo te oblije fè yon jan pou yo rive kominike antre yo. Se nan lide sa a kreyolis ayisyen Suzanne Comhaire-Sylvain (1936) te fè remake kreyòl ayisyen an te pran nesans nan **Lil Latòti** lè yon ayisyen tap eseye pale ak yon flibistye franse. Se nan sans sa a tou Sexus di avèk rezon ke **"yon lang pran nesans nenpòt kote kominikasyon twouve l an difikilte"**. Konsa tou, gen moun ki kwè kreyòl ayisyen an te fèt pa mwayen yon pwosesis senplifikasyon lang franse a oubyen pa mwayen entèferans.

3.2.1 Teyori senplifikasyon an.
Pelleprat (1655), yon pè franse, eksplike li menm ak kolèg li yo te fè espre pou yo chanje lang franse a pou yo te kapab fasilite ansèyman katechis la pi byen a esklav yo. Li presize li te akomode langaj la lè li te izilize yon fòm redui jeneralman a enfinitif vèb kote li te ajoute yon mo (patikil) pou endike si se tan pase, tan prezan oubyen tan fiti.

3.2.2 Teyori entèferans lan.
Dapre teyori sa a, **pidjin ak kreyòl** ta ne kòm rezilta langaj ki te modifye totalman paske moun te mal itilize mo lang lan poutèt defisyans konesans yo. Teyori rasis sa a vle di lang kreyòl yo ta ne paske esklav yo pat kapab itilize byen lang franse, angle, panyòl, elatriye (elt.).

Jodi a, preske tout moun asepte kreyòl la soti nan lang afriken yo. Se avèk rezon yo di **kreyòl la se eve, se fon, se djowouba e se touletwa an menm tan** (Target, 2001)

3.2 ¿De dónde viene el kreyol haitiano?

El origen del kreyòl es discutible. Una tesis monogenética sostiene que el kreyòl haitiano por ejemplo, nació en el mismo Haití: "El kreyòl haitiano ha probablemente nacido en la isleta de **La Tortue** en el siglo diecisiete, cuando un esclavo trató de conversar con un filibustero francés, su amo...(Comhaire-Sylvain, citada por Hall, 1953). La tesis poligenética subraya todo un proceso de formación.

Proceso de formación del kreyòl

3.2.1 Simplificación de la lengua de base.

Las lenguas de los colonos constituyerían la base a partir de la cual se iban a formar las de los colonizados. En el caso de Haití, el sacerdote francés Pelleprat (1655) declaró que sus colegas y él usaron a propósito un lenguaje "corrupto" para facilitarles la enseñanza de la catequesis a los esclavos, y precisó que se acomodaron a un idioma reducido generalmente al infinitivo del verbo, añadiéndole una palabra que indique el tiempo futuro o pasado. Para Bloomfield (1961), esta simplificación que se hizo en tres etapas, tuvo lugar al momento en que el europeo trató de imitar (de conformarse a) el habla defectuosa (deformada) de los nativos: El nativo imita la lengua de base; el colonizador la simplifica para imitar la reproducción imperfecta; el nativo imita la imitación deformada.

3.2.2 Interferencia

El pidgin y el kreyòl podrían ser el resultado de unas lenguas de base profundamente modificadas por **su mal aprendizaje o por causa de ciertas deficiencias cognoscitivas**. Esta teoría racista sostiene que "el kreyòl es la adaptación deficiente del francés, del inglés, del español, etc.

Pressoir (1947) sostiene que el kreyòl no es una deformación del francés, y según Hall Jr. (1966), el kreyòl no es un dialecto del francés; es un idioma independiente, como el francés o mejor dicho el italiano lo es del latín, a pesar de las relaciones estrechas que hay entre ambos idiomas.

Dorin (1973) sostiene que el kreyòl, aunque tenga nueve décimas partes (9/10) de palabras francesas, es un idioma autónomo. Se estiman a dos mil las palabras francesas que mantienen aún el mismo fonema francés (Savain, 1995). El kreyòl haitiano es de base francesa, aunque esté enriquecido de muchas otras palabras provenientes de otros idiomas (Pompilus, 1983), y que significan la misma cosa en ambos idiomas. Hay unas 700 palabras que se pronuncian de la misma manera, pero con significado diferente en los dos idiomas. El kreyòl haitiano nació probablemente de un babelismo lingüístico. Afortunadamente, añade Devonish (citando Alleyne, 1980), la diversidad se converge en el Caribe en la **familia de idioma de Nigeria-Congo**, ya que todos lo hablaron, así como los dos otros subgrupos (**Mande y Kwa**) de dicha familia. Por eso, se ha notado una fuerte similitud entre los tipos de kreyòl del Caribe, independientemente de la fuente principal, porque ellos tienen la influencia africana. Es en esta perspectiva que Alleyne (1980) piensa que el kreyòl debería llamarse mejor "**Afro-Americano**", como se indicó anteriormente.

Hoy, se concluye que el kreyòl proviene básicamente de los idiomas africanos. Es con razón que se dice **que el kreyòl es el eve, el fon, el yoruba y es todo a la vez** (Target, 2001).

	Mèsi	
Thank you	Gracias	Merci
Grazie	Obrigado	Danke

3.3 Lit kreyòl lap mennen pou l pa disparèt

Lang kreyòl la, menm jan ak anpil lòt lang, ap peye pri orijin li. Depi lontan, kreyòl la ap pase tray. Kreyòl te konsidere tankou yon restan pwodui lang lewòp yo, paske li te pran nesans sou plantasyon kann lè esklav tap eseye kominike ak mèt yo (Schieffelin & Doucet, 1994). Toudabò, yo pat konsidere l kòm yon lang. Menm jodi a, nan kèk peyi, kreyòl gen anpil difikilte tankou sa ki rele <u>sitiyasyon diglosik (lit ant de lang)</u>, mank de materyèl pou anseye l, mank d idantite, elt. Nan kèk peyi, kreyòl la ap vale teren (fè anpil pwogrè), poutan, nan anpil lòt, kreyòl la gen tandans disparèt. Tandiske nan kèk lòt peyi, kreyòl la se pito yon lang oral (pa egzanp an Ayiti), nan anpil lòt peyi, moun prèske pa pale kreyòl ditou (gen yon pwoblèm oralite).

An jeneral, moun pat konnen lang kreyòl yo, paske yo pat bay lang lan enpòtans; yo pat bay ni moun yo valè yo merite tou. Pa egzanp, an Ayiti nan tan lontan, yo pa t ap byen resevwa okenn moun ki ta pran chans pale kreyòl nan biwo leta yo. Nan lekòl yo menm, se pa pale. Si yon elèv ta pran pale kreyòl nan klas la, yo t ap ba li yon pinisyon moral e menm petèt kòporèl. Lekòl yo te mete sou pye yon sistèm de "jeton" (yon ti katon nimewote) pou regle tout dezòd. Yon moun yo ta siprann ap pale kreyòl nan klas la ta pèdi otomatikman jeton li. Nan fen jounen an, moun ki te gen plis jeton an te jwenn yon kado. Menm sistèm sa a te fonksyone alanvè. Konsa, nan fen jounen an, moun ki te gen plis katon an ta jwenn ak zo grann li (li ta vrèman pini). Nan menm lòd ide sa a, te gen yon gran diferans ant yon diskou an kreyòl e yon diskou an franse kote pèp la pa rive konprann vrèman, tou depan de ki moun ki pwononse diskou a, e kijan li pwononse.

3.3 La lucha del kreyòl para sobrevivir

El kreyòl, al igual que ciertos otros idiomas, está pagando el precio de su origen. El kreyòl ha sido considerado como una reminiscencia de los idiomas europeos, porque, dijeron, nació en los bateyes, en las plantaciones azucareras cuando un esclavo estuvo tratando de comunicarse con su amo (Schieffelin & Doucet, 1994). Hay que notar que el kreyòl no fue considerado como idioma. Hasta hoy en día, está sobreviviendo en una situación de diglosia, de falta de material didáctico, de identidad, etc. En algunos países, está ganando terreno, mientras que en otros, tiende a desaparecer. En algunos países, es más bien oral (falta de escritura), en otros, está escrito pero no hablado.

En Haití, no se hablaba el kreyòl en las agencias gubernamentales y en las escuelas. El que hablaba el kreyòl en una oficina no fue bien recibida mientras un estudiante que se expresaba en kreyòl recibió un castigo.

Asi, los políticos escogieron hablar en kreyòl o en francés según que quieren que el pueblo conozca realmente lo que dicen. Mientras todos los haitianos hablan el kreyòl, solo un diez porciento de la población domina perfectamente el francés.

Varios pueblos hablan el kreyòl junto con uno de los idiomas europeos, dando así lugar al fenómeno de diglosia, es decir, el uso discriminado de dos variedades genéticamente emparentadas, la lengua estándar y una criolla precedente de aquella; una variedad baja, popular, manejada por todos, y otra sobreimpuesta, culta, la alta, a la que sólo unos pocos tienen acceso. Tales son los casos de Haití (francés / kreyòl), de Dominica (inglés-francés / kreyòl), de Martinica (francés / kreyòl), de Curaçao, Aruba y Bonnaire (holandés / papiamento, etc).

Yon politisyen ki vle adrese l a pèp la vrèman oblije pale kreyòl, vrè lang pèp la. Pafwa, yo anplwaye sa ki rele **kreyòl rèk** pou yo kapab fè mesaj yo pase pi byen. Jan de langaj sa a konsidere kòm yon mwayen de pwogrè e de demokrasi.

Anpil moun te konsidere kreyòl kòm yon lang enferyè, e dapre Poyen-Belille (1857-1900), rapòte pa Degraff in 2000), kreyòl se te yon lang ki te fòje nan nesesite ant yon pèp sivilize ak yon pèp ki pa sivilize, e kote pèp sivilize a ta eseye imite langaj moun baba yo. Yon lòt kote, moun ki pa sivilize yo eseye itilize lang mèt yo, men sistèm vokal yo diferan, lèv yo twò diferan… Pa konsekan, transfòmasyon langaj pèp sivilize yo te enfliyanse langaj moun ki pat sivilize yo (Cadely, 2003).

En caso de que los dos idiomas gozan del mismo privilegio, lo que es raro, se puede hablar entonces de "bilinguismo".

El kreyòl, si persiste, puede transformarse en un idioma dominante, nos dicen Kaplan & Baldauf (1997), como es el caso del **Bislama** (el idioma nacional de Vanuatú); el **Tok Pisin** (en Papuá, Nueva Guinea) y el **Kriol** (Australia septentrional)… El kreyòl de Haití sigue su camino de progreso.

Varias personas consideraban el kreyòl como un idioma inferior y, según Poyen-Belille (1857-1900), citado por Degraff (2000), el kreyòl fue un idioma nacido en necesidad entre un pueblo civilizado y otro pueblo no civilizado y que los no civilizados trataron de imitar el idioma de los civilizados, sus amos, pero sus sistemas vocales son diferentes, sus labios son diferentes. Por consiguiente, el lenguaje de los civilizados influenciaron el de los no civilizados (Cadely, 2003).

3.4 Jounen entènasyonal kreyòl

Lang kreyòl yo te pran nesans nan sitiyasyon difisil, men gras a gwo jefò ki te fèt pou amelyore lang sa yo, gen yon seri òganizasyon non gouvènmantal (ONG) ki te kòmanse travay ak tout fòs yo pou fè pwomosyon lang sa yo. Si n fè rechèch, n a jwenn yon lis ki pa konplè de òganizasyon sa yo. Men kèk nan yo:

3.4.1 Akademi Lang Kreyòl nan Zantiy yo ki te fonde an Gwadloup nan lane 1957.

3.4 Dia Internacional del Idioma Kreyòl

El kreyòl nació en una situación difícil, pero gracias al esfuerzo de varias personas y grupos de personas, ha podido salir para adelante. A continuación está una lista de ciertos de sus promotores:

3.4.1 Akademi Lang Kreyòl nan Zantiy (1957).

3.4.2 Komite Entènasyonal pou Etid lang kreyòl ki te fonde a "Nice" an 1976 e ki gwoupe kreyolis de plizyè inivèsite: Mervyn Alleyne (West Indies University); Jean Benoît (Montreal University); Alain Bentolila (University of Paris); Pradel Pompilus (Université d' Etat d'Haïti); Albert Valdman (Indiana University)

3.4.3 Gwoup pou Etid ak Rechèch nan Espas Kreyòl (GEREC) nan "Antilles University in Guyana".

3.4.4 Bannzil Kreyòl. An 1981, pandan 3èm konferans anyèl sou lang kreyòl yo, kreyolis yo t ap chache yon bon mwayen pou yo fè pwomosyon lang kreyòl la. An 1982, nan peyi Sent Lisi, gwoup kreyolis la, ki te gen ladan l fwa sa a: Jean Bernabé e Raphaël Confiant (Martinique); Danielle de Saint-Jore (Seychelles); Morgan Dalphinis e Lawrence Carrington (St Lucie); Vinesh Hookoomsing (Maurice Island)… yo te deside kreye konsèp <u>Bannzil Kreyòl</u> la. Apre sa, yo te chwazi jounen 28 oktòb chak ane kòm "Jounen Entènasyonal Lang Kreyòl" (Jou pèp Dominika a toujou fete lang kreyòl pa yo). Depi lè sa a, nan anpil peyi, menm Ozetazini e Okanada, yo selebre jounen entènasyonal kreyòl (JEK). Depi lè sa a tou, òganizasyon k ap defann lang kreyòl la kontinye ap pwogrese chak jou. Nan selebrasyon lang kreyòl an 2011, ayisyen pwopoze pou kreye yon Akademi Lang kreyòl pou fè lang lan avanse. Akademi kreyòl la kreye nan ane 2014 la.

3.4.2 Komite Entènasyonal pou Etid lang kreyòl (1976) y que incluye varias universidades: Mervyn Alleyne (West Indies University); Jean Benoît (Montreal University); Alain Bentolila (University of Paris); Pradel Pompilus (Université d' Etat d'Haïti); Albert Valdman (Indiana University).

3.4.3 Gwoup pou Etid ak Rechèch nan Espas Kreyòl (GEREC) en "Antilles University in Guyana".

3.4.4 Bannzil Kreyòl. Desde 1981, durante la tercera conferencia anual sobre el idioma kreyòl, los creolistas estaban buscando la manera de promover el idioma kreyol. En 1982, en Santa Lucia, el grupo de creolistas decidió crear el concepto de Bannzil Kreyòl. Participaron las siguientes personas: Jean Bernabé e Raphaël Confiant (Martinique); Danielle de Saint-Jore (Seychelles); Morgan Dalphinis e Lawrence Carrington (St Lucie); Vinesh Hookoomsing (Maurice Island) Luego, escogieron el 28 de octubre de cada año como el dia internacional del idioma kreyòl (el dia durante el cual la gente de Dominica celebra el idioma kreyòl). Desde entonces, varios países, incluyendo los Estados Unidos y Canadá, celebran el kreyòl cada año. Durante la celebración del 2011, los haitianos se propusieron crear una Academia del Kreyòl, lo que lograron en 2014.

3.5 Lit ant kreyòl e lòt lang an Ayiti.

Pandan Okipasyon Ameriken an Ayiti an 1915, te genyen yon dispit ant de gwoup lengwistik diferan: franse ak angle. Kreyòl potko ladan l menm.

Gwoup ki te pou angle a di entelektyèl ayisyen yo se imitatè avèg e san okenn lojik peyi Lafrans. Se Dantès Bellegarde ki te nan tèt gwoup anglè a. Yon lòt kote menm, fanatik fawouch franse yo t ap preche sivilizasyon ewopeyèn nan; yo deklare sosyete amerikèn nan se yon bann teknokrat k ap travay pou kondui pèp la toudwat nan yon mekanizasyon endividyalize. Se Louis Borno ki tap dirije gwoup sa a. Men, genyen yon lòt gwoup ki te chwazi yon pwendevi balanse, yon pwendevi eklektik: Se mouvman endijenis lan ki te mete aksan sou eleman kiltirèl eritaj afriken an. Dr Jean-Price Mars t ap dirije gwoup sa a. Se gwoup endijenis yo ki te plis panche sou kreyòl la, sou kilti afriken an.

3.6 Aspè legal kreyòl ayisyen an

Kòm rezilta anpil efò plizyè òganizasyon ayisyen tankou Enstiti Pedagoji Nasyonal (IPN), mete ansanm ak travay kèk endividi tankou Feliks Moriso-Lewa, kreyòl vin yon lang ofisyèl d Ayiti, akote lang franse a, dapre Konstitisyon 1987 la (Atik 5).

An 1989, Kongrè Ameriken an te pase yon lwa ki oblije imigran yo benefisye sèvis entèpretasyon nan pwòp lang yo nan tribinal. Ayisyen te tonbe nan kategori sa a. Se atò plizyè enstitisyon tankou Inivèsite Arizona te kòmanse ap bay kou kreyòl pou prepare e sètifye moun nan lang kreyòl. Premye sètifikasyon yo te soti nan lane 1990. Sa ta yon premye aspè legal kreyòl la nan tè etranje.

3.5 Lucha entre kreyòl y los demás idiomas en Haití

Durante la ocupación americana de Haití en 1915, hubo una disputa entre dos grupos lingüísticos diferentes: el francés y el inglés. El kreyòl no hizo parte de la pelea. Los apoyadores del inglés, liderados por Dantès Bellegarde, dijeron que los intelectuales haitianos son meros imitadores ciegos e ilógicos de Francia. Por otro lado, los defensores incondicionales del francés, liderados por Louis Borno, predicaron la civilización europea declarando que la sociedad americana está formada de tecnócratos que laboran para conducir al pueblo derechito a la mecanización individualizada. Sin embargo, apareció otro grupo que escogió un punto de vista diferente, balanceado, ecléctico: Se trató del grupo de indigenismo que enfatizó los elementos culturales de la herencia africana. El líder de ese grupo fue el Dr. Jean Price Mars. Escogieron el idioma kreyòl como su caballo de batalla.

3.6 Aspectos legales del kreyòl haitiano

Los esfuerzos del Instituto de Pedagogía Nacional de Haití IPN) y de otros individuos tales como Felix Morisseau Leroy, el kreyòl se convirtió en idioma oficial de enseñanza a partir de 1979. Luego, según la constitución de 1987, en su articulo 5, se transformó en idioma oficial, junto con el francés.

En 1989, debido a una ley americana de inmigración que exigía que los inmigrantes extranjeros beneficiaran de servicios de entérpretes en sus idiomas vernaculares, varias instituciones americanas empezaron a preparar traductores certificados en kreyòl.

3.7 Akademi Kreyòl

Konstitisyon 1987 la, ki amande an 2012, prevwa fòmasyon yon Akademi kreyòl. Akademi sa a ap gen pou bi pwomouvwa lang kreyòl e fikse òtograf la. Lwa sou Akademi an pibliye an 2014.

3.8 Pouki moun liv sa a kapab itil?

Liv sa a kapab itil pou plizyè kategori moun. Pami yo nou kapab mansyone:

Diplomat
Antreprenè
Imanitè
Entelektyèl
Lengwis
Misyonè
Jounalis
Politisyen
Politològ
Pwofesyonèl
Pwofesè
Syantis
Etidyan
Touris
Piblik la an jeneral

3.7 Academia kreyòl

La constitución haitiana, enmendada en 2012, prevé la formación de una Academia kreyòl. Esta academia tiene como propósito la promoción y la fijación de las reglas del kreyòl. La ley de la Academia kreyòl fue promulgada en 2014.

3.8 ¿Para quienes este libro puede ser útil?

Este libro puede ser útil para varias categorías de personas. Mencionemos algunas de ellas:

Diplomáticos
Hombres de negocios
Humanistas
Intelectuales
Lengüístas
Misioneros
Periodistas
Políticos
Politólogos
Profesionales de oficinas
Profesores
Científicos
Estudiantes
Turistas
Público en general

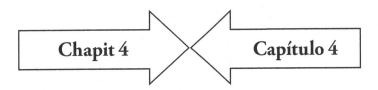

Chapit 4 / Capítulo 4

Aprantisaj kreyòl ayisyen / Aprendizaje del kreyòl haitiano

4.1 Alfabè lang kreyòl ayisyen an

Yo te revize plizyè sistèm alfabè anvan yo te rive fòme alfabè kreyòl sa a: Sistèm McConnell; sistèm McConnell-Laubach modifye (yon sistèm ki base sou 53 alfabè nan mond lan); sistèm Pressoir & Faublas (metòd sa a te dire 25 ane); metòd Churchill e finalman metòd GREAL/IPN. Yon dekrè prezidansyèl te ofisyalize kreyòl ayisyen an jou ki te 18 septanm 1979 e li te fikse òtograf kreyòl la tou. Kounye a, konstitisyon ayisyen an egzije pou tout dokiman ekri non sèlman an franse, men an kreyòl tou.

4.1 El alfabeto del kreyòl haitiano

Revisaron varios sistemas de alfabetos antes de llegar a elaborar este alfabeto kreyòl haitiano: Sistema McConnell; sistema McConnell-Laubach modificado (que fue basado en 53 alfabetos en el mundo de los idiomas); sistema Pressoir & Faublas (este método duro por 25 años); método Churchill e finalmente método GREAL/IPN. Por decreto presidencial, el alfabeto kreyòl fue oficializado el 18 de septiembre de 1979 y se quedó fijada la ortografía. La constitución haitiana de 1987 enmendada exige que cualquier documento debe de escribirse en ambos idiomas: el kreyòl y el francés.

A	AN	B	CH	D
[DJ]	E	È	EN	F
G	H	I	J	K
L	M	N	NG	O
O	ON	OU	OUN	P
R	S	T	[TCH]	UI
V	W	Y	Z	

Ki remak ou fè de alfabè sa a?

_____

_____

_____

_____

¿Cuál es su observación acerca del alfabeto español, comparándolo con el del kreyòl?

_____

_____

_____

_____

4.2 Pwononsyasyon lèt yo / Pronunciación de las letras

Letras	Pronunciación	Ejemplo	
a	a	abi	(abuso)
an	an en inglés	antouka	(en todo caso)
b	b	bon	(bueno)
ch	sh en inglés	chemiz	(camisa)
d	d	dwa	(derecho)
dj (no es letra oficial)	j en inglés	djòl	(boca)
e	e	elèv	(alumno)
è[1]	è en comer	fidèl	(fiel)
en	ain en francés	endyen	(indio)
f	f en inglés	fòse	(obligar)
g	g en francés	gwo	(gordo)
h	h aspirada	had	(ropa)
i	i	idantifikasyon	(identificación)
j	j en francés	jen	(junio)
k	k	kado	(regalo)
l	l en inglés	lalin	(la luna)
m	m en inglés	milèt	(mula)
n	n en inglés	nò	(norte)
o	o en español	okazyon	(ocasión)
ò	or en Víctor	fò	(inteligente)
on	on en inglés	bon	(bueno)
ou	u	tanbou	(tambor)
oun	ún en común	Choukoune	(Choucoune)
p	p	papye	(papel)
r	r en francés	radyo	(radio)
s	s en inglés	solèy	(sol)
t	t	twal	(tela)
tch	ch en inglés	tchak	(maluco)
v	v en francés	vwayaj	(viaje)
w	w en francés	wout	(camino)
y	y en francés	yanm	(ñame)
z	z en francés	zam	arma

---

[2] Para poder pronunciar bien la letra è, se puede pensar en las palabras tales como hamburger, Anderson, Roberto etc.

4.3 Obsèvasyon sou pwononsyasyon ak òtograf kreyòl la.

4.3.1 Pa gen lèt C, Q, U, X nan kreyòl la.

4.3.2 Lèt h itilize sèlman nan kèk mo nan zòn nò peyi d Ayiti: had; hadi, hele; hotè; an ho… (Savain, 1995). Lèt h la itilize an konbinezon ak lèt c tankou nan mo chak (cada).

4.3.3 Kreyòl la gen 10 son de baz: i, a, an, e, è, en, o, ò, on, ou.

4.3.4 Gen 7 vwayèl oral (lèt ki pa nazal): a, e, è, i, o, ò, ou

4.3.5 Gen 3 son nazal: an, en, on.

4.3.6 Demi-vwayèl: oun, w, ui, y (Kèk otè konsidere an, en, on kòm demi-vwayèl tou)

4.3.7 NG ak tch: ling, zing, miting, tchak, ending

4.3.8 Son sa yo: ie, ia, ien, io ekri toujou ak lèt "y": "ye, ya, yen, yo". Pa janm mete lèt i avan ou apre yon vwayèl. Mete "y" pito. Examples: Katya, fineray, pòsyon, loray

4.3.9 Pafwa, son "TCH" ekri: "TYA" e son "DJ" ekri: "DI" (tchatcha=tyatya; chaka mayi= tyaka mayi; djab=dyab; Bondje=Bondye)

4.3.10 Se lèt K ki ranplase lèt C,Q.

4.3.11 Se lèt I ki ranplase lèt U, sof nan digraf OU.

4.3.12 Se konbinezon lèt ks, gz, es ki ranplase lèt X: ekskiz; egzamen, eskize m, mezanmi.

4.3 Observación acerca de la pronunciación y la ortografía del kreyòl

4.3.1 No existen en kreyòl las letras: C, Q, U, X

4.3.2 La letra **h** no se usa muy a menudo. Se usa generalmente en la parte Sur de Haití: had (ropa); hadi (fresco); hele (llamar), hotè (altura), an ho (arriba) etc. (Savain, 1995).

4.3.3 El kreyòl tiene cuatro (4) principios fundamentales y diez (10) sonidos básicos. Estos 10 sonidos básicos son: i; a, an; e, è, en; o, ò, on, ou.

4.3.4 Las vocales no nasales son: a, e, è, i, o, ò, ou (son vocales orales).

4.3.5 Las vocales nasales son: an, en, on.

4.3.6 Las semivocales son: oun- w- ui-y (ciertos autores consideran an, en, on como semi vocales).

4.3.7 Se utiliza ng y tch en ciertas palabras tales como: **miting, planing, bilding, ti zing, tchak,** etc. Muchas veces, ng es reemplazado por y en las palabras: sing = siy (signo), reng = reny (reino), beny (baño).

4.3.8 Los sonidos **ie, ia, ien, io,** se escriben "ye, ya, yen, yo". Nunca poner la letra i ante o ni detrás de una vocal. Se utiliza la letra y Ej. Katya (Katia), fineray (funeraria), pòsyon.

4.3.9 El sonido tch se convierte en tia a veces y el dj, por di.

4.3.10 Se usa siempre la letra **k** en vez de las letras c, q.

4.3.11 Se usa la letra **i** en vez de la **u,** excepto en **ou**

4.3.13 Fè atansyon avèk pwononsyasyon son sa yo: è, en, enn, in, ò, on, onn, oun.

4.3.14 Lèt N bay diferan son, tou depan si li twouve l anvan oubyen apre yon vwayèl oubyen yon demi-vwayèl: Lè l plase anvan yon vwayèl oubyen demi vwayèl, li pa bay son nazalize; lè li plase apre, li bay son nazalize: na, ne, no, nou; sen, machin; an, en, on, oun.

4.3.15 Règ MBP: Pa janm mete M devan M, B oubyen P, jan sa fèt nan plizyè lòt lang. egzanp: imigrasyon, enbesil, enposib; konpoze.

4.3.16 Pa janm mete lèt R nan fen yon mo kreyòl. Konsa tou, pa mete R nan mitan mo ki gen konbinezon: or/ar/ir: enpòtan; patikilye; entèwogatif.

4.3.17 Lèt S ak Z pa janm genyen menm son, jan sa konn fèt nan lang womans yo. Nou pa ka ekri youn nan plas lòt: PWASON pa PWAZON.

4.3.18 GN / NG. Nou jwenn digraf NG nan mo tankou: miting, planing, bilding, ti zing. Pafwa, yo ranplase NG ak lèt Y jan nou wè sa nan mo sa yo: sign=siy; règn=reny (reino); bègn=beny (baño); pègn=peny (peine), shine=chany (limpiabotas); segne=senyen (sangrar)…

4.3.19 OU / W: Nou kapab itilize OU oubyen W okòmansman yon mo. Lè son an kout, nou itilize W olye de OU (nan fen yon mo oubyen yon fraz).

4.3.20 R/w: Son " OU" avan ou apre yon vwayèl ekri toujou W : Twa; watè, pa w. Gen yon dilèm ant R e W. Okòmansman yon mo, nou ka ekri youn oubyen lòt: Wolan ou Rolan; Women ou Romen; program ou pwogram. An jeneral, nou dwe mete R okòmansman yon silab oubyen devan a, e, è, i; mete W devan o, ò, on, ou.

4.3.12 El sonido **"x"** es reemplazado por las combinaciones: ks, gz, es. (ekskiz, excusa) egzamen, examen; eskize m, excúsame), según la pronunciación.

4.3.13 Cuidado con la pronunciación de estas letras y combinaciones: è, ò, en, enn, in, on, onn.

4.3.14 La letra n, produce sonidos diferentes, depende de si se coloca antes o después de las vocales y semivocales. Ubicada ante las vocales, no se nasaliza; colocada después, se nasaliza. Además, la n nunca es reemplazada por la m, ante b, m , p como es el caso en inglés, en francés y en español, en ciertos casos Ej. na, ne, no, nou; sen, machin; an, en, on, oun; imigrasyon (inmigración), enbesil (tonto).

4.3.15 La regla MBP: No hay que poner nunca la letra m antes de m, b, p como esto se hace en varios otros idiomas: imigrasyon, enbesil, enposib; konpoze

4.3.16 Hay un dilema en el uso de r en vez de w como por ejemplo tròp y twòp; Wolan y Rolan. Unas personas prefieren utilizar la r, mientras que otras utilizan la w. En ambos casos, la pronunciación es casi idéntica y el uso es facultativo. Nunca poner la letra R al final de un palabra

4.3.17 La letra S y la letra Z se pronuncian diferentemente. En realidad, no se puede sustituir una por la otra.

4.3.18 GN /NG: son remplazados genetalmente por la letra 'y': règn=reny, etc.

4.3.19 El uso de ou/w; r/w. Se usa <u>w</u> en lugar de <u>ou</u> cuando el sonido es corto; generalmente, se usa w al final de una palabra o una oración

4.3.21 Note byen son kreyòl w: Watè, lakwa, wanga, wete, dwe, kwen, kwi, wòl, wont, fwonte, woule, mikalaw

4.3.22 Son y: "Y" se yon demi-vwayèl: Li aji pafwa tankou yon vwayèl; lòt fwa, li jwe wòl yon konsòn: gaya, pyas, yanvalou, pyan, peye, pyete, kretyen, ayè, koyo, konfyolo, miyò, bouyon, pay, chany, beny, bòy, zòbòy, kòkòy, koukouy, elt.

4.3.23 Gen yon dilèm ant "an" e "ann" devan yon seri non: An Ayiti; ann Ayiti; an avan ou annavan…

4.3.24 Gen yon dilèm ant si yon mo ki gen plizyè pati (mo konpoze) dwe ekri an yon sèl mo konpoze oubyen an plizyè pati: Poukisa vs Pou ki sa; kounye a vs kounyeya; t ap vs tap; jodi a vs jodya; lemoun vs le moun, lemond ou mond lan, etc.

4.3.25 An kreyòl, pa gen doub lèt tankou nou jwenn sa an franse, angle ou espanyòl, eksepte doub n (ann, onn): Egzanp: abrevyasyon, aksan; leson; apatman.

4.3.26 Pa gen konbinezon sa yo nan kreyòl la: ph, sh, ght, or th tankou nan mo sa yo: orthograph; slash; bought; ville; homme; bonne; maisonnette

4.3.27 Aksan an Kreyòl. An kreyòl, gen yon aksan sèlman: aksan grav ou aksan fòs: à, À è, È, ò,Ò.

4.3.28 Lèt dj e lèt tch pa fè pati òtograf ofisyèl kreyòl.

4.3.29 Pa gen aksan espesyal tankou: ï, ë, â, ä, ç, ê, î,ì, æ,ô,ö,û,ù, ¿…

4.3 20. R/W: Se utiliza W ante las letras o, ò, on, ou; y la letra r ante a, à, an, e, è, en, i. El sonido ou antes o después de una vocal se escribe siempre w. Ej. Twa (tres); Wolan (Rolando), watè (baño), pa w (suyo).

4.3.21 Note bien el sonido de la letra w en estas palabras: Watè, lakwa, wanga, wete, dwe, kwen, kwi, wòl, wont, fwonte, woule, mikalaw

4.3.22 La letra 'y' es una semi vocal. A veces, se comporta como una vocal, otras veces, se comporta como un consonante: gaya, pyas, yanvalou, pyan, peye, pyete, kretyen, ayè, koyo, konfyolo, miyò, bouyon, pay, chany, beny, bòy, zòbòy, kòkòy, koukouy, elt.

4.3.23 Hay un dilema entre "an" y "ann" delante de una serie de nombre: An Ayiti; ann Ayiti; an avan ou annavant…

4.3.24 Hay un dilema entre si hay que escribir una palabra compuesta en una o en dos palabras: Poukisa vs Pou ki sa; kounye a vs kounyeya; t ap vs tap; jodi a vs jodya; lemoun vs le moun, lemond ou mond lan, etc. A veces, es toda una oración que se juntan: resite yon <u>nòtrepè</u> ak twa <u>jevousalimari; alafilendyèn.</u> Esperamos que la Academia del Kreyòl resuelva el dilema de las palabras compuestas.

4.3.25 No hay doble letras como lo hay en otros idiomas, salvo la n (ann): abrevyasyon, aksan; leson; apatman

4.3.30 Pou anpeche de vwayèl rankontre, kreyòl la entwodui lèt Y ou W nan yon mo: kounyeya, ayewopò, kawoutchou, etc.

4.3.31 Gen kèk konsòn ki mache ansanm an kreyòl. (Wè tab la)

4.3.32 An jeneral, mo kreyòl yo fini ak yon sèl konsòn: tab, pòv, lwès (e non tabl, pòvr, lwèst).

4.3.33 Apostwòf, espas ak tire. Kèk otè itilize apostròf (') oubyen tire (-) pou separe detèminan ak non yo: l'ap mache; l-ap mache; yo t'ap travay; machin-nan; m-ap; ann-avan, eks. Anpil lòt itilize mo a an blòk oubyen yo itilize yon espas (annavan; machin nan). Se menm jan tou pou mo konpoze yo ak kèk lòt ekspresyon. Pafwa, se tout on fraz franse ki pase anblòk an kreyòl (resite yon <u>nòtrepè</u> ak twa <u>jevousalimari; alafilendyèn</u>. Nan liv sa a, nou itilize yon espas pou ranplase apostròf ak tirè oubyen nou itilize mo a an blòk. Pou mo konpoze separe ou an blòk, nou espere Akademi kreyòl la ap bay dizon l sou sa : N ap ou nap ; w ap ou wap ; t ap ou tap ; k ap ou kap, elatriye.

4.3.26 no hay estas combinaciones de estas letras: ph, sh, ght, or th tankou nan mo sa yo: orthograph; slash; bought; ville; homme; bonne; maisonnette.

4.3.27 Hay solamente un acento en el kreyol: el acento grave que se pone sobre estas letras: à, À è, È, ò,Ò

4.3.28 Las letras dj y tch no hacen parte de la ortografia oficial del kreyòl.

4.3.29 No hay estos acentos en el kreyòl: ï, ë, â, ä, ç, ê, î,ì, æ,ô,ö,û,ù, ¿…

4.3.30 Para impedir el encuentro desagradable de dos vocales, el kreyòl utiliza la letra y o la w en la palabra: kounyeya, ayewopò, kawoutchou, etc.

4.3.31 Algunos consonantes andan en pares (ver la tabla)

4.3.32 En general, una palabra kreyòl no termina con dos consonantes: tab, pòv, lwès (e non tabl, pòvr, lwèst).

4.3.33 Apostrofe, espacio y raya. Algunos autores utilizan el apostrofe o la raya para separar un determinante con el nombre: l'ap mache; l-ap mache; yo t'ap travay; machin-nan; m-ap; ann-avan, eks. **En este libro, utilizamos el espacio para separar el nombre del determinante o lo juntamos.**

4.4 Kreyòl ak Konpitè

Pou nou kapab mete aksan sou lèt a, e ak o an kreyòl, nou dwe mete klavye a (keyboard la) sou sistèm entènasyonal. Pou n fè sa, se pou nou ale nan "Control Panel" e chanje langaj la. Tout bagay ap depann de ki vèsyon Windows ou genyen.

Nou kapab toujou itilize fòmil pi ba yo pou mete aksan yo. Men kòman nou ka jwenn lèt sa yo nan konpitè a:

à= alt +133 or ctl+ `+ a
À=ctl+ `+A
è= alt +138 or ctl+ `+ e
È=ctl+ `+ E
ò= alt +149 or ctl+ `+ o
Ò=ctl+ `+O

4.5 Diferan kalite alfabè kreyòl

Archer (1988) distingue sis (6) kalite oubyen vèsyon alfabè kreyòl ayisyen:

a) kreyòl afro-neo latín (Haití, Canadá, etc.).

b) kreyòl anglo sakson (Ameriken yo enpoze kreyòl sa a nan nò, nòdwès ak lwès peyi d Ayiti)

c) kreyòl jèmanik (se fondasyon Misereor ki pote l nan pati santral Ayiti ak nan plenn Kildesak)

d) kreyòl ebrayik (se pèp jideyo-israyelit yo ki te fasilite kreyòl sa a nan zòn sid la)

e) kreyòl chinwa (nan zòn latibonit)

f) Alfabè espanyòl (akoz vwazinaj nou ak Repiblik Dominikèn ak Kiba).

4.4 El kreyòl y la computadora:

Procedemos de la siguiente manera para poner los acentos:

à= alt +133 or ctl+ `+ a
À=ctl+ `+A
è= alt +138 or ctl+ `+ e
È=ctl+ `+ E
ò= alt +149 or ctl+ `+ o
Ò=ctl+ `+O

4.5 Diferentes tipos de alfabetos:

Archer (1988) distingue seis (6) tipos (o versiones) de alfabetos para el kreyòl de Haití

a) el kreyòl afro-neo latín (Haití, Canadá etc.).

b) el kreyòl anglo sajón (impuesto por los norteamericanos en el norte, nordoeste y oeste de Haití)

c) el kreyòl germánico (en el centro de Haití y en la llanura de Cul-de-Sac, promovido por Misereor, una entidad humanitaria)

d) el kreyòl hebraico (en la región sur, promovido por los Judios-Israelitas)

e) el kreyòl chino (en la zona arrozal de Artibonite)

f) el alfabeto hispánico por la proximidad de la República Dominicana y la influencia de los braceros en Cuba y luego en la República Dominicana.

Atansyon: nan mo sa yo: kann, vann, jenn, nou gen lèt "an+n" oubyen lèt en+ n. Nou pa genyen de lèt n; nou genyen an+n and en+n

4.6 Kijan konsòn kreyòl yo mache? Men kijan konsòn yo mache nan silab kreyòl yo (okòmansman oubyen nan mitan mo sèlman)

Lèt	Konsòn ki fòme yon sèl silab	Lèt	Konsòn ki fòme ak de ou twa silab
BL	Ble, blan, tablo, bliye, blanchi, rablabla	GB	Legba
BR	Bravo, brital, brannen, brinding	GZ	Egzamen
DL	Dlo, dlololo	KS	Aksan, aksidan
DJ	Djòb, djakout, djanni, djigèt, djòlè, djake, djak, djòk	KT	Oktòb, fòktòp
DR	Dra, drive, avadra, tivoudra	LB	Kalbende, malbourik, kolboto
FL	Florida, flannè, flanke	LF	Vilfò, alfò, kalfou, kòmilfo
FR	Frè, fronmi, fredi	LK	Alkòl, kèlkonk
GL	Glwa, glise, glase	LM	Kalman, reyèlman, dwòlman
GR	Grandi, grosi, graje	LS	Wilsonn, Vilsen
KL	Klas, klaksòn	LT	Bèlte, salte, dekòlte
KR	Kriye, kribich	PT	Pwòpte, kapte
KS	Fiks, viks	SK	Eskiz, paske
PL	Plan, ploge, plante, plise	SL	Islam, Jislèn
PR	Priyè, pran, prete	SM	Kosmetik, asmatik
TCH	Tcheke, tchaka mayi	SP	Espageti, espanyòl, espante, respektab
TR	Travay, tren, trennen	SPR	Espri, lespri, sentespri
VL	Vle, vlope	ST	Estènen, chastete, restavèk, estomake
VR	Vre, kouvreli	TL	Ketli
		VN	Evna, avni, ovni

4.7 Lekti mo pou pwononse lèt yo / Lectura de palabras para destacar las letras

Papa (a)	**papá**
manman (an)	**mamá**
bebe (be)	**bebé**
mache (che)	**caminar**
mande (de)	**pedir**
adje! (dje)	**adiós**
kalkile (e)	**calcular**

26

kè (è)	corazón
lanmen (en)	la mano
disnèf (f)	diecinueve
manje (je)	comer
vach (h)	vaca
redi (i)	fajarse
aji (j)	actuar
traka.(k)	problema
Kayèl (l)	Kayèl (nombre propio)
batèm (m)	bautizo
balèn (n)	ballena, vela
dlo (o)	agua
kòdon (on)	cordón
fou! (ou)	horno, loco
granmoun (oun)	adulto
jape (p)	ladrar
"hamburger" r (r)	hamburguesa
feblès (s)	debilidad
te (t)	té
leve (v)	levantar
double v (w)	w
i grèk (y)	y
zèd (z)	z

4.8. Pwononsyasyon konbinezon vokal yo / Pronunciación de las combinaciones de vocales

na, ne, nè, ni, no, nò, nou: natirèl, sinema, onè respè, nivo, nòt, Nounoun

an, en, èn, in, on, òn, oun: dan, fennen, rèn, machin, bonbon, mòn, moun

wa, we, wè, wi, wo, wò, wou: watè, wete, Wilma, kwi, wotè, wòl, wouye

ya, ye, yè, yi, yo, yò, you: Yaya, metye, ayè, miyò, Youyou

Y: pay, ayayay, piyay, lakay, detay

ui: pwodui, tradui, detui, kuizin

4.9. Pwononsyasyon e idantifikasyon lèt ak konbinezon lèt / Pronunciación e identificación de las letras y de sus combinaciones

a) **Sonido a:** papa, kaba, apa, kapab, leta, ane, alèz, kasab, malè, chita, atansyon, traka... (papa, terminado, a parte, poder, estado o jefe, año, a gusto, casabe, desgracia, sentarse, atención, problema)

b) **Sonido an:** anvi, annavan, anyen, lank, panyen, zandolit, zannanna, andjable, anmwe, satan, manman... (envidia, ¡listo!, nada, tinta, canasta, lagartijo, piña, endemoniado, socorro, Satanás, mamá...)

c) **Sonido ann:** kann, anfannkè, antann, sispann, rann, sanzatann, dasomann, zanmann, grògmann, vyann, desann...(caña, monaguillo, entender, suspender, rendir, de repente, entrometido o colado o paracaídas, almendra, bebedor, carne, descender)

d) **Sonido àn:** pàn, bekàn, soutàn, Antwàn (avería, bicicleta, sotana o balandrán, Antonio, ...)

e) **Sonido anm:** fanm, enganm, wetanm metanm, banm, manm, chanmòt, sektanm, novanm, desanm, yanm... (mujer, fuerte o bella, la ropa usada a menudo, miembro, piso alto, septiembre, noviembre, diciembre, ñame)

f) **Sonido i:** mari, piti, jodi, mouri, fini, toupizi, anglouti, mimi, avi, pati, toudi, santi... (marido, pequeño, hoy, morir, finiquitar, maltratar, enterar o perecer o hundirse, gato, aviso o vitalicio, salir, marearse, oler mal...)

g) **Sonido in, im:** dodin, machin, farin, tantin, kantin, lachin, izin, pwatrin, vitamin, volim, viktim, santim, larim...(sillón, carro o máquina, harina, tía, cantina, china, fábrica, pecho, vitamina, volumen, víctima, centavo, moco).

h) **Sonido e:** moute, ponpe, wouze, mare, lage, devire, sanzave, dikte, etranje, bege... (subir, saltar o hacer subir el agua, regar, atar, desatar, dar vuelta, vagabundo, dictado, extranjero, gago...).

i) **Sonido è, èn, èm, enm: Anbègè, Bègèkin, erè, bonè, piyajè, karèm, bakonyè, anblèm, fèzè, fè, fèy, fèt, batèm, zòrèy, fidèl, klè, menm, nevèn, nevyèm, balèn... (hamburger, Burgerking, error, temprano o dicha, pillo, cuaresma, pillo, emblema, difamador, hacer, hoja, fiesta, bautizo, oreja, fiel, claro, mismo, novena, noveno, ballena o candela)**

j) **Sonido en, :** chen, maten, nonmen, kouzen, lanmen, limen, maspinen, masonnen, siyen, kreten... (perro, mañana, nombrar, primo, la mano, alumbrar o encender, golpear severamente, poner bloques, firmar, cretino).

k) **Sonido enn:** lapenn, fontenn, grenn pwonmennen, jenn, okenn, venn. (la pena, frente, andariego, joven, nadie, vena)

l) **Sonido o:** orijin, otèl, dlo, amoni, fo, mato, komite, koze, modi, mayo, panno, kochon, zoklo, solokoto... (origen, altar, agua, armonía, falso, martillo, comité, hablar o charlar, maldecir, camiseta, pared, cerdo, cocotazo, sacrificio de animales)

m) **Sonido ò, òn, òm:** òklò, eskanmòtè, motè, lekòl, bòlèt, kapòt, lanmò, divinò, jefò, kòmande, lezòt, lòm, makòn, siklòn, diplòm, mikwofòn, saksofòn, tribòbabò... (rebelde, pillo, motor, escuela, bolita, parte superior de una guagua o condón, la muerte, el que hace predicciones, esfuerzo, ordenar, los demás, el hombre, un conjunto o paquete, huracán, diploma, micrófono, saxófono, de un lado para otro...)

n) **Sonido on:** bonbon, kapon, lanmidon, janbon, mouton, lontan, savon, sezon, salon, zonbi... (dulce, cobarde, almidón, jamón, cordero, antaño, jabón, estación, salón, espíritu de muerto).

o) **Sonido ou:** Bouki, mouri, pouri, lanmou, toutou, bouke, antouka, tounen, douz, foumi, goumen, joumou, kajou, kafou, klou, koud, koukouyoukou... (Bouki, morir, podrir, amor, perro, cansarse, en todo caso, cortarse, doce, hormiga, pelear, calabaza, caoba, encrucijada, clavo, coser, el canto del gallo...).

p) **Sonido oun, oum:** granmoun, Foufoun, Choucoun, madougou, lemoun, gwozouzoun, katchoumboumbe...(adulto, Foufoun, Choucoun, hernia, pagano, gente rica, problema o laberinto)

q) **Sonido wa, we, wè, wou elt.:** wanga, wounou wounou, woywoy, woulib, watè, wondonmon, wòch, wòwòt, wouj...(hechicería, rumor o réplica sutil, ruido, pon, baño, rebelde, piedra, nuevo o roroto, rojo...)

r) **Sonido tch:** tchatcha, tchoul, tchouboum, tcheke, tchoulon, tchanpan, tchotcho... (maraca, mozo o sirvienta en el sentido peyorativo, problema, verificar, nítido, comida de poco valor, dinero).

s) **Sonido ch, chw:** chapo, chokola, chemiz, chou, chabon, chache, chadèk, chalbari, chandèl, chanjman, chans, cheri, chwal, chwazi, chwichwi, chosèt... (sombrero, chocolate, camisa, repollo o moño, carbón, buscar, toronja, repudio, velón, cambio, suerte, querido, caballo, escoger, rumor, media...)

t) **Sonido dj:** djak, djakout, djanni, djondjon, djòb, djòlè, djanm... (diácono, saco hecho en paja, pertenencia, seta, trabajo, hablador o lengüilargo, fuerte...)

u) **Sonido v:** vomi, vodou, van, vivan, volim, vlope, volan, vitès, volkan, vaksen, vakans, valiz... (vomitar, vodú, viento, vivo, volumen, envolver, volante, velocidad, volcán, vacuna, vacaciones, bulto...)

v) **Sonido y, yen, yon:** yanm, youn, Yiyi, avyon, divizyon, atansyon, benyen, manyen, kretyen, yoyo, irigasyon, Okay, bagay, piyay... (ñame, uno, Yiyi, avión, división, atención, bañarse, tocar, cristiano, yoyo, riego, Los Cayos, cosa, baratillo o ganga...)

w) **Sonido z:** zonyon, zo, okazyon, zanmi, zanno, ze, zèl, zenglendo, zagribay, zepi, zidòl, zong, zòrèy, zoranj, zwazo, zotobre (cebolla, hueso, ocasión, amigo, anillo, huevo, ala, pillo, cosa de poca importancia o bobería, espiga, ídolo, uña, oreja, naranja, ave, personaje rico o VIP o 'Very Important Person').

4.10 Entonasyon an kreyòl / Entonación en kreyòl

An kreyòl, menm jan nan tout lòt lang, jan yon moun pale vo plis pase sa li di a. Egzanp: map /ba/ yo/ sa/ yo/ me/ri/te/ (Les voy a dar lo que merecen); ou-pa-ka-pa-la (tiene que estar allí). Mezanmi / gad / on/ so/vè/ Bon/dye/ vo/ye /ban/nou!

K	L	E	P		
K	R	E	Y	O	L

EGZESIS-DEVWA / ASSIGNMENT

Saktefèt(revizyon)?

Sakafèt (pwogram)?

Sakpralfèt (pwojè)?

A. Egzèsis ak devwa pou revizyon, refleksyon ou diskisyon.

Kreyòl	Español
1) Ki lèt nou jwenn nan alfabè kreyòl la ki absan nan alfabè espanyòl la?	1) ¿Qué letras que están en el kreyòl que no están en el español?
2) Ki lèt nou jwenn nan alfabè espanyòl la e ki absan nan alfabè kreyòl la?	2) ¿Qué letras que están en el alfabeto español que no se encuentran en el kreyòl?
3) Ki aksan nou jwenn nan lang kreyòl la? Sou ki lèt nou kapab mete l?	3) ¿Qué acento se encuentra en el kreyòl? Sobre qué letras se coloca?
4) Sa lèt "a" ki nan fen mo sa yo vle di: sila a; nèg sa a	4) ¿Qué quiere decir la letra a que está al final las palabras tales como: sila a, nèg sa a?
5) Ki son yon moun ki konn franse kapab gen pwoblèm pou pwononse an kreyòl? Kòman yo rele move pwononsyasyon sa a?	5) ¿Qué sonido una persona que habla francés puede tener dificultad para producir en el kreyòl? Cómo se llama este tipo de mala pronunciación?

B. Di ki mwayen nou pito itilize pou nou koute lang kreyòl la: pwofesè nou, manm fanmi nou, vwazen nou, kondisip nou, zanmi nou, konpanyon travay nou, moun kap pase nan lari a, emisyon radyo, televizyon, k-7, sidi, DVD, dokimantè, fim, vwayaje nan peyi kote yo pale lang lan… Poukisa koute yon lang enpòtan anpil? Nou pa gen pwoblèm konprann kreyòl?

C. Ki kote, kijan nou kapab li kreyòl la? Liv klas kreyòl la, jounal kreyòl, revi, woman, mesaj nan lari (grafiti, piblisite, avi, afich,…), powèm, liv chan d esperans, liv: Nap regle tout bagay an chantan, labib, dokiman, editoryal, enfòmasyon, entènèt (imel, fesbouk, tèks mesaj…). Eske yo byen ekri?

D. Kisa nou konn ekri oubyen vle ekri oubyen transkri an kreyòl? Devwa, lèt, atik, refleksyon, liv, mesaj imel, pwogram legliz, avi, diskou, powèm, editoryal, nouvèl.

E. Ki kote, kilè, kòman nou konn oubyen nou vle pale kreyòl? Nan klas la, lakay nou, legliz, nan mache a, ak zanmi nou, nan fèt, nan aktivite, konferans, reyinyon, antrevi, dyalòg…

F. Fè egzèsis sa yo:

1) Koute e apresye sou youtoub: chante ki rele 'manman cheri'.
2) Chwazi e kopye yon tèks an kreyòl de omwen yon paj. Pa bliye mete tout aksan yo epi suiv règ òtograf kreyòl la.
3) Chèche kèk tèks, anons, pwogram legliz an kreyòl. Pote yo nan klas la e apresye jan yo ekri.
4) Kijan nou kapab prepare òdinatè nou pou nou kapab ekri kreyòl la jan sa dwa?
5) Prepare yon lis konplè chòtkòt pou mete aksan an kreyòl lè wap ekri nan òdinatè.

G. Ann koute. Pwononse mo ak ekspresyon sa yo. Ekri ekivalan espanyòl yo nan kolòn ki adwat la

SON (SOUND)	MO	TRADUCCIÓN EN ESPAÑOL
A	Bacha, Anita, leta, lota, eta, malanga, machacha	
An	Mitan, pandan, letan, dan, pridan, amizan, swadizan, amizman, medizan	
E	Leve, gade, gede, mize, pale, touche, vire, koze	
È	Ouvè, bèkèkè, malè, motè, odè, lidè, atè miyò	
En	Genyen, kreten, men, jaden, lafimen, denmen, malen, fen, vwazen, konnen, grennen, penpennen, benyen, fennen	
I	Mouri, fini, avi, modi, vomi, pini, santi, mi, mimi	
O	Zoklo, mato, poto mitan, moso, oto, loto, pito, solokoto, blokotow, pow	

Ò	**Òklò, miyò, bòzò, lò, kalòj, pòz, kè pòpòz, òlòj, kwatchòkò, maldjòk**
On	Bonbon, wondonmon, don, won, madichon, kapon, pongongon, koton, vagabon, leson, lanmidon
Ou	Mou, joumou, dou, doukounou, moun fou, foufou, azoumounou, pou, poupou, wounouwounou, goudougoudou, rapadou.
In	Dodin, machin, bekin, izin, pisin, kantin, tantin, pin, bobbin
Oun	Choukoun, moun, lemoun, Mamoun, gwo zouzoun
Ui	Bui, uit, zuit, dizuit, luil, pwodui, fui, andui
Gn (y)	Beny, peny, reny, fenyan, ponya, benywa, Antonya
Èy	Boutèy, fèy, ògèy, bèl mèvèy, rekèy, zòtèy
Ye	Premye, eskalye, dosye, metye, prizonye, mwatye
R vs w, h	Rolan (Wolan), ro (wo); rad (had)
Ou vs w	Pou w, pa w, ba w
Yen	Endyen, penyen, benyen, tenyen, antretyen, anyen, yenyen, ansyen
Yon	Losyon, vizyon, kamyon, linyon fè lafòs
Enn	Okenn, lapenn, grenn, jenn, etenn
Oy	Woyoyoy, woywoy
Òy	Kichòy, pòy
Ay	Ayayay, bitay, fritay, kay pay, loray, fetay kay, tay

H. Pronuncia estas palabras oraciones y halla sus equivalencias españolas

I. Obsève byen kijan mo sa yo ekri. Li a hot vwa.

1. Nou dwe benyen anvan n penyen.
2. Kamyon an an reta.
3. Byen sou latè pa dire.
4. Ou trò kripya, manyè pataje ak frè ou.
5. Sekretarya a fèmen jodi a.
6. Li se yon nèg debyen, men li tchak anpil; li tèlman tchak, li pa manje anyen ki frèt.
7. Li se yon bon matcho. Tchaka mayi a gou anpil.

8. Echèk pa dwe dekouraje nou nan lavi a.
9. Edike, enstrui, di, mou, soule
10. Egzamen, egzèsis, eskiz, egzanp, fiks
11. Lòm, omisid, Hench
12. Rimè, vaksen, medsin, vwazen, devenn, lò, moun
13. Enbesil, anpil, imigrasyon, kalanbè, pòm
14. Reta, ba, gita, motè, otè, eskanmòtè, manje, fini
15. Pwason pa pwazon; divizyon pa adisyon. Si ou mache ès-ès, ou pap pri nan zen.
16. Mitin, ti zing, planin, zong, peng, bilding; reny, peny, tenyen, penyen, manyen, yenyen.
17. Wolan /Rolan; wòch/ ròch; woule / roule; woulib; woulibè; wete; metye; mwatye; wetanm metanm.
18. Filozofi, Jozèf, òtograf, fotokopi, filantròp
19. Rach, hont / wont, mwen, swen, bezwen

J. Repete e ranplase: Kay la laba (boul la; chemiz lan; radyo a; bisiklèt la; moto a; pou la)

K. Ann koute. Koute e aji: Jodi a, m gen de nouvèl pou nou. Yon bòn nouvèl, yon movèz nouvèl. Ki sa nou vle anvan? (Envante nouvèl yo).

L. Ann ekri. Maladi nou konn soufri. Prepare yon tèks an kreyòl. Itilize mo ak ekspresyon sa yo: sewòm, pran piki, alèji ak aspirin, gen lafyèv, pa ka respire ; nan koma; trè grav ; ap touse, pa fè mye; chèch kon kaw; fè pwogrè, pa grav; toujou entène; anpire; replèt; yo bay egzeyat; geri; ap suiv tretman; anfòm.

M. Ekri yon fraz ak chak mo an kreyòl.

Español	Kreyòl	EKIVALANS MO A AN KREYOL
Condado	Konte	Konte Myami an gran anpil; li gen anpil moun.
Henrique		
Isabel		
Jacobo		
Nicolás		
Hecho		
Animal		
Xavier		
Josefa		
María		
Día		
Parroquia		
Navidad		

Tranquilidad	
Lección	
Hombrón	
Zacarías	
Elefante	
Clotilde	
Niño	
Niñez	
Población	
Riqueza	
Sencillo	
Chiquito	
Rubio	
Anaranjado	
Relámpago	
Riquísimo	
Ridículo	
Radio	
Agua	

N. Pronunciación de las letras y de sus combinaciones (continuación)

1. Pronunciación en voz alta (clasificación de las letras de acuerdo con sus pronunciaciones)
a-an-ann-àn-k; b-ch-d-dj-e-g-p-tch-v-w; è-f-l-m-n-r-s-z; èn-enn.
i-ui-in-y; ou-oun; on-onn.

2. Combinaciones monosilábicas y bisilábicas

a.Wòb la blan
b. Dlo a sal
c. Mayi a mi
d. Krab la gra
e. Kle a nan pòt la
f. Plim nan pa ekri
g. Pran devan, map suiv ou

---

[3]   Esta expresión implica una promesa de venganza

h. Tren an ap pase lòtbò a

i. Vle pa vle, m ap jwenn avè w^2

j. Vrè ou fo, mwen tande yon rimè

k. Grenn mayi a pouri

l. Kann nan pa dous

m. Papa legba, ouvri bayè pou mwen

n. Pa fè m twòp egzijans.

o. Almanak sa a bèl anpil

p. Palto a byen pase.

q. Moun ki apsan gen tò

r. Nèg sa a sanble yon espyon

O. Combinación de los consonantes con las vocales (a, e, i, o, ou etc.). Lea las combinaciones y luego busca, con la ayuda del maestro, las palabras formadas que tengan un significado. Ej. Ba (bajo), ja (dinero, suerte) etc.

letra "a"	letra "e"	letra "i"	letra "o"
Ba cha da dja fa ga ha ja ka la	Be che de dje fe ge he je ke le	Bi chi di dji fi gi hi ji ki li	Bo cho do djo fo go ho jo ko lo
Ma na pa ra sa ta va za	Me ne pe re se te ve ze	Mi ni pi ri si ti vi zi	Mo no po ro so to vo zo
Ba cha da dja fa ga ha ja ka la	Be che de dje fe ge he je ke le	Bi chi di dji fi gi hi ji ki li	Bo cho do djo fo go ho jo ko lo
Ma na pa ra sa ta va za	Me ne pe re se te ve ze	Mi ni pi ri si ti vi zi	Mo no po ro so to vo zo

P. Ejercicios de pronunciación. Repita estas oraciones en voz alta.

1. Ana chita lakay san l pa travay.
2. Ala traka papa.
3. Frè Pyè wè zèv Pè Jèvè fè.
4. Nap travay jous sa kaba.
5. Lawouze (rocío) fè chèlbè (se ostenta) toutan solèy poko leve.
6. Kay Loulou plen chou.
7. Mwen menm se grenn pwonmennen.^{4}
8. Se nan chimen jennen yo kenbe chwal malen.
9. Pè Pyè pase pa Pilat an pèpè pou preche pou lapè e kont lamizè^5
10. Piti (pequeño) pa di pitimi (el mijo) pou sa.
11. Sèt tèt chat nan sèt sak se pawòl mazora pa ka di rapid.
12. Lè m ap pale ak papa m, papa m rele m pa m.

---

4   Grennpwonmennen quiere decir andariego

5   El cura Pyè puso su pantalón mahón, pasó por la ciudad de Pilat para predicar por la paz y en contra de la miseria.

Q. Ejercicio de escoger

1. la lengua de una nación se conoce como:
    a) lenguaje
    b) lengua
    c) idioma
    d) jerga

2. El kreyòl podría ser considerado como:
    a) jerga
    b) jerigonza
    c) pidgin
    d) idioma

3. Las tres vocales nasales básicas del kreyòl son:
    a) an, onn, en
    b) an, en, on
    c) an, on, enn
    d) an, ann, on

4. Las letras è, ò son vocales:
    a) abiertas
    b) cerradas
    c) labiales
    d) guturales

5. Para cumplir con la regla siguiente: Nunca poner la letra i ante o ni detrás de una vocal, se utiliza la letra:
    a) k
    b) q
    c) y
    d) x

R. Aktivite Revèy (actividad para mantenerse alerta): Chwazi yon chan pou nou chante nan klas la pou nou pa dòmi.

S. Mo ak ekspresyon kreyòl ki difisil pou pwononse oubyen pou ekri

Anpil nan mo sa yo soti nan lang franse ou nan kèk lòt lang. Pafwa, se son lang sa yo ki pase kareman an kreyòl. Egzanp: Année grégorienne, exactement; shine; compte d'épargne…

MO OU EKSPRESYON KREYOL KI DIFISIL POU LI OUBYEN EKRI	PALABRAS O EXPRESIONES DEL ESPAÑOL
Atizay ak metye	Artes y oficios
An Ayiti (ann Ayiti)	
Ane gregoryèn	
Bous d etid (Bous detid)	
Chany (chan-y)	
Egzatman (egzateman)	
Evènman	
Inè (1 è)	
Istwa d Ayiti	
Jeròm (Jewòm)	
Kont d epay (kont depay)	
Lanbè (non Lambè)	
Pakinsonn	
Peny (pen-y)	
Ponyèt (Pon-yèt)	
Prizonye (prizon-ye)	
Reny (se pa: re-ny)	
Sa koute m lèzye de la tèt	
Sen Franswa d Asiz	
Sent Odil (sen Odil)	
Sen Savinyen	
Sent Iv (Sentiv)	
Sent Adriyen	
To d enterè	
Uitè di maten	
Vwazen	
Vwazin	

T. Annou li: Li fraz sa yo a hot vwa/lea las siguientes oraciones en voz alta. Las entienden?

Kreyòl	Equivalencia del español
a) Mwen ale	Me voy
b) Yo pa la	
c) Yo se fanm vanyan	
d) Kote yo soti?	
e) Ki lè l ye?	
f) Li pè pran piki	
g) Si ou pa koupab, ou inosan	
h) Kay la gen twa chanm	
i) Enjenyè a pèdi lisans li	
j) Malad la endispoze	
k) Jonas lopital depi maten	
k) Mwen la anvan lè.	
l) Yo sanble tèt koupe.	
m) Yo se de marasa	
n) M al dòmi (tou grangou, tou swaf, bonè, ta…)	
o) M mache pou m al nan mache	
p) Pa fòse m!	
q) Manje a gen anpil grès	
r) Ala ti nèg cho, papa	
s) La pou la, yo yo pran lajan an sou li.	

U. Ann ekri

kreyòl		Español
Mete chak konsòn devan vwayèl la e pwononse mo a. Eske ou wè gen diferans nan pwononsyasyon an? Eske mo a vle di yon bagay pou ou? Si wi, souliye tout mo ki gen sans pou ou.		Ponga cada consonante delante de la vocal y pronuncie la palabra. Ve usted una diferencia en la pronunciación? Para usted, quiere decir algo la palabra? De ser positivo, subraya la palabra con sentido para usted?
consonantes	vocales	significado posible
B, f, g, j, k, l, m, n, p, r, s, t, v, w, y, z	A	Ba, fa, ga, ja, ka, la, ma, na, pa, ra, sa, ta, va, wa, ya, za
B, f, g, j, k, l, m, n, p, r, s, t, v, w, y, z	An	
B, f, g, j, k, l, m, n, p, r, s, t, v, w, y, z	E	

B, f, g, j, k, l, m, n, p, r, s, t, v, w, y, z	**È**	
B, f, g, j, k, l, m, n, p, r, s, t, v, w, y, z	En	
B, f, g, j, k, l, m, n, p, r, s, t, v, w, y, z	I	
B, f, g, j, k, l, m, n, p, r, s, t, v, w, y, z	O	
B, f, g, j, k, l, m, n, p, r, s, t, v, w, y, z	**Ò**	
B, f, g, j, k, l, m, n, p, r, s, t, v, w, y, z	On	
B, f, g, j, k, l, m, n, p, r, s, t, v, w, y, z	Ou	

V. Ann pale

Ki pi bon moman ou te pase nan lavi ou? Tradui fraz ki agoch yo an kreyòl e kòmante. 1. Tonbe damou [pou yon moun] 2. _____ 3. _____ 4. _____ 5. _____ 6. _____ 7. _____ 8. _____ 9. _____ 10. _____ 11. _____ 12. _____ 13. _____ 14. _____ 15. _____	¿Cuál es el mejor momento que pasaste en tu vida? Traduzca las oraciones que están a la izquierda al kreyòl y comente. 1. Enamorarse [de una persona] 2. _____ 3. _____ 4. _____ 5. _____ 6. _____ 7. _____ 8. _____ 9. _____ 10. _____ 11. _____ 12. _____ 13. _____ 14. _____ 15. _____

W. Òtograf kreyòl. Konpare òtograf yon etidyan an ak òtograf ki nan dezyèm kolonn nan pandan w ap konplete tablo a. Ki kòmantè ou ka fè?

Olye de (en vez de)	Nou ekri (escribimos)	¿Qué quiere decir esto?
A pran	Aprann	
Accounting	Kontablite	
An a bwè un ti kafe	Ann al bwè yon ti kafe	

Ansamble	Ansanm
Ashte yon chapo	Achte yon chapo
Assiste	Asiste
Awopòt	Ayewopò
Balè	Bale
Biffet	Bifè
Brandwòl ofrand lan	Panye ofrann nan
Cinema	Sinema
Deboutonnen vès m	Deboutonnen vès mwen
Dozèn flè	Douzèn flè
Estoraj	Depo
Egzamen	Egzamen
Fèr manje	Fè manje
Fè papie	Fè paye; ekri papye
Grad	Nòt
Gym lan	Djim nan
Jist	Jis
Mezon an	Kay la
Ki lajè pye ou	Ki mezi pye ou / ki nimewo pye ou?
Kijan ou mezire	Konbyen ou mezire / ki otè ou?
Kilè ou reve lakay la	Kilè ou rive lakay la?
Lakay m	Lakay mwen
Lè m rive kay m	Lè m rive lakay mwen
Lekol du dimanch	Lekòl di dimanch
Li ale ak m	Li ale ak mwen
M ale epi achte pwovizyon	M al achte pwovizyon
M grangou ak fatige	M grangou e m fatige
M pral nan kay doktè a	M pral lakay doktè a
M vle resevwa yon bon grad	M vle pran bon nòt
Mathematics	Matematik
Merci	Mèsi
Mèsye	Mesye
Motre	Mountre / montre
Mwen te grangou ak fatige	M te grangou e fatige
Nan ki mwa fèt ou	Nan ki mwa ou fèt
No li pa la	Non, li pa la
North Campus	Kanpis nò
Pa jam fè sa	Pa janm fè sa
Parle	Pale

Reme	Renmen
Sa se chemiz m	Sa se chemiz mwen
Se se m ou ye	Se sè m ou ye
Si ou pa bizi	Si ou pa okipe
Siye sandal m	Siye sandal mwen
Sous pwa	Sòs pwa
Spòr	Espò
Statistik	Estatistik
Visitè	Vizitè

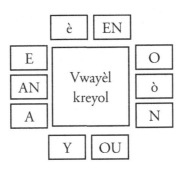

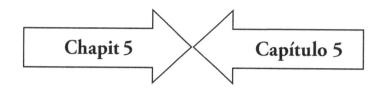

Konesans de baz pou aprann kreyòl ayisyen an

5.1 Mo Abreje an kreyòl

LANG KREYÒL LA GEN ANPIL MO ABREJE			
NO	KREYÒL (FORMA LARGA)	ABREVYASYON (FORMA CORTA)	FRAZ /ORACIÓN
1	Ake	Ak	Vini ak mwen / Ven conmigo
2	Ale	Al	
3	Ape	Ap	
4	Ava, va	Av, v	
5	Bay	Ba, ban	
6	Elatriye	Elt.	
7	Fini	Fin	
8	Gade	Gad	
9	Gen + yon	G on	
10	Genyen	Gen	
11	Janmen	Janm	
12	Kapab	K ap, ka	
13	Ki	K	
14	Konnen	Konn	
15	Li	L, i	
16	Mwen	M	
17	Mwen ale	M al	
18	Nou	N	
19	Nou ape…	N ap	
20	Ou	W	
21	Oubyen	Ou	
22	Pa	P	
23	Pa + ap	P ap	

24	Pa + te	Pat	
25	Prale	Pral	
26	Rete	Ret	
27	Se yon	S on	
28	Soti	Sot	
29	Tankou	Kou, kon	
30	Tank	Tan k	
31	Te	T	
32	Te ale	T al	
33	Vini	Vin	
34	Yo ale	Y al	
35	Yo ape	Y ap	

Atansyon: pafwa, kontraksyon an kapab pwodui konfizyon: li bow sou bouch # li bo w sou bouch; sò w di se sak pou fèt # sè w di se sa ki pou fèt.

5 .2 Ekspresyon Kreyòl Ak "M"

		KREYÒL	ESPAÑOL
		Klase ekspresyon ki nan tablo yo dapre kategori sa yo: 1) M plis adjektif oubyen lòt vèb ki endike eta pèmanan 2) M plis adjektif oubyen lòt vèb ki endike eta tanporè 3) M plis advèb de lye 4) M plis adjektif idantifikasyon, metye oubyen pwofesyon ak nasyonalite. 5) Fòm pwogresiv (ING form)	CLASIFICA LAS EXPRESIONES QUE ESTAN EN LA TABLA SEGUN SU CATEGORIA 1) M + ADJETIVO O VERBO DE ESTADO PERMANENTE 2) M + ADJETIVO O VERBO DE ESTADO TEMPORERO 3) M + ADVERBIO DE LUGAR 4) M + ADJETIVO DE IDENTIFICACIÓN, OFICIO O NACIONALIDAD 5) FORMA PROGRESIVA
	1	M an reta	Estoy tarde: M+ verbo de estado temporero
	2	M an sante	Estoy en salud: M+ verbo de estado temporero
	3	M antrave	
	4	M bèl	
	5	M blèm	
	6	M bwè l	
	7	M entelijan	
	8	M etone	
	9	M fache	

10	M fatige	
11	M fouti	
12	M gen dòmi	
13	M gen sèlman	
14	M gen ventan	
15	M grangou	
16	M gwo	
17	M jèn	
18	M kontan	
19	M kout	
20	M malad	
21	M mande tèt mwen	
22	M marye	
23	M mens	
24	M nan wòl mwen	
25	M nan zen	
26	M pa	
27	M pa genyen	
28	M pa marye	
29	M pap travay	
30	M pòv	
31	M pri	
32	M pwòp	
33	M reveye	
34	M rich	
35	M sal	
36	M se…	
37	M se (yon) granmoun	
38	M se ameriken	
39	M se ayisyen	
40	M se machann	
41	M se manman	
42	M se papa ti nèg la	
43	M se pwotestan	
44	M se sèl doktè isit la	
45	M se sèlman	
46	M se yon bebisitè (map gade ti moun)	

47	M se yon boksè	
48	M se yon bon doktè	
49	M se yon demachè	
50	M se yon doktè legal	
51	M se yon foutbolè	
52	M se yon manadjè serye	
53	M se yon pyanis	
54	M sezi	
55	M swaf	
56	M ta renmen konnen	
57	M trankil	
58	M tris	
59	M tronpe m	
60	M twouble	
61	M vini	
62	M wont	
63	Map dòmi	
64	Map ekri	
65	Map gade TV	
66	Map kondui	
67	Map mache	
68	Map manje	
69	Map travay	Estoy trabajando: M +verbo en forma progresiva

5.3 Konparezon abrevyasyon kreyòl-espanyòl

INGLÉS	KREYÒL	ESPAÑOL
Ain't = am not/are not/is Not	M pa, ou pa	No soy (no estoy); no está…
Aren't	Yo pa	Ellos /as no…
Can't	Pa kapab	No puede…
Couldn't	Pat kapab	
Daren't	Yo pa t oze	
Didn't	Pa t	
Doesn't	Pa t	
Don't	Pa t	
Gimme = give me	Banm	

Going to= gonna	Ap ale (ap al)	
Gotta = (have) got a	[M] pral gen	
Hadn't	Pa t genyen	
Hasn't	Pa t genyen	
Haven't	Pa t genyen	
He'd	Li ta	
He'll	L ap	
Here's	me, men	
He's	Li se, li ye	
How's	Kòman... se, kòman... ye	
I'd	M te gen	
I'd've thought so	M te panse sa	
I'll	Map	
I'm	M se, m ye	
Isn't	Se pa; pa ye	
It'll	L ap (neuter)	
It's	Se, ye	
I've	M gen	
Kinda = kind of	Kalite	
Lemme = let me	Kite m	
Mayn't	Pa t kapab	
Mightn't	Pa t kapab	
Mustn't	Pa t gen dwa	
Needn't	Pa t bezwen	
O'er (over)	Sou; anwo	
Oughtn't	Pa t oblije	
Shan't	Se pa t, pa t... ye	
She'd	Li ta	
She'll	L ap	
She's	Li ta	
Shouldn't	Pa t kapab	
That'll	Sa ap	
That's	Sa vle di	
There'll	Ap genyen	
There's	Genyen	

They'd	Yo ta	
They'll	Yap	
They're	Yo se	
They've	Yo genyen	
Wasn't	Se pa t, pa t ye	
We'd	Nou ta	
We'll	N ap	
We're	N ap	
Weren't	Yo pa t, pa t ye	
We've	Nou genyen	
Whatcha = what are you	Ki sa w ap	
What'll	Sa k ap	
What's	Sa ki	
When's	Kilè …	
Where's	Kote …ye	
Who'd	Ki moun ki ta	
Who'll	Ki moun kap	
Who's	Ki (moun) ki	
Won't	P ap kapab	
Wouldn't	Pa t kapab	
Ya = you	Ou	
You'd	Ou ta	
You'll	W ap	
You're	Ou se; ou ye	
You've	Ou gen	

5.4 Mo ou konstriksyon pou mete plis aksan

Kreyòl se yon lang imaje. Gen plis pase yon ventèn mo ak ekspresyon ayisyen itilize pou bay yon fraz **plis jarèt, plis fòs.** Anpil nan mo ak ekspresyon sa yo toujou plase nan fen fraz la. Li pa fasil pou tradui y o. Anpil fwa, yo sèvi pou yon kesyon de respè, de edikasyon, de obeyisans. Anplis, chanjman ki fèt nan yon fraz kapab ba li plis fòs tou.

5.4.1 Chanje mo yo plas (Fronting): Yo lekòl la; lekòl la yo ye; se lekòl la yo ye, wi. Yo nan mache a; nan mache a yo ye; se nan mache a yo ye, wi. Li rele Maryàn: Maryàn li rele: se Maryàn li rele [wi].

5.4.2 Repetisyon vèb oubyen adjektif:

a. L ap pale tout lajounen: se pale l ap pale tout lajounen.
b. Kon li vini, li tonbe joure: Vini li vini, li tonbe joure: vini li vini, se joure li tonbe joure.
c. Li t ap fè manje lè moun yo te rive: Se manje l t ap fè lè moun yo te rive.
d. L ap manje: Se manje l ap manje
e. Li malad: se malad li malad;
f. Li dekouraje: se dekouraje li dekouraje.
g. Li bèl: se pa ti bèl li bèl; mwen grangou: se pa ti grangou m grangou: ala grangou m grangou.
h. Li tris: li tris anpil: se pa de tris li tris: Ala tris li tris.
i. Li kontan: se pa de kontan li kontan.
j. Van ap vante: se pa de vante van an ap vante.
k. Lapli ap tonbe: Se pa de lapli kap tonbe. Se pa ti lapli kap tonbe.
l. Dlo desann: Se pa de dlo ki desann.
m. Li ale ale l.

El kreyol es un idioma que utiliza imágenes. hay mas de veinte palabras y expresiones que utilizan los haitianos para enfatizar, para dar mas fuerza a otra palabra. muchas de esas palabras se colocan al final de la oracion. no son faciles de traducir. muchas veces, se utilizan por respeto, por educacion, por obediencia. ademas, se puede realizar cambios en la estructura de la oracion por cuestion de enfasis.

5.4.1 Cambiar una palabra de sitio (fronting): Yo lekòl la: lekòl la yo ye: Se lekòl la yo ye. Yo nan mache a: nan mache a yo ye: se nan mache a yo ye. Li rele Maryàn: Maryàn li rele: se Maryàn li rele [wi].

5.4.2 Repetición del verbo o adjetivo.

a. L ap pale tout lajounen: se pale l ap pale tout lajounen.
b. Kon li vini, li tonbe joure: Vini li vini, li tonbe joure: vini li vini, se joure li tonbe joure.
c. Li t ap fè manje lè moun yo te rive: Se manje l t ap fè lè moun yo te rive.
d. L ap manje: Se manje l ap manje
e. Li malad: se malad li malad;
f. Li dekouraje: se dekouraje li dekouraje.
g. Li bèl: se pa ti bèl li bèl; mwen grangou: se pa ti grangou m grangou: ala grangou m grangou.
h. Li tris: li tris anpil: se pa de tris li tris: Ala tris li tris.
i. Li kontan: se pa de kontan li kontan.
j. Van ap vante: se pa de vante van an ap vante.
k. Lapli ap tonbe: Se pa de lapli kap tonbe. Se pa ti lapli kap tonbe.
l. Dlo desann: Se pa de dlo ki desann.
m. Li ale ; li ale ale l. Li vire do l, l ale.

5.4.3 Itilizasyon yon seri mo tankou: menm, apa, gade kijan

a. Mwen di sa: Se mwen menm ki di sa.
b. Okenn moun pa vini: Menm yon chat pa pase la.
c. Yo pa menm banm manje pou m manje, ale wè se dlo yo ta banmwen: Menm dlo yo pa ban mwen (pa menm dlo yo pa banmwen).
d. Sa ou di a pa bon: Menm sa ou di a pa bon. Menm Jezikri te jwenn move tretman nan men lòm (lòm kapab maltrete tout moun).
e. Ou pa vini: apa ou pa vini.
f. Ou manje tout manje a: Apa ou manje tout manje a!
g. Ou mechan: gade kijan ou mechan!
h. Ou di anpil: Gade kijan ou di! Ala di ou di

Pou yon lis mo pi konplè, wè tablo ki anba a.

5.4.3 El uso de una serie de palabras tales como: menm, apa, gade kijan…

a. Mwen di sa: Se mwen menm ki di sa.
b. Okenn moun pa vini: Menm yon chat pa pase la.
c. Yo pa menm banm manje pou m manje, ale wè se dlo yo ta banmwen: Menm dlo yo pa ban mwen (pa menm dlo yo pa banmwen).
d. Sa ou di a pa bon: Menm sa ou di a pa bon. Menm Jezikri te jwenn move tretman nan men lòm (lòm kapab maltrete tout moun).
e. Ou pa vini: apa ou pa vini.
f. Ou manje tout manje a: Apa ou manje tout manje a!
g. Ou mechan: gade kijan ou mechan!
h. Ou di anpil: Gade kijan ou di! Ala di ou di

Véase la lista completa en la tabla que está abajo.

5.5 Lòt mo ou ekspresyon pou bay fraz plis jarèt

	MO POU BAY FRAZ LA PLIS FÒS	EGZANP
1	ala+ repetition mo	Ala kontan m kontan! Ala kriye ki pral genyen
2	en; anye	Ki koze sa, en! Granmèt, pitye, anye!
3	gentan (mucho)	Ou gentan bèl!
4	konsa (asi, de esta manera)	Sa ou di konsa!
5	kont kò / pou kont kò (mucho, bastante)	Li redi (pou) kont (kò) li
6	kwè se (piensa que es…)	Ou kwè se po! Ou kwè se jwèt! Ou kwè se rans!
7	la a (ahora, en este caso)	Sa k pase la a!
8	menm (mismo, para nada)	Se ou menm ki di sa ; m pa la menm
9	non (no)	Pa kite m, non!
10	Papa (padre)	Sa ou di la, papa!
11	se pa de + yon mo (mucho)	Se pa de **sezi** m **sezi**!
12	se pa de twa (mucho)	Se pa de twa moun ki la!
13	se pa ti kras + mo (mucho)	Se pa ti kras **bèl** ou **bèl**!

14	tande (Oiga!)	Monchè, al fè wout ou, tande!
15	wi (si)	Me mwen, wi
16	yon +mo (mucho)	Li fò yon fò! Li frekan yon frekan!

5.6 Teknik pou aprann mo nouvo an kreyòl. Note byen genyen eksepsyon nan obsèvasyon jeneral sa yo (técnicas para aprender palabras en kreyòl; note bien que hay excepciones a estas observaciones generales).

5.6.1 Mo espanyòl an –ario

Kreyòl	Español	Ekri yon fraz an kreyòl
Anivèsè	Aniversario	Hoy es mi aniversario de boda.
Diksyonè	Diccionario	
Disiplinè	Disciplinario	
Itinerè	Itinerario	
Literè	Literario	
Nesesè	Necesario	
Òdinè	Ordinario	
Salè	Salario	
Vokabilè	Vocabulario	

5.6.2 Mo espanyòl an –dad

Kreyòl	Español	Ekri yon fraz
Difikilte	Dificultad	Tengo dificultad para escribir kreyòl
Enfimite	Invalidez	
Fòmalite	Formalidad	
Inivèsite	Universidad	
Kominote	Comunidad	
Nesesite	Necesidad	
Otorite	Autoridad	
Piblisite	Publicidad	
Pwosperite	Prosperidad	
Site (vil)	Ciudad	
Vitès	Velocidad	

5.6.3 Mo espanyòl an –tico. Complete el cuadro.

Kreyòl	Español	Ekri yon fraz
Atlantik	Atlántico	El océano atlántico esta en movimiento hoy
Demokratik	Democrático	
Didaktik	Didáctico	
Eskolastik		
Fanatik		
Jimnastik		
Lengwistik		
Linatik		
Optimistik		
Otomatik		
Patriyotik		
Romantik		

5.6.4 Mo espanyòl an –ico. Complete el cuadro

Kreyòl	Español	Ekri yon fraz
Elektrik	Eléctrico	Kouran elektrik enpòtan nan devlopman yon peyi.
Fizik	Físico	
Inik	Único	
Isterik		
Klasik		
Komik		
Mayifik		
Metodik		
Peryodik		
Politik		
Pratik		
Sikolojik		
Teknik		

5.6.5 Mo espanyòl an –ente. Complete el cuadro

Kreyòl	Español	Ekri yon fraz
Ajan	Agente	
Ekivalan	Equivalente	
Endiferan	Indiferente	
Entelijan		

Kliyan		
Puisan		
Sifizan		

5.6.6 Mo espanyòl an –mente. Complete el cuadro

Kreyòl	Español	Ekri yon fraz
Egzateman	Exactamente	
Erezman	Felizmente	
Espesyalman	Especialmente	
Finalman		
Jeneralman		
Klèman		
Kòrèkteman		
Malerezman		
Moralman		
Natirèlman		
Rapidman		

5.6.7 Mo espanyòl an –mento. Complete el cuadro

Kreyòl	Español	Ekri yon fraz
Agiman	Argumento	
Moniman	Monumento	
Sakreman		
Santiman		
Sipleman		
Trètman		

5.6.8 Mo an espanyòl an–al. Complete el cuadro

Kreyòl	Español	Ekri yon fraz
Animal	Animal	
Anyèl	Anual	
Espesyal	Especial	
Intelektyèl		
Izyèl		
Jeneral		
Kapital		
Komèsyal		

Lokal		
Lopital		
Ofisyèl		
Orijinèl		
Pèsonèl		
Pwofesyonèl		
Santral		
Total		

5.6.9 Mo espanyòl an –cia. Complete el cuadro

Kreyòl	Español	Ekri yon fraz
Abondans	Abundancia	
Absans	Ausencia	
Defans	Defensa	
Distans	Distancia	
Eksperyans		
Enpòtans		
Enstans		
Konsyans		
Obeyisans		
Pèmanans		
Sikonstans		
Tolerans		

5.6.10 Mo espanyòl an –ante. Complete el cuadro

Kreyòl	Español	Ekri yon fraz
Abondan	Abundante	
Elegan	Elegante	
Enpòtan	Importante	
Etidyan		
Konstan		
Restoran		
Siyifyan		

5.6.11 Mo espanyòl an –oso. Complete el cuadro

Kreyòl	Español	Ekri yon fraz
Anbisye	Ambicioso	
Delisye	Delicioso	
Fame	Famoso	
Glorye		
Kirye		
Laborye		
Relijye		

5.6.12 Mo espanyòl an –ia. Complete el cuadro

Kreyòl	Español	Ekri yon fraz
Aristokrasi	Aristocracia	
Demokrasi	Democracia	
Efikasite	Eficacia	
Famasi	Farmacia	
Fanmiy (fanmi)		
Ijans		
Istwa		
Konpayi		
Remèd		
Sikoloji		

5.6.13 Mo espanyòl en–or. Complete el cuadro

Kreyòl	Español	Ekri yon fraz
Aktè	Actor	
Direktè	Director	
Doktè	Doctor	
Erè		
Imè		
Koulè		
Motè		
Otè		
Pwofesè		

5.6.14 Mo espanyòl an –ista. Complete el cuadro

Kreyòl	Español	Ekri yon fraz
Atis	Artista	
Floris	Florista	
Moralis	Moralista	
Pyanis		
Touris		
Resepsyonis		

5.6.15. Mo panyòl avèk 'sin'. Complete el cuadro

Kreyòl	Español	Ekri yon fraz
Enpuisan, san pouvwa	Sin potencia	
San pawòl	Sin palabra	
San vwa	Sin voz	
San mouvman	Sin movimiento	
San fil		
San efò		

5.6.16. Mo espanyòl an–ísimo. Complete el cuadro

Kreyòl	Español	Ekri yon fraz
Trè kontan	Contentísimo	
Trè entelijan	Inteligentísimo	
Trè fidèl		
Trè anmè		
Trè bèl		
Trè klè		

5.6.17 Mo espanyòl an – al. Complete el cuadro

Kreyòl	Español	Ekri yon fraz
Chan mayi	Maizal	
Chan ble	Trigal	
Chan kann		
Chan pye bwa		
Chan zèb		

5.6.18 Mo espanyòl an –azo. Complete el cuadro

Kreyòl	Español	Ekri yon fraz
Kout manchèt	Machetazo	
Kout baton		
Kou d eta		
Kout ponyèt		
Kout tèt		
Kout ponya		

5.7 Ki sa nou konnen de yon mo?, ¿Qué sabemos de una palabra?

Kijan yon moun konnen yon mo vre?	¿Cómo conocer realmente una palabra?
Pou yon moun rive konnen yon mo vre, li dwe konnen estrikti entèn mo a, e kijan li fòme. Pou sa, li dwe konnen omwen 16 enfòmasyon sou mo a.	**Para conocer una palabra, uno debe conocer su estructura y su historia. Por eso, hay que conocer 16 informaciones acerca de ella.**

1. òtograf mo a 2. pwononsyasyon mo a 3. definisyon mo a 4. klasman mo a (non, atik…)	9. ki mo ki sonnen memn jan ak li 10. ki mo ki ekri menm jan ak li 11. ki mo ki vle di menm bagay ak li 12. ki mo ki opoze a li	1. ortografía de la palabra 2. pronunciación 3. definición 4. Parte del discurso	9. palabra que suena igual 10. palabra que se escribe igual 11. palabra de mismo significado 12. palabra opuesta
5. istwa mo a 6. ki kalite mo li ye (estanda ou non) 7. eske mo a vilgè ou non 8. eske mo a ansyen ou non	13. ki mo ki sanble avè l 14. eske se yon mo senp ou konpoze 15. eske se yon mo maskilen 16. eske se yon mo feminen	5. historia 6. tipo de palabra (¿estándar?) 7. vulgar o no vulgar 8. antiguo o reciente	13. palabra parecida 14. palabra simple o compuesta 15. masculino o femenino 16. singular o plural

5.8 Teknik pou aprann yon mo pi fasil?

Gen plizyè metòd ki pèmèt moun aprann mo pi fasil. Pi ba a, n ap prezante de nan yo.

a) Metòd fraz. Si nou dwe aprann yon mo pi fasil, nou kapab fè fraz avè l. Ann gade kòman sa fèt ak mo konpa. Nou ta ka pran lòt mo tankou : tchouboum, komatiboulout, tonnèkrazechen…

Konpa	**konpa** se non yo bay mizik ayisyen an
Konpa se	**konpa** se non yo bay mizik ayisyen
Konpa se non	**konpa** se non yo bay mizik
Konpa se non yo	**konpa** se non yo bay
Konpa se non yo bay	**konpa** se non yo
Konpa se non yo bay mizik	**konpa** se non
Konpa se non yo bay mizik ayisyen	**konpa** se
Konpa se non yo bay mizik ayisyen an	**konpa**

b) **Mo etwale**. Chwazi yon mo; mete l nan yon wonn. Se mo sa a ki alonè: se yon mo-etwal (Nou di se yon mo etwale). Ansuit, apre yon tanpèt lide, mete toutotou li tout mo sinonim, antonim oubyen tout ekspresyon kourant ki gen rapò a mo orijinal la e ki gen sans. Nan premye egzanp lan, nou genyen mo tèt ki antoure ak lòt mo tankou: tèt mato (chófer malo), tèt cho (locura), tèt frèt (tranquilamente), tèt di (cabeciduro), tèt nèg (carísimo), tèt kale (totalmente, completamente), tèt nan sak (tonto, estúpido), tèt gridap (pelo desordonado), and so on.

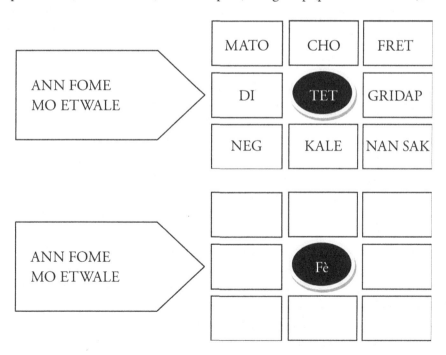

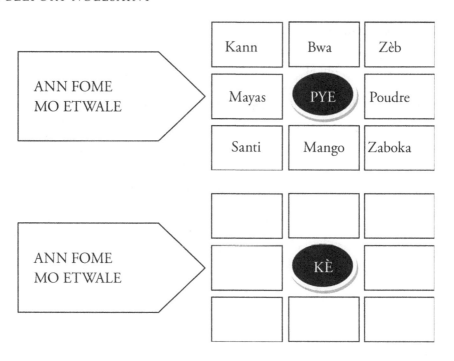

5.9 Mo etranje nou jwenn nan kreyòl la6. Konplete tab la.

Kreyòl	Español	Fraz pa ou
Babay (adye)	Adiós	
Biznis	Negocios	
Blakawout	Apagón	
Blo (vag)	Menospreciar; olvidar	
Bouldozè	Buldozer	
Chanpou	Shampú	
Dilè	Dealer	
Djòb	Trabajo	
Ekondisyone	Aire acondicionado	
Entènèt	Internet	
Faks	Fax	
Faktori	Factoria	
Flach		
Foul		
Imel		
Koul		

6   See Savain (1995)

Mòflè		
Otdòg		
Patnè		
Pikòp		
Plwayoud		
Rilaks		
Sidi		
Swetè		
Tikè		
Tchòbòl		
Wikenn		
Flòch		

5.10 Konya kreyòl-espanyòl / Cognados (kreyòl-inglés-español-Francés)

Kreyòl	Español
Konya se mo ki idantik nan plizyè lang. Pwononsyasyon mo Konya yo kapab yon ti jan diferan paske langaj la gen pwòp patikilarite règ fonolojik li. Pa egzanp, nou gen konya ant panyòl e franse; ant panyòl ak angle; ant franse e angle. Konya se yonn nan pi bon mwayen pou aprann yon dezyèm lang. Gen twa kalite Konya: vrè konya, fo konya e konya an pati (vre ou fo)	Cognado se refiere a palabras idénticas en varios idiomas. La pronunciación de las palabras puede ser un poco diferente porque el lenguaje tiene su propia peculiaridad en cuanto a su regla fonológica. Por ejemplo, hay cognado entre el kreyòl y el español, entre el español y el francés, etc. **El cognado es uno de los mejores medios para aprender un segundo idioma (L2).** Hay tres tipos de cognados: Verdaderos cognados, falsos cognados y cognados a medio (cierto y falso)

5.10.1 Verdadero cognado kreyòl-Español

Kreyòl	Español	Ekri yon fraz
Edikasyon	Educación	Edikasyon enpòtan nan lavi nou.
Animal		
Fame (renome)		
Radyo		
Ide / lide		

5.10.2 Cognado kreyòl-español falso

Kreyòl	Español	Ekri yon fraz
Kounye a		
Kazwèl: parese		
Ansent (gwòs/ gwovant)		
Malè		

5.10.3 Cognado semi falso

Kreyòl	Español	Ekri yon fraz
Adrès	Dirección	
Kay, lakay	Casa, residencia	
Politik		
Abitid		
Lin		
Kòd oubyen fil		
Pran nòt		
Korije		
Make yon telefòn		
Make		

5.11 Silab an kreyòl

5.11.1 Lè nap pale oubyen ekri, nou itilize mo ak fraz plizoumwen konplèks. Men, chak mo kapab divize an silab, an lèt, an fonèm e an mòfèm.

Egzanp de silab: anganman (an-gan-man); annavan (an-na-van); chany (chan-y), annantye (an-nan-tye); benyen (ben-yen) , zon-bi mann-man-nan, etc.

Note byen: Gen silab ki kenbe pwrononsyasyon fransè a: Gonayiv (Go-na-yiv); an Ayiti; dlo (de l'eau); diven (du vin, wine); zam (les armes); lezo (les eaux), eks. Kanta pou fraz yo menm, yo kapab gen plizyè estriti.

5.11.1 Cuando hablamos o escribimos, utilizamos palabras y oraciones más o menos complejas. Pero, cada palabra puede ser subdividida en sílabas, en letras, en fonemas y en morfemas. Veamos algunos ejemplos de sílabas en kreyòl:

Anganman (an-gan-man); annavan (an-na-van); chany (chan-y), annantye (an-nan-tye); benyen (ben-yen), zon-bi mann-man-nan, (blan man-nan), etc.

Algunas sílabas guarden la pronunciación francesa: Gonayiv (Go-na-yiv); an Ayiti; dlo (de l'eau, agua); diven (du vin, vino); zam (les armes, armas); lezo (les eaux, las aguas), etc.. En cuanto a las oraciones, las mismas pueden tener las mismas estructuras.

C) Fòmasyon fraz an kreyòl

5.11.2 Analiz [de] yon fraz kreyòl

An jeneral, yon fraz konplè gen de pati prensipal: sijè ak predikaman. Kreyòl ak espanyòl se de lang SVO, sa vle di: ki gen fòm Sijè, Vèb ak Objè (ou konpleman).

Yon fraz kòmanse toujou ak yon lèt majiskil e l fini ak yon pwen. Dapre estrikti li, yon fraz kreyòl kapab senp, konpoze, konplèks oubyen konpoze-konplèks. Dapre bi li, yon fraz kreyòl kapab deklaratif, entèwogatif ou eksklamatif…

5.11.2 Analiz fraz an kreyòl

En general, una oración compleja tiene dos partes principales : sujeto y predicado. El kreyòl y el español son dos idiomas de tipo SVO, es decir, que ellos tienen la forma de sujeto, verbo y objeto (complemento).

Una oración empieza siempre con una letra mayúscula y termina con un punto. De acuerdo con su estructura, una oración en kreyòl puede ser simple, compuesta, compleja o compuesta y compleja a la vez. En cuanto a su propósito, la oración puede ser declarativa, interrogativa o exclamativa…

5.12 Fraz kreyòl dapre estrikti yo

Kalite fraz	Diferentes oraciones
1) Fraz senp: Mwen renmen pwason	1) Oración simple: me gusta el pescado
2) Fraz konpoze: Mwen renmen pwason e m renmen manje l ak diri	2) Oración compuesta: me gusta el pescado y me gusta comérmelo con arroz
3) Fraz konplèks: mwen renmen pwason paske l bon pou sante	3) Oración compleja : me gusta el pescado porque es bueno para la salud
4) Fraz konpoze–konplèks: M renmen pwason paske l gou, li bon pou sante e m renmen manje l ak diri blan	4) Oración compuesta y compleja: Me gusta el pescado porque es apetitoso, es bueno para la salud y me encanta comerlo con arroz blanco.

5.13 Fraz dapre bi yo.

EGZANP PA MWEN	EGZANP PA OU
1) Fraz deklaratif: M renmen chokola	1) oración declarativa: me gusta el chocolate
2) Fraz entèwogatif: èske m renmen chokola?	2) oración interrogativa: me gusta yo el chocolate?
3) Fraz eksklamatif: M bezwen oksijèn!	3) oración exclamativa: necesito oxigeno!
4) Fraz enperatif: Fè m jwenn lajan pou demen	4) oración imperativa: hágame conseguir dinero para mañana.

5.14 Fraz kondisyonèl

EGZANP PA MWEN	EGZANP PA OU
Fraz kondisyonèl. Si m te gen lajan, m ta bati yon chato an Ayiti	Oración condicional: si yo tuviera dinero, batiría un castillo en Haití.

5.15 Fraz pozitif ou negatif. Póngalas al español

KREYÒL	ESPAÑOL
Mwen kontan	Estoy contento
Mwen pa kontan	No estoy contento
Kreyòl se lang ki fasil	
Kreyòl se pa lang ki fasil	
Nou di wi	
Nou pa di wi	

Nap manje anpil	
Nou pap manje anpil	
Nap di ou mèsi	
Nou pap di ou mèsi	
Yo pat al nan sinema	
Nou pat jwenn pwason	

5.16 Obsèvasyon wòl yon mo nan yon fraz. Obsève e kòmante.

Kreyòl	
M fini travay la (COD)	
Li tiye poul la (COD)	
Bondye koute vwa mwen (COD)	
Li ban mwen (COI) yon kado (COD)	
Li dòmi atè a (CC)	
Ki kote ou te ale? (CC)	
Antre nan pòt prensipal la (CC)	

5.17 Negasyon an kreyòl : non=no

Pa=no

a) Fòmasyon negasyon =

Negativo=pa + indicador + verbo

NB: pa + ap=pap
    Pa + te = pat
    Pa+Pral + ale=pa pral(e)

Pa [fout] jete fatra la a!

Li pa ni pou Pyè, ni pou Jak.

Pa melanje lèt ak sitwon, ji a va tounen

Pa mete m nan zen!

Se pa mele m sa!

Zafè kabrit pa zafè mouton

Pa anmède m…

b) Doub negasyon avèk pa (la doble negación con pa)

KREYÒL	ESPAÑOL	EGZANP
pa… okenn		M pa wè okenn moun lakay la
pa janm…		Pa janm di m sa ankò; pèsonn pa janm al di yo sa
Pa…anyen		Sa pa fè anyen
Pa ankò (pako, poko)		Sa ki pou fè m pè a poko fèt
Pa menm		Soulye sa yo pa menm; yo de paman. Ou pa menm ka manje, wap voye lajan jete.
Pa…ni…		Li pa ni nan sal la, ni nan bibliyotèk la
Pa… pèsòn		M pa wè pèsòn
Pa…non		Pa di m ou pa gen lajan, non!
Pa fouti		M pa fouti fini travay la
Apali papa!		Apa li papa! Me oto a! M reyisi achte l tou nèf.
Pa…nenpòt		Li se pa kenpòt moun
pa…menm (ditou)		Ou pa menm nan sijè m ap pale a.

c) Fo negasyon

Kreyòl	Bay yon lòt egzanp ak negasyon
Pinga= no; no haga	Egzanp: (1) Pinga seren; (2) rete sou pinga ou
pa manke + non= afimasyon.	Egzanp: (1) Pa manke vini non; (2) Ou pa manke frekan! (3) Pa manke salye Ana pou mwen
Pa ka pa=obligasyon: Egzanp Li pa ka pa nan reyinyon an; li pa ka pa la	
Pa banmwen!(pa di mwen)	
Pa di m non!	

5.18 Salitasyon an kreyòl / Saludos en kreyòl

Ayisyen itilize yon ventèn ekspresyon salitasyon pou reponn kesyon sa yo: Kòman ou ye? Ki jan ou ye ? Sa k pase? Sa nèg ap fè? Ki jan bagay yo ye? Sa k ap fèt? Ban m nouvèl ou? Ki jan nèg ye?	los haittianos utilizan una ventena de expresiones de saludo para contestar estas preguntas: Kòman ou ye? Ki jan ou ye ? Sa k pase? Sa nèg ap fè? Ki jan bagay yo ye? Sa kap fèt? Ban m nouvèl ou? Ki jan nèg ye?

	ekspresyon	Equivalencia en español
1	M byen [wi]	Estoy bien.
2	M la [wi]	Estoy aquí.
3	M pa pi mal [non]	
4	M ap lite [wi]	
5	M ap kenbe [wi]	
6	M ap boule [wi]	
7	M ap gade [wi]	
8	M ap bat dlo pou m fè bè	
9	Nèg ap gade [wi]	
10	M ap debat [wi]	
11	N ap naje pou n soti	
12	N ap trip	
13	N ap gade san pran	
14	M malad	
15	M gen lafyèv	
16	M gen grip	
17	M fatige	
18	A! nèg sou beton an!	
19	Nèg ap pran gagann	
20	Kloròks lap fin avè nou!	
21	Nèg pa fè bri!	
22	Nèg anba pay!	
23	Nèg ap goumen	
24	A! Afè nèg pa bon!	
25	M djanm	

5.19 Mo ou ekspresyon tipik oubyen kouran an kreyòl / Haga su comentario en español y complete la tabla

No	Mo ou ekspresyon	Egzanp
1	About (cansado)	M about avè w
2	Ale + nombre	Ale bwachat= ale nan peyi san chapo=mouri
3	Annik (solo, simplemente, justo)	Li annik rive, li pati ; m annik ouvri bouch mwen, ou kouri avè m. m annik kòmanse, ou di m ale.
4	Apa (aquí está, verdad, por qué…)	Apa ou pa vini! Apa li papa ! apa li ki di m sa
5	Bezwen	m bezwen achte yon lin. M bezwen achte yon linèt tou nèf
6	Bouke (cansado)	M bouke manje diri ak pwa
7	Fè +nombre o pronombre+otro verbo = pide a alguien de hacer algo	Fè pitit la bwè lèt la
8	Fè kenken (hay mucho)	Moun fè kenken nan fèt la
9	Nèg pa m (mi querido)	Nèg pa m, vyen m pale w
10	Jan w wè l la	It is like you see it
11	Prèske (casi)	M prèske fini
12	Resi (finalmente)	M resi deboulonnen (boulon an)
13	Se (do/ se dwe)	
14	Tou (bien, ya, una vez por toda)	Ou tou konn sa ; tou pran lajan an pandan l poko depanse
15	Wè (wi) monchè (ok!)	Wè monchè, m kwè w
16	An tan [ke]=kòm	
17	Anna bay mennaj li yon joli (bèl) kado	
18	Asosyason an nonmen Roland meyè manm ane a	
19	Byen si	
20	Bagay la mangonmen	
21	Byenantandi	
22	Elizabèt kouri ale	
23	Eske manman ou se koutiryèz ?	
24	Fò n ale	
25	Gen yon paj ki blanch	

5.20 Obsèvasyon tradiksyon mo ak ekspresyon sa yo

KREYÒL	ESPAÑOL	FRAZ
De fraz separe pa "ke"		Moun ['ke' pa ladan l] ou wè a vle pale avè ou
Sa		Sa sa ye sa
Te, ta		Si m te milyonè, m ta achte yon chato
Kapab		Ou kapab pati
Mèt		Ou mèt pati
Pito		M pito bwè ji pase dlo
Vle		M vle ale nan fèt la
Genyen		Li genyen toutan nan jwèt la
Se / ye		Ki moun ou ye? M se entèl.

K	L	E	P		
K	R	E	Y	O	L

EGZESIS~DEVWA / ASSIGNMENT

Saktefèt(revizyon)?
Sakafèt (pwogram)?
Sakpralfèt (pwojè)?

A. Egzèsis pou revizyon

1) Chwazi yonn ou plizyè asosye. Ansanm, prepare yon konvèsasyon sou yon tèm nou pito. Fòk li gen omwen twa paj. Prezante konvèsasyon an (pèfòme) nan klas la.
2) Chwazi yon mo. Ekri l sou tablo a, e mande ki moun ki kapab jwenn yon lòt mo ki kòmanse ak dènye silab mo pa ou la. Kontinye jouskaske nou pa kapab jwenn okenn lòt mo ki kòmanse ak silab la.
3) Chwazi yon mo, mete l nan yon wonn. Chèche tout lòt mo ki sinonim li. Fè menm jan tou pou mo ki kontrè li.

B. Ann ekri. Palabras en -syon. Traduzca y complete la lista

KREYÒL	ESPAÑOL	FÈ YON FRAZ
Aksyon		
Atansyon		

Divizyon		
Entansyon		
Leson		
Losyon		
Okipasyon		
Redaksyon		
Seleksyon		
Solisyon		

C. Ann li e ekri. Lea, comente, y si posible, traduzca. ¿Cuál es su observación?

KREYÒL	ESPAÑOL	
Bonte		
Chante		
Charite		
Fratènite		
Legalite		
Libète		
Mechanste		
Mete		
Opòtinite		
Totalite		

D. Ann ekri. Encuentre la equivalencia de las palabras y luego, escriba una oración

MO	FRAZ
Aksyon	
Atansyon	
Distenksyon	
Entansyon	
Leson	
Tansyon	
Okipasyon	
Redaksyon	
Seleksyon	
Solisyon	

Tansyon	
Bonte	
Charite	
Fratènite	
Legalite	
Egalite	
Libète	
Mechanste	
Totalite	
Verite	
Kout pye	
Kout chèz	
Kout balon	

E. Traduzca al kreyòl las siguientes palabras

Un machetazo: _____ División: _____

Oportunidad: _____ Oposición: _____

Caridad: _____ Exención: _____

Reducción: _____ Acción: _____

Ocupación: _____ Interacción: _____

F. Cognados español-kreyòl

a. Mo kreyòl an -syon

KREYÒL	ESPAÑOL	INGLÉS	FRAZ KREYÒL
Aksyon	Acción	Action	Aksyon mennen reyaksyon.
Atansyon	Atención	Attention	
Distenksyon	Distinción	Distinction	
Divizyon	División	Division	
Entansyon	Intención	Intention	
Leson	Lección	Lesson	
Okipasyon	Ocupación	Occupation	
Opozisyon	Oposición	Opposition	
Redaksyon	Redacción	Redaction	
Rediksyon	Reducción	Reduction	

Seleksyon	Selección	Selection	
Solisyon	Solución	Solution	
Tansyon	Tensión	Tension	

b. Mo kreyòl an -te

Bonte	Bondad	Goodness	Bonte se yon bon bagay.
Charite	Caridad	Charity	
Fratènite	Hermandad	Fraternity	
Egalite	Igualdad	Equality	
Legalite	Legalidad	Legality	
Libète	Libertad	Liberty	
Mechanste	Maldad	Badness	
Opòtinite	Oportunidad	Opportunity	
Totalite	Totalidad	Totality	
Verasite	Veracidad	Veracity	
Verite	Verdad	Truth	

c. Mo ki vle di " kou de". Complete el cuadro

KREYÒL	ESPAÑOL	EKRI YON FRAZ
Kout bal	Balazo	
Kout baton	Bastonazo	
Kout kòf fizi		
Kou d eta		
Kout manchèt		
Kout boul		
Kout ponyèt		
Kout dan		
Kout pitit		
Koudèy		

d. Siy de ponktiyasyon / signos de puntuaciones. Complete el cuadro.

NO	SIGNOS	KREYÒL	ESPAÑOL	EQUIVALENTE ESPAÑOL
1	&	Anpèsand		Ampersand
2	,	Apostwòf		Apostrophe
3	*	Asteris		Asterisk
4	@	A komèsyal		At
5	\	Baklach		Backslash
6	[ ], { }, < >	Kwochèt		Brackets or parentheses
7	•	Boulèt		Bullet
8	^	Karèt		Caret
9	:	De pwen		Colon
10	,	Vigil		Comma
11	-	Tirè		Dash
12	°	Degre		Degree
13	...	Twa pwen sispansyon		Ellipsis
14	!	Pwen eksklamasyon		Exclamation mark
15	.	Pwen		Full stop/period
16	« »; ' '; " "	Gimè (giymè)		Guillemets, quotation marks
17	-	Tirè		Hyphen
18	¡	Pwen eksklamasyon ranvèse		Inverted exclamation point
19	¿	Pwen entèwogasyon ranvèse		Inverted question mark
20	#	Siy nimewo		Number sign
21	%	Pousantay		Percent
22	¶	Pilkwo		Pilcrow
23	?	Pwen entèwogasyon		Question mark
24	§	Siy seksyon		Section sign
25	;	Pwen vigil		Semi-colon
26	/	Eslach (ba)		Slash
27	( )	Parantèz		Parentheses
28	~	Tilde		Tilde/swung dash
29	¨	Trema		Umlaut/diaeresis
30	___	Siy pou souliye		Underscore/understrike
31	§	Paragraf		Paragraph

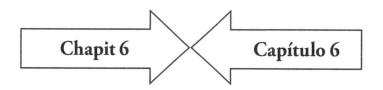

Règ gramè kreyòl/ Las reglas gramaticales del kreyòl

6.1 Kat prensip de baz pou aprann kreyòl/ Cuatro principios de base para aprender el kreyòl

Dapre Dejean (1986), yon lenguis ayisyen, lang kreyòl la fasil pou aprann si yon moun suiv kat prensip sa yo ki rezime konsa.

Prensip	Principios	Excepciones
6.1.1 Chak lèt jwe yon sèl wòl: li reprezante yon sèl son	6.1.1 Cada letra desempeña un solo papel: representa un solo sonido	Es un principio general
6.1.2 Chak son ekri menm jan (yon siy pou chak son)	6.1.2 Cada sonido se escribe de la misma manera (un solo signo para cada sonido)	Y, w, ou, an, en, on, ò, ui
6.1.3 Pa gen lèt ki bèbè (sof lèt n, pafwa)	6.1.3 No hay letra muda (salvo n, a veces)	N (a veces)
6.1.4 Chak lèt reprezante yon sèl son oubyen yon sèl bui. Prensip sa a soti nan lòt prensip anvan yo. Lèt a, e, h, n, o, r fè eksepsyon a règ sa a. Chak fwa "a", "o", "e" reyini ak n; lè o mete ansanm ak u; lè c mete ansanm ak h, nou jwenn yon son diferan de chak lèt sa yo, si nou pran yo chak apa.	6.1.4 Cada letra representa un solo sonido o un solo ruido. Este principio sale de los principios anteriores. Las letras a, e, h, n, o, r hacen excepciones a dicha regla. Cada vez que a, o, e se reúne con n; cuando o se asocia con u; cuando c se asocia con h, hay un sonido diferente de cada una de esas letras, si se toman cada una por separada.	A, e, h, n, o, etc.

Kreyòl konpare (analiz kontrastif)

6.2 Analiz kontrastif / Lingüística contrastiva del kreyòl: Aprender el kreyòl desde el punto de vista contrastivo (kreyòl-español-inglés-francés)

NO	KONSIDERASYON	KREYÒL	**ESPANOL**	ENGLISH	FRANÇAIS
1	Alfabè (alfabeto, alphabet)	32 lèt (10/22)	**27 letras (6/21) y 5 dígrafos**	26 letters (6/20)	26 (6/20)
2	Akò (Agreement, acuerdo, accord)	No. Medam m te wè yo **ansent**	**Si. Las mujeres que he visto están encintas**	No. The ladies that I have seen are **pregnant**	Oui. Les femmes que j'ai **vues** sont **enceintes**
3	Majiskil (letra mayúscula ; capital letter, lettre majuscule)	Non jou, mwa, ane, syèk, sezon… pa ekri an lèt majiskil, sof si yo se premye mo nan yon fraz	**Los nombres de los días, meses, años, siglos, estaciones… no se escriben con letras mayúsculas en el medio de una sentencia**	The names of the days, months, years, centuries, seasons… are capitalized, even in the middle of a sentence	Les noms des jours, des mois, des années, des siècles, des saisons… ne prennent pas de lettre majuscule au milieu d'une phrase.
4	Chif (dígito, digit, chiffre)	Tout chif ki ka ekri an yonn ou de mo ekri an lèt. Tout rès yo ekri an chif, menm jan ak dat yo.	**Todos los dígitos que pueden ser escritos en una o dos palabras se escriben en letras. Los demás números, incluyendo las fechas, se escriben en cifras.**	All numbers that can be written in one or two words are written en letters. The others, including the dates, are written in numbers.	Même règles pour l'espagnol. En outre, il y a des règles spéciales pour cent et mille.
5	Atik (artículo, article , article)	La, lan, a, an, nan, kèk, yo	**El, la, los, las, un, unos, una, unas.**	The, a, an	Le, la les, un, une, des, du, de la, des
6	Adjektif (adjetivo, adjective, adjectif)	Yo pa pran mak pliryèl: Moun yo bèl	**Reciben la marca del plural: Ellos son bonitos**	Do not receive the plural markers: They are **beautiful**	Reçoivent les marquent du pluriel : **Ils sont beaux.**
7	Pwonon (pronombre pronoun; pronom)	Pa ekri an majiskil nan mitan yon fraz	**Se escriben en letras minúsculas, a menos que empiezan una oración.**	O and I are always written in capital letters in the middle of a sentence	Ne sont pas écrits avec des lettres majuscules, à moins qu'ils commencent une phrase

8	Plas pwonon (lugar de los pronombres, place of pronouns, place des pronoms)	**Mwen ak ou**	**Tú y yo (usted y yo)**	You and me	Toi et moi (vous et moi)
9	Vèb (verbo, verb, verbe)	Yo pa genyen tèminezon espesifik	**Terminan en ar, er ir como en: cantar, comer, bendecir**	They do not have specific endings	Terminent en: **er, ir, re** (chanter, finir, vendre)
10	Advèb (adverbio, adverb , adverbe)	Advèb de manyè fini an **–man** kòm nan dousman	**Los adverbios de manera terminan en –mente: suavemente**	Adverbs of manner end in **–ly**: slowly	Les adverbes de manière terminent en **–ment** : doucement
11	Plas adjektif yo (lugar de los adjetivos, place of adjectives , place des adjectifs)	Adjektif kalifikatif yo plase apre mo yo detèmine a, eksepte adjektif nimeral yo ak atik endefini " yon".	**Tiene varias colocaciones: Un coche bello; un coche caro**	A beautiful car; an expensive car	Une belle voiture, une voiture chère
12	Jan (género, gender, genre)	Nou pa kapab mete mo kreyòl yo o feminen, sof kèk eksepsyon	**Las palabras reciben la marca del femenino: un hombre lindo, una muchacha linda;**	Few words are put in feminine gender: a beautiful man; a beautiful lady	Les mots changent au féminin : un homme **joli**, une femme **jolie**
13	Nonb (singular/plural; singulier/pluriel)	Nou pa kapab mete mo kreyòl yo o pliriyèl; se kèk mo ki endike si yo sengilye oubyen pliriyèl: **yon plim; de plim**.	**Las palabras reciben la marca del plural: un bolígrafo; dos bolígrafos.**	Words receive the plural markers: a pen, two pens (check the rules)	Les mots prennent la marque du pluriel: Plume; deux plumes.
14	Ka posesif (caso posesivo, possessive case, cas possessif)	Bagay ki posede a + posesè a + atik ki konvenab : kay Jan an	**Artículo + la cosa poseída + el nombre del poseedor: La casa de Juan**	Article +possessed thing: (The) John's house.	L'article, la chose possédée et le nom du possesseur: La maison de Jean

16	Negasyon (negación, negation, négation)	Sijè + pa + vèb+ konpleman : Yo **pa** renmen travay nan biwo	**No + verbo + complemento: No quieren trabajar en la oficina**	Subject + do not (does not) + verb: they **do not** like to work in the office	Sujet + ne + verbe + pas + complément. Ils n'aiment pas travailler au bureau
17	Omisyon sijè a (omisión del sujeto; omission of subject, omission du sujet)	Non. Pa gen omisyon sijè : Mwen manje	**Se puede omitir el sujeto. En el verbo está el sujeto: (Yo) como**	Non, there is no omission of the subject: I eat	Non, on ne peut pas omettre le sujet: Je mange
18	Oksilyè (auxiliar, auxiliary, auxiliaire)	Genyen, se, ye	**Tener, haber**	To have, to be	Avoir, être
19	Siy ponktiyasyon (signos de puntuaciones, punctuation marks, signes de ponctuations)	Tout siy yo sof pwen entèwogasyon ak eksklamasyon ranvèse	**Todos los signos más los signos de interrogación y exclamación (admiración) invertidos (¿?, ¡!)**	All the signs, except the inverse interrogative and exclamative signs	Tous les signes, excepté ceux d'interrogation et d'exclamation renversés.
20	Decimal (decimales, decimal, chiffres décimaux)	An kreyòl tankou an franse, se yon pwen ki distenge pati antye a de pati desimal la : 3,200.00 Goud	**Está indicado mediante una coma:3.200,00 pesos**	The decimal part is indicated by the dot: $3,200.00	Est indiqué moyennant un point : 3,200.00 Euros
21	Tag kesyon (tag question)	(Se) pa vre ?	**No (verdad?)**	Isn't it ? aren't they	N'est-ce pas?
22	Pwononsyasyon (pronunciación, Pronunciation, prononciation)	Tout lèt pwononse: Lil Lagonav	**Todas las letras se pronuncian. A veces, los españoles no pronuncian la letra d final: Ej. Sacado se pronuncia como sacao. La isla de la Gonâve**	Some letters are not pronounced; others have different pronunciations. T, d sometimes lacks dental stops: the Gonave Island	Certaines lettres sont muettes. Certaines lettres telles que p, t sont muettes à la fin d'un mot : compte se lit conte. L'île de la Gonâve.
24	Estrikti fraz yo (estructura de oración, sentence structure, structure d'une phrase)	Sijè, vèb, objè (SVO)	**Sujeto, verbo, objeto (SVO)**	Subject, verb, object (SVO)	Sujet, verbe, objet (SVO)

25	Group konsòn (Grupo de consonantes, Consonant cluster, groupes de consonnes)	Mo kreyòl yo pa fini ak consonant klostè: Abstrak; espesifik; sikoloji	**No hay CC al final de las palabras. Solo se terminan con las letras SNLRJD (SeNeLeReJeD). No hay sílabas que empiezan con la letra s, p : abstracto; específico; sicología**	There is CC at the beginning and final of words. English allows more cc than Spanish (ex. Abstract; specific; psychology)	Les mots peuvent finir par plusieurs consonnes et peuvent commencer par la lettre s ou p : Abstract; spécifique; psychologie
26	Lèt S (letra s, letter s, lettre s)	Lèt S toujou pwononse kòm S; lèt Z, kòm Z	**S nunca se pronuncia como zeta.**	Sometimes, s is pronounced as z	Parfois, s est prononcée comme z quand elle se trouve entre deux voyelles
27	Lèt h (letra h, letter h, letter h)	Lèt h pa itilize souvan	**La letra h es muda en español**	H is aspired	La lettre h peut être muette ou aspirée
28	Pwononsyasyon (pronunciación difícil, difficult pronunciation, prononciation difficile)	Chany; annavan	**Condado, callado (not to be generalized); bacalao, asopao**	Debt; forecastle, island, knee. Light, bought,	Tu es, il est; nous sommes; ils viennent, island, les héros

6.3 KIJAN POU ENDIKE LÈ, Lòd /ran AK LAJ

6.3.1 Ki lè li ye? Qué hora es? **Ann konte, ann di ki lè li ye, ann di ki laj nou genyen. Konplete tablo a**

NIMEWO	JAN L PWONONSE	LÈ	LÒD /RAN	ADVÈB	LAJ
0	Zewo				
1	En, youn	Inè	Premye	Premyèman	Ennan
2	De	Dezè	Dezyèm	Dezyèm-man	Dezan
3	Twa	Twazè	Twazyèm	Twazyèm-man	Twazan
4	Kat	Katrè	Katriyèm	Katriyèm-man	Katran
5	Senk	Senkè	Senkyèm	Senkyèm-man	Senkan
6	Sis	Size	Sizyèm	Sizyèm-man	Sizan
7	Sèt	Setè	Setyèm	Setyèm-man	Setan
8	Uit	Uitè	Uityèm	Uityèm-man	Uitan
9	Nèf	Nevè	Nevyèm	Nevyèm-man	Nevan

10	Dis	Dizè	Dizyèm	Dizyèm-man	Dizan
11	Onz	Onzè	Onzyèm	Onzyèm-man	Onzan
12	Douz	Douzè	Douzyèm	Douzyèm-man	Douzan

6.4 Mo ak ekspresyon pou poze kesyon an kreyòl / Palabras para hacer preguntas en kreyòl

NO	Gen twa fason prensipal pou moun poze kesyon an kreyòl: 1) leve e varye nivo vwa ou: Ou malad? (repons lan se wi ou non) 2) itilize mo: èske: èske ou byen? (repons lan se wi ou non) 3) itilize lòt mo tankou: ki, pouki, kòman, elatriye	Hay tres maneras principales para hacer preguntas en kreyòl: 1) Levanta y varia el nivel de la voz: Ou malad? 2) uso de la palabra èske: èske ou malad? 3) uso de otras palabras tales como: ki, pouki, kòman, entre otros	Ejemplos
1	A ki moun	A ki moun pòtab sa a ?	¿De quién es este celular?
2	A ki lè	A ki lè pou m vini ?	¿A qué hora tengo que venir?
3	Ak ki kle ou louvri?		
4	Ak ki moun ou vini?		
5	Ak ki…		
6	Bò ki moun ou chita		
7	Chak konbyen tan		
8	De ki moun w ap pale?		
9	De ki prevyen, de ki mannigans ou fè sa?		
10	Depi kilè		
11	Depi konbyen tan		
12	Eske ou [se… ; gen…]		
13	jous ki bò		
14	jous ki kote		
15	jous ki lè		
16	Ki		
17	Ki laj ou?		
18	ki bò		
19	ki gwosè		
20	Ki jan ou fè…?		
21	Ki jodi m pa wè ou!		
22	Ki kote / ki bò ou ye?		
23	ki laj		

24	Ki lè li ye?		
25	Ki lès nan yo		
26	ki mele m ak…		
27	Ki moun ki la?		
28	ki pwa		
29	Ki sa ou di la a ?		
30	Ki sa sa ye?		
31	ki tay		
32	ki wotè,		
33	Kijan		
34	Kilè		
35	Kilès nan yo ou pi pito?		
36	Kimoun		
37	Kiyès, kilès		
38	kiyès ki		
39	Kòman / kouman nou ye?		
40	Kòman [ou] fè		
41	Konbyen / konbe/ konben pat fig la?		
42	Konbyen [fwa…]		
43	Kote rad mwen?		
44	Kote manje pa m		
45	Kote ou ye la a?		
46	Kouman / kòman		
47	Nan ki		
48	Nan ki pòt ou pase?		
49	Nèspa		
50	Ou fatige?		
51	Ou malad! Èske ou malad?		
52	Ou pa t etidye ?		
53	Pou ki moun kado sa a?		
54	Pou kilès		
55	Pou kiyès moun		
56	Pou konbyen tan		
57	Pouki		
58	Pouki bagay		
59	Pouki rezon		

60	Poukisa ou vini nan biwo a?		
61	Sa ap fè la a?		
62	Sa ki		
63	Sa ki fè w ap manke m dega konsa?		
64	Sa sa vle di		
65	Sa sa ye [sa]		
66	sak fè, (sa ki fè)		
67	[Se] pa vre		
68	Sou ki moun w ap gade?		

K	L	E	P		
K	R	E	Y	O	L

EGZESIS~DEVWA / ASSIGNMENT

Saktefèt(revizyon)?

Sakafèt (pwogram)?

Sakpralfèt (pwojè)?

A. Ann pale. Itilize pwòp mo pa w pou eksplike 4 prensip de baz pou aprann kreyòl.

B. Egzèsis oral. Di ki lè li ye?

LI (FÈ)	LI (FÈ)	LI (FÈ)	LI (FÈ)
Inè	Setè	Inè senk	Setè trannsenk / uitè mwen vennsenk
Dezè	Uitè	Dezè dis	Uitè karant / nevè mwen ven
Twazè	Nevè	Twazè kenz / eka	Dizè karannsenk / onzè mwen ka
Katrè	Dizè	Katrè ven	Onzè senkant / douzè mwen dis
Senkè	Onzè	Senkè vennsenk	Douzè / minui
Sizè	Douzè / midi	Sizè trant / edmi	Dizè mwen ka

C. Ann repete

Kreyòl	Español
Kilè li ye?	
Li fè inè pil / egzat / won kon boul	
Li (fè) dezè di maten	
Li uitè e ka	
Li nevè edmi	
Li midi	
Li twa zè mwen ka	
Li sizè mwen sis	

	Bon vwayaj	
Have a good trip	Buen viaje	Bon voyage
Buon viaggio	Boa viagem	Guste reise

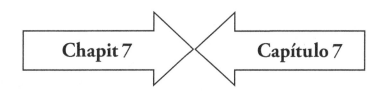

Pati diskou yo / Las partes del discurso

Mo envaryab	Mo envaryab	Palabras variables	Palabras invariables
A) ATIK B) NON C) PWONON D) ADJEKTIF E) VEB	F) PREPOZISYON G) KONJONKSYON H) ADVEB I) ENTEJEKSYON	ARTÍCULO NOMBRE PRONOMBRE ADJETIVO VERBO	PREPOSICIÓN CONJUNCIÓN ADVERBIO INTERJECCIÓN

7.1. Detèminan an kreyòl. Ki kote yo plase?/ la ubicación de los determinantes en kreyòl

Yon detèminan se yon mo ki plase akote yon lòt mo pou modifye oubyen pou ba li plis sans. Kòm detèminan, nou kapab site: **atik ak adjektif**. An jeneral, detèminan yo plase anvan mo yo modifye a. Men, an kreyòl, yo plase pito apre mo yo modifye a. Gen eksepsyon a règ sa a.	Un determinante es una palabra que se pone al lado de otra palabra para modificarla o darle más sentido. Como determinante, podemos citar: artículo y adjetivo. En general, los determinantes se colocan delante de la palabra que modifican. Sin embargo, en kreyòl, los mismos se ponen después de la palabra. Hay excepciones a esta regla.

7.2 ATIK

7.2.1 Konsiderasyon jeneral. Lè n ap pale de atik, gen plizyè bagay pou nou sonje:

1. Lèt kreyòl yo divize an vwayèl (gen vwayèl oral oubyen vwayèl bouch e vwayèl nazal oubyen vwayèl nen) e an konsòn (gen konsòn oral ou konsòn bouch e konsòn nazal oubyen konsòn nen).
2) tout mo ki fini an: m, n, nm genyen pwòp atik pa yo.

7.2 Artículos

7.2.1 Consideración general. Hablando de artículos, debemos recordar varias cosas:

1. Las letras en kreyòl se dividen en vocales (oral o nasal) y en consonantes (oral o nasal)
2) Las palabras que terminan en: m, n, nm tienen sus propios artículos.

3) Gen twa kalite atik: atik define (a, an, la, lan, nan, yo); atik endefini (yon) e atik patitif (kèk).

4) Pliriyèl tout atik yo se: Yo

5) Atik define yo toujou plase apre mo a, tandiske atik endefini e atik patitif yo toujou plase devan mo a.

6) Pou konnen ki atik ou dwe itilize, ou dwe gade ak ki lèt (ann di pito ak ki silab oubyen segman) mo a fini.

7) "en" ak "an" se lèt yo ye. Yo pa fini ak lèt n.

3) hay tres tipos de artículos: artículos definidos (a, an, la, lan, nan, yo); artículo indefinido (yon) y el articulo partitivo (kèk)

4) el plural de todos los artículos es: yo

5) Los artículos definidos se ponen después de la palabra que modifican, mientras que el artículo indefinido y partitivo se ponen ante la palabra.

6) para saber qué artículo se debe utilizar con una palabra, es importante verificar con que letra, sílaba o segmento termina la palabra.

7) "en", "an" son letras. No son palabras que terminan con n.

7.2.2 Tab rezime atik yo/ Tabla de resumen

JAN MO A FINI	ATIK SENGILYE/ PLIRIYÈL		EGZANP
1. Vwayèl ak Silab oral (silab bouch)	A	YO	1. Vocales y sílabas orales: Dife a; tab yo; tè a; limyè a; lanmò a; Piki a; biwo a, konpitè a; fi a; papa a; fou a; oto a;
2) Vwayèl ak Silab nasal (silab nen)	AN	YO	2) Vocales y sílabas nasales: Dan an; mi an; bonbon an; pen an; entansyon an
3) Konsòn ak silab oral (konsòn ak silab bouch):	LA	YO	3) Consonantes y sílabas orales: Tab la, pip la, pòt la, valiz la; lekòl la; kay la; chèz la; liv la; poul la; pòtab la
4) Konsòn ak silab nasal (konsòn ak silab nen)	LAN	YO	4) Consonantes y sílabas nasales : Zong lan, mont lan; lanp lan; doulè vant lan
5) M, N (lèt n nan dwe pwononse)	NAN	YO	5) Letras m, n: Enfim nan; dodin nan, bekin nan, volim nan; chanm nan; machin nan; farin nan; plim nan; moun nan; kann nan; goyin nan; moun yo.
6) Atik endefini	Yon (you) on:		6) Artículos indefinidos: yon pantalon; on dife; yon pitit Bondye; yon bagay…

7) Atik patitif	Kèk, nan…yo		7) Artículos partitivos: m manje 'kèk' mang; m vle 'kèk' liv; banm nan kado sa yo, non (nan…yo: atik patitif)

7.2.3 Mo kreyòl ki kapab gen (pran) de atik, tou depan si mo a gen yon sans jeneral oubyen yon sans patikilye.

1) Konsiderasyon jeneral

An kreyòl, gen plizyè non ki pa pran atik, paske yo deja genyen atik la kole nan yo. Nan ka sa a, mo a kapab genyen doub atik, men gen yonn ki kole ladan l: egzanp: **dife a, dlo a, zile a, lezo a, diri a, zaboka a, zepina a, zanmi an, zanimo a, ze a, zetwal la, zèklè a, zo a, zonyon an, zwazo a…An general, mo sa yo soti nan lang franse a.**

Pafwa, chanjman plas atik la fè mo a chanje sans tou: lakay; kay la.

An jeneral, yon non franse mete ansanm ak atik ki devan l lan pou fòme yon sèl mo, si mo a pran nan sans jeneral. Si mo a itilize nan sans konkrè, se apre li atik la plase.

1) Consideración general

En kreyòl, hay varios nombres que no se acompañan de artículos, porque ya tienen el artículo pegados a ellos. Generalmente, estas palabras vienen del francés. En este caso, la palabra puede tener dos artículos: **dife a, dlo a, zile a, lezo a, diri a, zaboka a, zepina a, zanmi an, zanimo a, ze a, zetwal la, zèklè a, zo a, zonyon an, zwazo a.**

A veces, el cambio de sitio del artículo conlleva al cambio de sentido de la palabra: lakay, kay la.

En general, un nombre francés se junta con el artículo para formar una sola palabra, si la palabra es tomada en el sentido general. Si la palabra es tomada en el sentido concreto, el artículo se coloca después de la palabra.

7.2.4 Nòt sou atik yo

1. Atik ak Abrevyasyon nan langaj oral

yon = on : banm on bagay la, non!
se yon=s on, son : son fanm ki gen bon kalite
genyen yon= g on, gon : gon moun kap chache ou deyò a.
si yon=son : son moun fè sa, l ap pini
fè yon=fon : fon jan pou rive a lè.

2. **Itilizasyon atik yo nan ka posesif.** Atik la akòde ak non moun ki posede a: Kay Dodlin nan; machin Reynaldo a; kreyon Bensen nan

2) uso de los artículos en el caso posesivo. El artículo se concuerda con el nombre de la persona que posee la cosa: Kay Dodlin nan; machin Reynaldo a; kreyon Bensen nan (se lee: bennsenn).

Pa bliye (no se olvide)

Si « ou », « i » oubyen « w » pa gen son nazalize, se atik « a » pou nou itilize olye de « la » : jou a ; peyi w la ; moumou ou lan ; amou an ; joumou an ; fi a ; joumou w lan.

7.2.5 Tab mo ki kapab pran doub atik

	SENTIDO GENERAL	SENTIDO ESPECÍFICO	
		Sengilye	Pliriyèl (pliryèl)
1	Lajan	Lajan an (el dinero)	Lajan yo (las monedas)
2	Lalin	lin nan (la luna)	lin yo (las lunas)
3	Lajounen	jounen an (el día)	jounen yo (los días)
4	Laplenn	plenn nan (la llanura)	plenn yo (las llanuras)
5	Lakay	kay la (la casa)	kay yo (las casas)
6	Lanmò	mò a (la muerte, el muerto)	mò yo (los muertos)
7	Lapriyè	Priyè a (la oración)	priyè yo (las oraciones)
8	Latè	Tè a (la tierra)	tè yo (las tierras)
9	Laverite	Verite a (la verdad)	verite yo (las verdades)
10	Labib	Bib la (la biblia)	bib yo (las biblias)
11	Lavil	Vil la (la ciudad)	vil yo (las ciudades)
12	Lari	ri a (la calle)	ri yo (las calles)
13	Lannuit	nuit lan (la noche)	Nuit yo (las noches)
14	Lalwa	Lwa a (la ley)	lwa yo (las leyes)
15	Lekòl	lekòl la (la escuela)	lekòl yo (las escuelas)
16	Legliz	legliz la (la iglesia)	legliz yo (las iglesias)
17	Lèmò	mò a (el muerto)	mò yo (las muertes, los muertos)
18	Lèsen	sen an (el santo)	sen yo (los santos)
19	Lèwa	wa a (el rey)	wa yo (los reyes)
20	Monnonk	nonk lan (el tío)	nonk yo (los tíos)
21	Zo	zo a (el hueso)	zo yo (los huesos)

K	L	E	P		
K	R	E	Y	O	L

EGZESIS~DEVWA / ASSIGNMENT

Saktefèt(revizyon)?

Sakafèt (pwogram)?

Sakpralfèt (pwojè)?

A. Ann ekri. Complete la tabla siguiente utilizando el artículo apropiado

Palabra	Final				Artículo	Palabra	Final				Artículo
	V	K	SO	SN	A		V	K	SO	SN	A
Tablo	V	K	SO	SN	A	Lento	V	K	SO	SN	A
Elèv		X	X		La	Fetay kay					
Pwofesè	X		X		A	Sentiwon					
Chèz		X	X		La	Dèyè mòn					
Ban	X			X	An	Konsòn					
Biwo	X		X		A	Chanm					
Ekran	X			X	An	Ba					
Pwojektè	X		X		A	Mimi					
Liv		X	X		La	Pi					
Kreyon					An	Towo					
Kaye					A	Moun					
Revèy		X	X		La	Koukouy					
Mont		X		X	Lan	Reny					
Afich		X	X		La						
Konpitè											
Chifon											
Plim											
Kat jewografi											
Tay kreyon											
Tab konpitè											
Bouton radyo											
Radyo kasèt											
Kreyon koulè											
Fèy kaye											
Fèy bwa											
Jwèt Anòl											
Wou machin											
Gidon bekàn											
Wòb defen											
Chen vwazin											
Kay vwazen											
Moumou											
Pitimi											
Mò											

Note: v=vwayèl; k=konsòn; so=silab oral; sn=silab nazal

B. Ann ekri. Konplete tablo a:

KIJAN MO A FINI?	ATIK POU N ITILIZE	EGZANP
Konsòn / silab ki pa nazal		
Konsòn / silab ki nazal		
M, N		
Vwayèl / silab ki pa nazal		
Vwayèl / silab ki nazal		

C. Ann ekri. Ranpli tablo a pandan nap klase mo sa yo dapre jan yo fini: konsòn nazal; konsòn ki pa nazal (konsòn oral oubyen konsòn bouch); vwayèl nazal, vwayèl ki pa nazal (vwayèl oral oubyen vwayèl bouch); m, n.

Jan mo a fini / parte final de la palabra	Kreyòl	Español
	Tab la, Pip la, pòt la, valiz la; lekòl la	
	Dan an; lanp lan	
	Enfim nan; dodin nan, bekin nan, volim nan; chanm nan; machin nan; farin nan; chanm yo; machin yo	
	Dife a; tab yo; tè a; limyè a; lanmò a ; Piki a	
	Zong lan, mont lan	

D. Mo kreyòl ki soti nan yon "atik +yon mo fransè". Si entiende el francés, encuentre el equivalente de la palabra kreyòl en francés.

Kreyòl	Español	Kreyòl	Español
Jechalòt		Zaboka	
Zandolit		zanj	
Zannimo		Zanno	
Zanpoud		zansèt	
Zarenyen		Ze	
Zèb		zegrè	
Zèl		Zepeng	
Zepi		zepina	
Zepòl		zetrenn	
Zetwal		Zo	
Zoranj		Zwazo	

E. Observe y comente

KREYÒL	Español	Su Comentario
Tab la		
Tab yo		
Mont lan		
Mont yo		
Dam nan		
Dam yo		
Limyè a		
Limyè yo		
Ban an		
Ban yo		

F. Ann ekri. Mete atik ki konvenab devan chak mo e fè yon fraz ki konplè avèk yo:

bekàn_____; bonbon_____; dan_____; dife_____; dodin_____elèv_____ fanm_____; fenèt_____; fèt_____; fot_____; gon_____; kann_____; kèt_____; kreten_____; kreyon_____; lajan_____; lè_____; limyè_____; liv_____; madanm_____; mont_____; motè_____; pàn_____; pisin_____; pistach_____; plim_____; pon_____; son_____; tab_____; tèt_____.

G. Mete atik ki konvenab devan chak mo e fè yon fraz ki konplè avèk yo:

Bous _____. Telefòn Odèt _____; valiz Milèn _____; ti chenn bebe _____; pitit Jonas _____; biwo sekretè _____; chen Fredi _____; konpitè elèv _____; kalandriye mwa jen _____; pitit tout moun _____.

H. Mete atik ki kòrèk apre mo sa yo

Kominyon: _____

Lafwa: _____

Charite: _____

Lamedisali: _____

Lamès: _____

Lami: _____

Latousen: _____

Lavyèj Mari: _____

Lesperans: _____

Lò:_____

Lotèl: _____

Monsenyè: _____

Pè: _____

Mè: _____

Sakristen: _____

Evèk: _____

Fidèl: _____

Dyak: _____

Anfannkè: _____

I. Los que hablan francés tienden a utilizar la pronunciación del francés para pronunciar el kreyòl. Sin embargo, esta conservación o transferencia de la pronunciación francesa al kreyòl suena mal al oído. Peor aún, la mala pronunciación conlleva a la mala selección del artículo. Complete la tabla siguiente y anote su observación.

Francés	Move atik	Bon atik	Español	Fraz kreyòl
Magouilleur (magouyè)	la	A	El bellaco	Ou se yon bon magouyè
Misère (mizè)	La	A	La miseria	Mizè a di an Ayiti
Malheur (malè)				
Bonheur (bonè)				
Bord (bò)				
L'or (lò)				
La mer (lanmè)				
La terre (latè)				
Amour (lanmou)				
Lourd (lou)				
Cour (lakou)				
Tard (ta)				
Faux (fo)				
Peau (po)				
Ciel (syèl)				
Nuage (nyaj)				
Feuille (fèy)				
Paille (pay)				
Chemise (chemiz)				
Piller (piye)				
Médaille (meday)				
Peur (pè)				
Paix (lapè)				
Habitant (abitan)				

Psychologie (sikoloji)	
Puce (pis)	
Doigt (dwèt)	
Muscle (mis)	
Pomme (pòm)	
Maison (mezon, kay)	
Leçon (leson)	
Moteur (motè)	

J. Tradiksyon de "nan" plis advèb de lye: Use "nan" y el artículo apropriado, cuando es necesario. Ejemplo: M pral nan jaden botanik la.

Palabra o expresiones	Español
Bal	Li soti nan bal
Biwo	Mwen pral …
Dlo	
Fèt	
Fèt chanpèt	
Jaden Botanik	
Jimnazyòm	
Kan	
Labank / bank	
Ladwàn	
Lapèch	
Laplaj	
Lapòs	
Lavil	
Legliz	
Lopital	
Mache / makèt	
Match baskètbòl	
Match bezbòl	
Match foutbòl	
Match volebòl	
Mize D atizay	
Mòn / montay	

Naje / banboche /	
Pak pou amizman	
Plas (piblik)	
Pwomnad	
Salon	
Sinema	
Vakans	

K. Itilize an/ann/ o/ nan oubyen pa mete anyen

_____Kay	_____Gwomòn	_____Gonayiv	_____Jeremi
_____Kap	_____Pòdepè	_____Hench	_____Leyogàn
_____Tigwav	_____Jakmèl	_____Nò	_____Sid
_____Lwès	_____Lès	_____Lagonav	_____Wanament
_____Twoudinò	_____Lestè	_____Ginen	_____Lenbe
_____Pilat	_____Leyogàn	_____Grangwav	_____Miragwàn

	Souple	
Please	Por favor	S'il-vous-plaît
Per favore	Se faz favor	Bitte

90

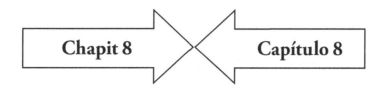

Non an kreyòl / Los nombres en kreyòl

8.1 Non an kreyòl

8.1.1 Konsiderasyon jeneral. An kreyòl, tankou nan tout lang, yon non se yon mo ki reprezante yon moun, yon zannimo oubyen yon bagay.

8.1.2 Klasifikasyon non yo. Gen non komen, non pwòp, non konkrè, non abstrè, non senp, non konpoze, non kolektif, non moun kapab konte ak non moun pa kap konte.

8.1.3 Non komen ak non pwòp. Nou gen non pwòp tankou Pyè, Jak, Pòtoprens, Miami, Bondye, elt. An kreyòl, non pwòp yo komanse ekri ak lèt majiskil. Kenpòt non ki kòmanse yon fraz kapab ekri ak lèt majiskil tou.

8.1.4 Non lang, jou, mwa, ane, dat…, lè yo nan mitan yon fraz, yo pa ekri ak lèt majiskil tankou sa fèt an anglè.

8.1.5 Non konpoze. Tankou nan lòt lang, kreyòl la gen anpil mo konpoze tou. Nou ka site kòm egzanp: laviwonndede; kanpelwen; chenjanbe, malpouwont; tètdi, chemenkoupe, elt. Yo kapab ekri an yonn ou de mo.

8.1 Los nombres en kreyòl

8.1.1 Consideración general. En kreyòl, como en cualquier idioma, un nombre es una palabra que representa una persona, un animal o una cosa.

8.1.2 Clasificación de los nombres. Hay nombres comunes, propios, concretos, abstractos, simples, compuestos, colectivos, nombres que uno puede contar y nombres que uno no puede contar.

8.1..3 Nombre común y nombre propio. Tenemos nombres propios tales como: Pyè, Jak, Pòtoprens, Miami, Bondye. Los nombres propios se escriben con una letra mayúscula.

8.1.4 Nombre de los idioma, día, mes, año, fecha…, no se escriben con letra mayúscula cuando están en el medio de una oración.

8.1.5 Nombres compuestos. Como todos los idiomas, el kreyòl tiene muchos nombres compuestos. Podemos mencionar: laviwonndede; kanpelwen; chenjanbe, malpouwont; tètdi, chemenkoupe. Varios de ellos se escriben en una sola palabra (se presta para discusiones)

8.1.6 NON PWÒP AN KREYÒL

An jeneral, non pwòp yo pa tradui. Menm lè yo pwononse an kreyòl, an jeneral, non yo toujou ekri an franse. An reyalite, se sitou non jwèt yo ki toujou an kreyòl an Ayiti (Petit Noel = Ti Nwèl oubyen Nènè ; Petit Jacques= Ti Jak, Tiwòch. Lè nou vle tradui non pwòp yo, se dapre pwononsyasyon yo pou nou fè sa. Nou pa dwe prese kouri tradui non pwòp yo, ni non jewografi ak lye piblik yo…

An Ayiti, non moun ak non plas jewografik yo an jeneral se an franse yo ye, paske franse se te sèl lang ofisyèl nasyon an. Lang kreyòl la devlope nan yon sitiyasyon difisil ki rele **diglosik**. **Yon sitiyasyon diglosik se kote gen de lang diferan kote youn jwi yon privilèj tandiske lòt la konsidere kòm enferyè**. Se konsa ke kreyòl la konsidere kòm lang enferyè para rapò a lang franse a. Poutan, an reyalite, se kreyòl ki vrè lang pèp la. Pa egzanp, si yon moun rele Joseph an franse, an kreyòl, yo rele l: Ti Djo, Ti Zo, or Jojo. Konsa, genyen Ti Pyè (Pierre). Men, nou jwenn tou yon seri non ki konplètman an kreyòl: **Amondye, Jimo, Ti Wòch, Ti Nowèl, Sedènye, Setout, Sapirèd, Samfèyo, Lento, Tibwa, Tisè, Senou, Selèy, Sovè, Sinanpwen, Sepanou, Samfèdye, Nanranyon, Fòknanpwen,** elatriye.

Anpil nan non sa yo se non pwen. Pwoblèm ki genyen ak non yo pase menm nan literati ayisyèn nan, lè nan **La Famille des Pitites Cailles**, yo te mande si yon non sofistike tankou "Themistocles Epaminondas Labasterre" se yon non vre. Lè yon non parèt twòp pou yon moun, yo bay zannimo li: **Sonjesa, fòknanpwen; potemak, samfèyo, bouchalèlè, panzou, jansòt, gadnanpa w, Nawèsa,** elatriye. Sa yo wi se pwen; se non daki, ki gen mesaj endirèk.

8.1.6 nombres propios en kreyòl

En general, no se traducen los nombres propios. Aun cuando se pronuncian en kreyòl, varios nombres propios se escribían en francés. En realidad, son los sobrenombres que se escriben en kreyòl: Ti Nwèl oubyen Nènè; Ti Jak, Tiwòch. Los traducimos de acuerdo con sus pronunciaciones. Si hay que traducir los nombres, hay que considerar la pronunciación del nombre primero. Así, no hay que apresurarse a traducir los nombres propios, así como los nombres de geografía (ciudad, pueblo, llanura, rio…).

En Haití, los nombres de persona y lugares geográficos se escriben en francés, porque fue el francés el único idioma oficial del país. Como decimos, el kreyòl se desarrolla en una situación de diglosia y que fue considerado como inferior. Sin embargo, es el verdadero idioma del pueblo. Si alguien se llama Joseph, el pueblo lo llama: Djo, Tidjo, Zo, Tizo o Jojo; si se llama Pierre, le dicen Pyè o Pepe. Empero, encontramos unos nombres completamente en kreyòl: **Amondye, Jimo, Ti Wòch, Ti Nowèl, Sedènye, Setout, Sapirèd, Samfèyo, Lento, Tibwa, Tisè, Senou, Selèy, Sovè, Sinanpwen, Tisoufri, Sepanou, Samfèdye, Nanranyon,** elatriye.

Muchos de estos nombres son nombres con mensajes indirectos. El problema que hay con los nombres llegan a pasar por la literatura haitiana cuando, en la obra **La Famille des Pitites Cailles**, se preguntaron si es un nombre el llamado "Themistocles Epaminondas Labasterre". Cuando un nombre está muy pesado para personas, se lo dan a los animales: **Sonjesa, fòknanpwen; potemak, samfèyo, bouchalèlè,** Fwapanankont, panzou, jansòt, gadnanpa w, **nawèsa, sousoupannan.**

8.1.7 Konparezon an kreyòl / Comparación en kreyòl

Mo de konparezon	Egzanp
Tankou (kou, kon, kou wè)	Nanpwen tankou magi; li dous kon siwo myèl
Pi, mwen + adjektif	Li pi ba pase m; m pi wo pase w; viv mwen chè pase vyann
Pi (mwen) pase	Jak pi entelijan pase Jan, men li mwen aplike
Pi+adj_nan tout…	Lajan pa meyè bagay nan tout sa ki egziste
Se+non+ki+pi+adj+nan tout…	Se nou menm ki pi demokrat nan tout pèp sou latè.

8.1.8 Maskilen ak feminen non an kreyòl.

Nan lang kreyòl la, pa gen afè maskilen ni feminen; pafwa atik yo pa menm ekri. E menm lè yo ekri, atik la pa detèmine nesesèman maskilen ou feminen. Gen eksepsyon a règ sa a.

8.1.8 Masculino y femenino de los nombres en kreyòl

En el kreyòl, no existe la cuestión de género (masculino y femenino). A veces, los artículos se omiten y aún cuando fueran escritos, no determinan necesariamente el género. Hay excepciones a esta regla

8.1.9 Ka patikilye sou zafè maskilen ak feminen non yo ~ Casos particulares de masculinos y femeninos en kreyòl

Maskilen ak feminen non

Sèten non kreyòl ki fini an "en"chanje "en"an "in" o feminen; gen lòt ki fòme feminen yo kòm si sete an franse: en IN: vwazen, vwazin; kouzen, kouzin. Se yon kesyon de abitid. Gen lòt non ki fòme feminen yo toutafè diferan, men ki base sou abitid franse a tou.

Masculino y femenino de los nombres

Ciertos nombres en kreyòl que se terminan en "en" cambian en "in" al femenino. Esto es más bien por la vieja pronunciación del francés. Otros nombres forman su femenino de manera totalmente diferente, pero basándose también en el francés.

8.1.10 Tab Maskilen / feminen ~ Tabla de masculino y femenino

	Kreyòl	Español
1	Ayisyen/ ayisyèn	
2	Bèf (towo) / vach, manman bèf	
3	Bofis / bèlfiy	
4	Bòfrè/ bèlsè	
5	Bòpè / bèlmè	
6	Bouk (kabrit) /chèv	
7	Bourik / manman bourik	

1. Frè m ak sè m yo, bonjou…
2. Se jou aksyon de gras moun manje anpil kodenn.
3. Nèg ak nègès d Ayiti Toma leve, pou n chante lwanj pou Bondye pou jan li bon.

8	Cheval (chwal) / jiman	
9	Enspektè / enspektris	
10	Fiyèl / fiyèl	
11	Frè / sè	
12	Gason / fi(y)	
13	Granpè / granmè	
14	Granpapa / granmè	
15	Janjak /matonn	
16	Kochon (koure) / tri kochon	
17	Kodenn / femèl kodenn	
18	Kòk / poul	
19	Kòmèsan / kòmèsant	
20	Kouzen / kouzin	
21	Makout (tonton)/ Fiyètlalo	
22	Mal/femèl	
23	Mari / madanm	
24	Mesye /madam	
25	Mèt / mètrès (mèt/madmwazèl)	
26	Mouton / femèl mouton	
27	Nèg / nègès	
28	Neve / nyès	
29	Nonk / tant	
30	Nonm / fanm	
31	Ougan /manbo	
32	Papa / manman	
33	Parenn / marenn	
34	Pitit gason / pitit fi	
35	Pitit pitit /pitit pitit	
36	Sèvitè / sèvant	
37	Tonton /tantin	
38	Vandè / vandèz	
39	Vwazen /vwazin	

4. Si ou pa gen parenn ak marenn, ou pap batize.

5. Madansara se ti non jwèt yo bay machann peyizan ayisyen yo.

6. An Ayiti, yon vwazen se tankou yon manm nan fanmi an.

8.1.11 Pliriyèl non

An jeneral, non kreyòl yo pa chanje o pliriyèl. Se atik, adjektif, pwonon ak kèk lòt mo ki tradui lide pliriyèl la.

Pou endike lide pliriyèl, nou itilize mo oubyen ekspresyon sa yo: "Yo, anpil, kèk, plizyè, dis, ven, san, mil, nou, yon bann, yon pakèt, latriye, papa, manman, potorik, kokenn chenn…": **Ex. Moun nan, moun yo; yo chante, anpil moun; kèk zaboka; plizyè ane; dis douzèn ze; ven liv; san mouton; mil ane; nou se elèv; yon bann marengwen; yon pakèt manifestan.**

Nou itilize mo ak ekspresyon sa yo tou pou nou endike lide pliriyèl la:

1) se pa tikras… Se pa ti kras kontan kè mwen kontan

2) yon bann. Yon bann moun te ale vote

3) tout, dènye moun. Tout moun pa wè menm jan

4) yon pakèt. Yon pakèt lajan ap gaspiye deyò a

5) …kou grenn lapli. Jak vide kou tankou grenn lapli sou Pyè

6) …fè vè. Moun te fè vè nan fèt Senchal la

7) pit kou (kon) mawo, zannanna kou pengwenn. Pit kou mawo, zannanna kou pengwenn dwe pati byen bonè.

8) yon pli, yon vole, yon rado, yon chay. Si ou kontinye pale, map ba ou yon vole baton

8.1.11 Plural de los nombres

En general, los nombres no cambian al plural. Son el artículo, el adjetivo, el pronombre y algunas otras palabras que traducen la idea del plural de los nombres.

La idea del plural se traduce por las palabras : Yo, anpil, kèk, plizyè, dis, ven, san, mil, nou, yon bann, yon pakèt, latriye, papa, manman, potorik, kokenn chenn…" . Ejemplo: **Moun nan, moun yo; yo chante, anpil moun; kèk zaboka; plizyè ane; dis douzèn ze; ven liv; san mouton; mil ane; nou se elèv; yon bann marengwen; yon pakèt manifestan.**

Otras palabras u expresiones para indicar el plural:

1) se pa tikras… Se pa ti kras kontan kè mwen kontan

2) yon bann. Yon bann moun te ale vote

3) tout, dènye moun. Tout moun pa wè menm jan

4) yon pakèt. Yon pakèt lajan ap gaspiye deyò a

5) …kou grenn lapli. Jak vide kou tankou grenn lapli sou Pyè

6) …fè vè. Moun te fè vè nan fèt Senchal la

7) pit kou (kon) mawo, zannanna kou pengwenn. Pit kou mawo, zannanna kou pengwenn dwe pati byen bonè.

8) yon pli, yon vole, yon rado, yon chay. Si ou kontinye pale, map ba ou yon vole baton

9) yon dal, yon katafal, yon dividal. Yon dal moun kwè nan li.

9) yon dal, yon katafal, yon dividal. Yon dal moun kwè nan li.

10) De twa. Di mwen de twa mo sou sa non!

10) De twa. Di mwen de twa mo sou sa non!

Note byen: Lide de gwo, gran, de sipriz oubyen imansite eksprime ak mo sa yo: papa; manman, potorik, kokenn chenn.

Nota bene : la idea de gordo, grande, sorpresa o imensidad se expresa mediante estas palabras : papa; manman, potorik, kokenn chenn, katafal, fantasmagorik, komatiboulout, etc.

8.1.12 Tab pliriyèl non an kreyòl ak ekspresyon de kantite / Tabla de expresiones de cantidad

KREYÒL	POSIBLE SIGNIFICADO	EJEMPLO
a. se pa tikras..., se pa de...	a) mucho	Se pa ti kras kontan kè mwen kontan
b. yon bann.	b)	Yon bann moun te ale vote
c. tout, dènye moun (everybody).	c)	Tout moun pa wè menm jan
d. yon pakèt.	d)	Yon pakèt lajan ap gaspiye deyò a
e. ...kou grenn lapli.	e)	Jak vide kou sou grenn lapli sou Pyè
f. ...fè vè.	f)	Moun te fè vè nan fèt Senchal la
g. pit kou (kon) mawo, zannanna kou pengwenn.	g)	Pit kou mawo, zannanna kou pengwenn dwe pati byen bonè
h. yon pli, yon vole, yon rado, yon chay (idea of sticks).	h)	Si ou kontinye pale, map ba ou yon vole baton.
i. yon dal, yon katafal.	i)	Yon dal moun kwè nan li.
j. De twa (some).	j)	Di mwen de twa mo sou sa non!

8.1.13 Ka posesif / caso posesivo

KREYÒL	ESPAÑOL
La cosa poseida + el poseedor + el articulo apropriado	
Chapo Anòl la	
Kay madanm nan	
Jwèt bebe a	
Kabrit papa yo	
Machine Joujou an	
Chen Gasnè a	

8.1.14 Mo ou ekspresyon sinonim / palabras o expresiones sinónimas

mo 1	mo 2	Mo 3	mo 4	Español
An dezòd	An gagòt	An deblozay	Yo pa nan plas yo	En desorden
Boukante	Chanje	Troke		Cambiar, intercambiar
Fè banda	Fè chèlbè	Taye banda	Fè brodè	
Fouye	Chèche	Bouske	-	
Fent	Trik	Mannigèt	-	
Kèk	Yon ti	Enpe	Yon ti kras	
Kèk fwa	Pafwa	Dè fwa	Anpil fwa	
Nèt	Pwòp	Klin	Chik	
Kòkòtò	Chich	Chicha	Peng	
Kont	Sifi	Ase	-	
Kontre	Bare	Kwaze	Jwenn avè	
Koze	Bay odyans	Bay blag	Pale avèk	
Okipe	Pran swen	Pran ka	Fè ka	
Pete	Eksploze	Eklate	Gaye	
Pran prekosyon	Fè atansyon	Atansyon	Pinga	
Se sa k fè	Se pou sa	Se rezon k fè	Se poutèt sa	
Tan an mare	Tan an pare	Tan an maske	Tan an an demwazèl	
Ti gason	Ti nèg ; ti nonm	Ti flannè	Jènjan	
Yon pakèt	Yon chay	Yon dividal	Yon gran kantite; yon bann; yon rado	
Rebèl	Wondonmon	Tèti	Gen tèt di / tèt fè	
Tanpri	Souple	Tanpri souple	M priye ou	

8.2 Detèminan plis non ou non de peyi, kote nou soti, kote nou ye ou kote nou prale / Determinantes más nombres, nombres de país, lugar de procedencia o lugar adonde uno se va.

Ki sa nou dwe mete devan non peyi yo oubyen devan kote nou soti, kote nou e kote nou prale? Devan non peyi yo, nou kapab mete **an (ann)**, **o (oz)**, **nan** oubyen **zewo** prefiks. Tablo sa a ap montre nou kisa nou dwe mete nan chak ka. Sanble se memwa nou pou n fè travay.

an, ann	O, oz (to, in)	Zewo prefiks	Nan
Afrik	Brezil	Sendomeng	Ginen
Ajantin	Etazini	Pòto Riko	Panyòl
Almay	Kanada	Sen Maten	Ziltik
Ayiti	Japon	Jamayik	
Bèljik	Meksik	Lejip	
Bolivi	Chili	Kosta Rika	
Chin	Zend	Kiba	
Frans	Venezwela		
Itali			

Swis

8.3 Relasyon manm fanmi an / Relación entre los miembros de la familia

KREYÒL	ESPAÑOL	FRAZ
Fiyèl	Ahijada	Fiyèl mwen an rele Mariz
Fiyanse		
Frè		
Gason		
Granmè, grann		
Granmoun		
Granpè		
Jenn		
Jenn fanm		
Jenn nonm		
Komè		
Konpè		
Kouzen		
Kouzin prima		

Madanm		
Manman		
Marenn		
Mari		
Marye		
Neve		
Nyès		
Papa		
Parenn		
Pitit		
Sè		
Selibatè		
Tant		
Ti fi		
Ti gason		
Timoun		
Tonton		
Vwazen		
Vyeya		
Zanmi		

8.4 Mo ki gen plizyè sans (polisemi)/ palabras con varios sentidos

Mo	Significado 1	Significado 2	Significado 3	Significado 4	Significado 5	Significado 6	Significado 7
Depi	Desde	disgusto	Repugnancia	-	-	-	-
Fò	Inteligente	Alto (ruido)	Fuerte	Es necesario	Oler mal	-	-
Genyen	Ganar	Haber, tener	No perder	Hay	-	-	-
Konsa	Así	Tal que	-	Aproximadamente	-	-	-
Men	Mano	Aquí está, toma	Pero	-	-	-	-
Mèt	Maestro	Metro para medir	Dueño	Experto	Abogado	Permitir	poder
Pa	Par	No	Suyo (posesión)	Paso	Etapa	Gracias	-
Pase	Pasar	Planchar	Gastar	Porque	En lugar de	Mas que	Prender
Rive	Llegar	Ocurrir	Irse	Tener éxito	Alcanzar	Eyacular	-
San	Cien	Sin	Sangre	-	-	-	-
Nan	En	A	Al	-	-	-	-
Sa	Esto	eso	poder	-	-	-	-
Menm	Mismo	Hasta	Llegar a	Ni siquiera	-	-	-

99

K	L	E	P		
K	R	E	Y	O	L

EGZESIS~DEVWA / ASSIGNMENT

Saktefèt (revizyon)?

Sakafèt (pwogram)?

Sakpralfèt (pwojè)?

A. Egzèsis ak devwa pou revizyon, refleksyon ou diskisyon.

Kesyon	Repons
1. Eske non vil, zòn, katye ak lari ekri an kreyòl an Ayiti?	
2. Eske non pwòp ki an kreyòl yo ekri an kreyòl? Site kèk nan yo.	
3. Fè koresponn chak mo ak sinonim li: Kòkòtò, fò, depi, mèt, se pa de… (entelijan, lahèn, chich, anpil, pwofesè…)	

B. Ann ekri. Mo derive an kreyòl.

Non kreyòl ki fòme ak sifiks

Sifiks	Mo kreyòl	Español
Ay	kalbende, kalbenday o kalanje; kraponnen, kraponnay; fri, fritay; swen, swenyay; zanmi, zanmitay.	
Ad	jiwomon, jiwomonad; sitwon, sitwonad, limonad; tenten, tentennad.	
Zon	soúle, soulezon; sale, salezon; manje, manjezon.	
mann (agent)	gròg, g[ò]gmann; kawoutchou, kawoutchoumann.	
man (action, manner)	chagren, chagrenman; fran, franchman.	
Ri	brigan, brigandri; makak, makakri; grès, grèsri; bouzen, bouzendri	
zewo aksyon	beke, bèk: teke, tèk; zele, zèl.	
Lòt sifiks	makout, makouti: pawòl, pawoli; kabwa, kabwatye	

C. Relasyon manm fanmi an. Konplete tablo a / Relaciones de los miembros de la familia. Complete la tabla

NO	KREYÒL	ESPAÑOL
1	Papa	Papá: papa m se pa m (es mi papá)
2	Kouzin	
3	Manman	
4	Pitit pitit	
5	Neve	
6	Pitit	
7	Nyès	
8	Frè	
9	Bòfrè	
10	Sè	
11	Bèlsè	
12	Mari	
13	Madanm	
14	Granpè	
15	Fiyanse	
16	Marye	
17	Granmè, grann	
18	Selibatè	
19	Bòpè	
20	Plase	
21	Bèlmè	
22	Tonton	
23	Bèlfi	
24	Bofis	
25	Tant	
26	Kouzen	
27	Parenn	
28	Marenn	
29	Fiyèl	
30	Konpè	
31	Kòmè	
32	Vwazen	
33	Zanmi	
34	Timoun	

35	Ti fi	
36	Ti gason	
37	Gason	
38	Jenn	
39	Jenn nonm	
40	Jenn fanm	
41	Granmoun	
42	Vyeya	
43	Fiyanse	
44	Mennaj (boubout)	

D. Ann pale. Kisa mo sa yo ye? Pale de yo. **Mo ki gen pou wè a vodou**:

Men kèk mo nou kapab rankontre pi souvan nan vodou: Ougan, bòkò, ounsi, ounsi kanzo, vèvè, wogatwa, lwa, manje lwa, envoke lwa, manje lèmò, gonbo, lafrik, Èzili Freda, Ayida Wedo, Agwe Tawoyo, Papa Legba, Ogou Feray, Ogou Badagri, Ogou Balindjo, Danbala Wedo, Marasa, senp, marasa, Ginen, simbi nan dlo, badji... (Konsilte yon moun ki konnen)

E. Ann pale. **Obligasyon ak pèmisyon.** Genyen plizyè fason nou kapab eksplike obligasyon ak pèmisyon an kreyòl:

1. se pou, fò, fòk, ilfo, fo: se pou nou tout renmen
2. dwe: Nou dwe pwochen nou respè
3. bezwen: ou pa bezwen pè, map ede ou
4. gen dwa: nou gen dwa soti lè nou vle.
5. mèt: ou mèt ale a dizè
6. pa ka pa: ou pa ka pa vin nan fèt mwen.
7. oblije: ou oblije vin avè m.

F. Eske ou konn soufri youn nan maladi sa yo? Mal tèt oubyen tèt fè mal (mal dan, gòj, do, vant…), lafyèv, dyare, grip, tous; bra kase, fouli, antòch, ponyèt fè mal; fredi, tèt vire, sezisman. Konplete lis maladi a.

G. Ann li. Fraz avèk: Nan. Tradui e konpare.

Machin Elyàn nan nan garaj. M pral nan dlo, tandiske ou soti nan dlo. Li deja nan legliz la. Elèv yo nan klas la. Pitit moun nan pa nan rans ak moun. Dèyè do se nan ginen. Fanm nan mete m nan zen. Wòb Katrin nan nan klozèt la. Li kriye de ran dlo de ran larim lè l sot nan egzamen an.

H. LEKTI

Inite de mezi an Ayiti   Traduzca

An Ayiti, nou kapab achte yon glòs luil, yon galon gaz, yon lonn twal, yon mamit pwa, yon liv sik, yon sak diri, yon kiyè pat tomat, yon gode mayi moulen, yon boutèy vinèg, yon boutèy kola, yon barik kleren, yon liv vyann, de grenn pwason, yon sak pitimi, yon ba (brik) savon, yon lo patat, yon grenn bannann, yon pat fig mi, yon douzèn ze, yon chay chabon, yon bwat alimèt, yon sache disèl, yon grenn zaboka, yon rejin bannann, yon makòn mayi, elt. Pafwa, nou kapab achte mwatye oubyen mitan yon bagay (yon bò) ; nou kapab achte l tout antye oubyen ankè ; nou ka achte doub, sa vle di,2 fwa [lavalè]. Men, nou renmen mande ranje oubyen degi.

I. Maskilen ak feminen kèk non (dapre lizaj)

Mo maskilen	Mo feminen	Explique
Ameriken	Amerikèn	Americana
Amoure	Anmòrèz	Amorosa
Ayisyen		
Chinwa		
Direktè		
Dominiken		
Gwo		
Kanadyen		
Kiben		
Lepè		
Malere		
Monchè		
Monitè		
Monkonpè		
Neve		
Pitit gason		
Vizitè		

J. Ann ekri. Konplete tablo a ak mo sa yo / Complete la tabla con las palabras siguientes : **alimantè, bannann, baton, disèl, dlo, dola, farin, fig, flè, fui, kabrit, kann, kle, konfiti, lajan ansyen, lapli, lèt, mouton, myèl, patat, pen, siman, soulye, twal, zaboka, ze, zèb.**

Expresiones	Palabra	Complemento
Yon jèb	Flè	Li voye yon jèb flè nan ponp finèb la
Yon touf		
Yon pwovizyon		
Yon moso		
Yon sak		
Yon santèn		
Yon pat (une botte)		
Bann (avalans)		
Yon vole		
Yon bokal		
Yon delij		
Yon kouran		
Yonb ranje		
Yon ponyen		
Yon douzèn		
Yon kès		
Yon twouso		
Yon koleksyon		
Yon pil		
Yon twoupo		
Yon pil		
Yon pè		
Yon rejiman		
Yon pè		
Yon panyen		
Yon pakèt		
Yon reyinyon		

K. Ann ekri. Ajoute dezyèm tè m nan e konplete tab la ak mo sa yo. Añade el segundo término y complete la tabla con las siguientes palabras: **Bourik, chabon, chen, dlo kòk, eponj, fèy, fou, glas (mab), Jòb, ki, Krezous, lafimen, lò, Mari Madlèn, mò, pi, rena, Salomon, Toma, zanj…**

KREYÒL	ESPAÑOL	COMPLEMENTO
Fo kòm		
Travayè kòm		
Brav kòm		
Fyè kòm		
Elokan kòm		
Mechan pase		
Bèl kon		
Tris kon		
Manje tankou		
Pòv pase		
Fò kòm		
Dwat kon		
Ge kon		
Long pase		
Dòmi kon		
Sòt kon		
Ava kon		
Travay kon		
Nwè pase		
Mantè kou		
Klè kon		
Bwè tankou		
Tranble kon		
Ri kòm moun		
Frèt tankou		
Soufri tankou		
Radi pase		
Rich kòm		
Disparèt kon		
Briye tankou		
Plere tankou		
Pal tankou		
Rize pase		
Saj tankou		

Enkredil kòm		
Chante tankou		

L. Ann ekri. Konplete avèk jou nan semèn nan

Avan yè [se] te _____. Yè [se] te _____; jodi a se_____. Demen ap _____; apre demen ap_____. Rès lòt jou nan semèn nan se _____ ak _____. Nou toujou di _____ se jou beseleve. _____ se jou repo. Jou fen semèn nan se _____ ak _____.

M. Ann ekri. Sa k antoure nou (nuestro ambiente). Lè nou gade akote nou, kisa nou wè?

N. Ann ekri. Antouraj nou. Fè yon lis mo. Itilize tèm sa yo:

    a.   Bagay ki antoure nou (cosas en nuestro alrededor): _____

    b.   Lide ki nan tèt nou (ideas que están en nuestra cabeza): _____

    c.   Sa nou wè (lo que vemos): _____

    d.   Sa nou koute (lo que oyemos): _____

    e.   Sa nou santi (lo que olemos): _____

    f.   Sa nou touche (lo que tocamos): _____

    g.   Sa nou goute (lo que probamos): _____

O. Vocabulario (días feriados en Haití). Jou ferye an Ayiti. Ki fèt ayisyen fete nan jou sa yo?

Premye janvye se fèt: _____

2 janvye se fèt: _____

12 janvye se: _____

Mas e avril: _____

14 fevriye: _____

18 me: _____

14 dawou: _____

17 oktòb: _____

Premye novanm: _____

2 novanm: _____

18 novanm: _____

5 desanm: _____

25 desanm: _____

P. Ki jou ki ferye Ozetazini? Ki lòt jou ferye ou konnen? Ki jou ki ferye nan peyi ou? **Di ki aktivite ki pi enpòtan nou fè nan chak mwa. Ki sezon ou pi pito?**

Q. Ann ekri e kòmante. Kat sezon yo / Las cuatro estaciones

KREYÒL	ESPAÑOL	FECHA
Prentan		
Ete (lete)		
Otòn (lotòn)		
Ivè (livè)		

R. **Ann ekri e kòmante. Non kèk lang nan lemond**. Konbyen nan yo ou konprann, li, tande, ekri, pale ? Kòmante / algunos nombres de idiomas. Aprecie su lectura y ortografía.

KREYÒL	ESPAÑOL	FRAZ
Alman	Alemán	Alman se lang yo pale an Almay
Angle	Inglés	
Arab	Árabe	
Katalann	Catalán	
Chinwa	Chino	
Koreyen	Coreano	
Kreyòl	Criollo	
Danwa	Danés	
Panyòl	Español	
Franse	Francés	
Grèk	Griego	
Ebre	Hebreo	
Ilandè	Irlandés	
Italyen	Italiano	
Japonè	Japonés	
Laten	Latín	
Peyiba	Países Bajos	
Olandè	Holandés	
Polonè	Polaco	
Pòtigè	Portugués	
Ris	Ruso	
Tik	Turco	

S. Ann ekri. Kesyon. Konplete twazyèm kolonn pou fòme yon fraz konplè.

ESPAÑOL	KREYÒL 1	KREYÒL 2
	Èske ou se…	frè Jak?
	Èske ou gen:	tan jodi a
	Kòman, kijan	ou rele?
	Kijan ou fè:	kenbe bagay cho sa a?
	Ki distans	
	Konbyen tan	
	Konbyen:	
	Konbyen fwa	
	Se pa vre? Se pa li?	
	Ki lè li ye? Ki lè l fè	
	Kisa?	
	Sa sa ye sa? Ki sa sa ye?	
	Ki sa k…; Ki sa k pase?	
	Ki sòt (ki kalite)	
	Sa sa vle di?	
	Kan, kilè?	
	Ki kote?	
	Kote ou ye?	
	Moun ki kote ou ye? Ki kote ou soti?	
	Ki?	
	Ki moun? Ki moun ki? Kilès? Kilès ki? Kiyès? Kiyès ki?	
	Ki moun sa? Ki sa sa ye; sa sa ye sa?	
	A ki moun?	
	De ki moun?	
	Pouki?	
	Pouki sa ou vini?	
	Pouki ou pale konsa?	

GRAMATICA COMPARADA DEL KREYOL Y DEL ESPANOL

T. Ann ekri. Mo kreyòl. Kijan kèk mo kreyòl fòme? Konplete tablo a /complete la tabla.

Mo original	Mo derive	Su oración
Bon	bonbon, bonbonyen	Lè w twò bon, ou tounen bonbonyen.
Tenten	tentennad	
Repons	repondong	
Malè	malèk(y)è	
Bèbè	bèkèkè	
Kokenn	kokennchenn	
Chich	chichi	
Kraze	krabinen	

U. Ann ekri. Non konpoze: twouve orijin oubyen siyifikasyon mo ak ekspresyon sa yo. Can you find the origin and the meaning of the following words and expressions?

Non an blok[6]	Origen (Francés)	Español
Lematen	Le matin	Mañana (cada)
Leswa		
Alafilendyèn		
Ankachèt		
Doubsis		
Luildoliv		
Machinalave		
Sizèdimaten		
Sizoka		
Lepremye		
Pakapala		
Palemwadsa		
Tekitizi (anglisis)		
Kòmkidire		
Jeretyen		
Kèlkilanswa		
Kòmsadwatèt		
Paspouki		
Sanzatann		
Toudenkou		

---

[1] Para una lista completa de este tipo de palabras, pueden consultar a autor Pierre Vernet, Techniques d' Écriture du Créole Haïtien, p. 101.

109

Dekiprevyen		
Dekimannigans		
Ayayay		
Wololoy		
Malpouwont		
Anverite		
Alalong		
Komatiboulout		
Sanpèditan		

V. Ann ekri. Fòmasyon mo ak ekspresyon kreyòl ak: gran, gwo, machann, pye, san, sou, vant)

NO	KREYÒL	ESPAÑOL	ENGLISH
1	Granchire		Braggart, show-off
2	Granfòma		Know-it-all, show-off
3	Granpanpan		Pretentious person
4	Grandizè		Braggart, show-off
5	Grannèg		VIP
6	Granmanjè (afre)		Greedy
7	Granzòrèy		Analphabet (big ears)
8	Gwobwa		VIP (Very Important Person)
9	Gwosoulye; gwosore		Grotesque
10	Gwozouzoun		A rich person
11	Machann lèt		Milkman
12	Machann flè		Vendor of flowers
13	Machann vyann		Butcher
14	Pye bwa		Tree
15	Pye zanmann		Almond tree
16	San lespri		Foolish, stupid
17	Sannen		Shameless, bashless
18	Sanwont		Shameless, bashless
19	Sankoutcha		Without decorum
20	Sanmanman		Vagabond, wandering
21	Sansantiman		Without modesty
22	Sou dan		Be ill, be sick

23	Sou vant (dòmi)		On the belly (without eating)
24	vant deboutonnen		Full belly (to eat a lot)
25	Vant mennen (vant lib, vant pase)		Diarrea

	Bonjou	
Good morning	Buenos días	Bonjour
Buongiorno, ciao	Bom dia	Siehe bald

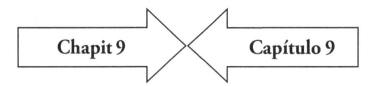

Pwonon / Pronombre

Kalite pwonon	Tipos de pronombres
Gen sis kalite pwonon: pwonon pèsonèl (e reflechi), pwonon demonstratif, pwonon posesif, pwonon relatif, pwonon entèwogatif ak pwonon endefini.	Hay seis tipos de pronombres: personal reflexivo, demostrativo, posesivo, relativo, enterrogativo e indefinido

Se mwen menm menm ki fè sa.

9.1 Pwonon pèsonèl / Pronombres personales

KREYÒL		ESPANOL		
Fòm long	Fòm kout	Sujeto (nominativo)	Complemento (objetivo)	POSESIVO
Mwen	M			
Ou	W			
Li				
Li	L			
Li				
Nou	N			
Nou	N			
Yo	Y			

1. Li se wen, mwen se li tou. Chat pati; li kouri, l kouri, l kouri jous li about.

2. M travay, ou rekòlte; li simen, ou ranmase; nou mete ansanm; wap peye sa; yo bannou panzou. Yap peye sa chè. Se yo menm kap peye.

9.2 Pwonon pèsonèl reflechi

Kreyòl	
Mwen menm	
Ou menm	
Li menm	

Nou menm	
Nou menm	
Yo menm	

9.3 Rapèl sou Pwonon pèsonèl

Sijè	**Konpleman**	**Adj. posesif**	**Pwonon posesif**
Mwen (yo)	Mwen (mi)	Mwen (mi)	Pa mwen (pa m) : el mío
Ou (tú, usted)	Ou (ti, usted)	Ou (tu)	Pa ou (pa w) : el tuyo
Li (él, ella)	Li (él, ella)	Li (su)	Pa li (pa l) : el suyo
Nou (nosotros)	Nou (nosotros)	Nou (nuestro)	Pa nou (pa n) : el nuestro
Nou (ustedes)	Nou (ustedes)	Nou (su)	Pa nou (pa n) : el suyo
Yo (ellos, as)	Yo (ellos, as)	Yo (su, sus)	Pa yo -- : el suyo

9.4 Obsèvasyon sou pwonon yo

a. **li**=ni apre yon mo ki fini an « n » ; vann ni ; pann ni; reponn ni (se pa tout moun ki respete règ sa)

b. **mwen, ou, li** (ni) **nou, yo** a la fwa se pwonon pèsonèl, adjektif posesif e pwonon posesif (si yo plase apre mo pa).

c. **menm, pou kò, pou tèt**, se pwonon pèsonèl reflechi: Ou nèg pou kò ou!

d. Gen moun ki itilize **sa e sila** san distenksyon. Sa ta dwe deziye bagay ki pi pre l; sila ta dwe deziye bagay ki pi lwen l.

e. Zòt se pwonon endefini (gen moun ki di tou: ti mal)

9.5 Pwonon posesif yo. Konplete tablo a /Pronombres posesivos. Complete la tabla

MASKILEN / FEMINEN SENGILYE		MASKILEN / FEMINEN PLIRIYÈL	
Pa mwen (pa m) ; kinan m	Mío	Pa mwen yo	míos, as
Pa ou (pa w); kina w		Pa ou yo	
Pa li (pa l); kina l		Pa li yo	
Pa ou (pa w); kina w		Pa ou yo	
Pa nou (pa n); kinan nou		Pa nou yo	
Pa yo; kina yo		Pa yo a	
Se machin Lina			
Se machin li			
Se pa li			
Machin Lina a			
Se pou li (se kina li)			

Note byen: Pafwa, moun nan nò peyi a ajoute yon atik apre dènye mo a: sa se pa mwen ; sa se pa mwen an ; sa se pa m nan; sa se kinan m, sa se kinan mwen an ; sa se kinan m nan.

Yo anplwaye de atik e yo menm chanje yo plas: Sa se kay mwen an; sa se kay an mwen; sa se kay anm; sa se fanm mwen; sa se fanm mwen an; sa se fanm anm. Lè sa a, moun nan lòt zòn peyi a kapab twouve fason pale sa a dwòl. Poutan, gen moun ki kwè se moun nan nò ki pale vrè kreyòl la, paske yo pa melanje l ak franse.

Nota bene: a veces, los norteños añaden un artículo después de la última palabra: Sa se pa mwen ; sa se pa mwen an ; sa se pa m nan; sa se kinan m, sa se kinan mwen an ; sa se kinan m nan (esto es mío)

Ellos usan dos artículos y pueden cambiarlos de sitio: Sa se kay mwen an= sa se kay an mwen; sa se fanm mwen=sa se fanm mwen an=sa se fanm anm. La gente del resto del país se sorprende al escuchar este tipo de habla. Más, mucha gente piensa que el kreyòl norteño es el verdadero, ya que tiene poca mezcla francesa.

9.6 Pronombre demostrativo

Sa	Este, esta, esto (denotan cercanía)
Sa a	Ese, esa, eso (denotan distancia media)
Sa yo	Estos, estas (denotan cercanía)
Sa a yo	Esos, esas (denotan distancia media)
Sila, sila a, sila a yo	Aquel, aquella, aquellos, aquellas (denotan lejanía)
Zòt, lezòt	Fulano, zutano, mengano, los demás (a veces, tienen un sentido peyorativo)

9.7 Pwonon relatif / pronombres relativos
Maskilen sengilye /Feminen sengilye; Maskilen pliryèl/Feminen pliriyèl

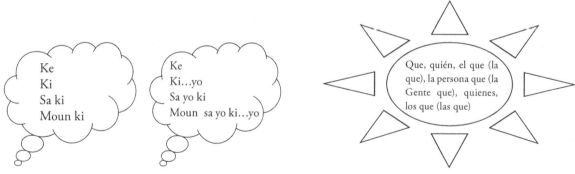

Pronombres	Kreyòl	FRAZ KREYOL
El que	Sa ki, sa yo ki	Sa ki fache, zafè a yo ; sa yo ki pa konnen, pa pale
Quién	Ki, ki moun ki	Moun ki gen kè yo senp, y a monte jwenn Bondye
Que	Li mennm ki, yo menm ki	Machin nan menm ki an pàn nan dwe ale nan garaj
A quién	[A] ki moun, pou ki moun	Ki moun w ap bay kado sa a?
De quién	De ki, de ki moun, ki genyen…	Ki moun ki mèt liv sa a?

| Quién, que | Ki, [ke] | Ki sa w di la a? |

Note byen: Atansyon a KE. An reyalite, lang kreyòl la pa itilize pwonon "ke". Se sitou moun ki pale franse ki plis ap fè tradiksyon konsa. Jan pawòl la di: <u>Kreyòl la koupe tout "ke".</u> Egzanp: Jan ke m wè l la, lapli pral tonbe (enkòrèk); jan m wè l la, lapli pral tonbe (kòrèk).

1) Fraz ak ki: Obsève pwonon relatif sa yo (pronombres relativos)

Kreyòl	Español
Moun ki mouri zafè a yo.	
Sa ki vini, nap sèvi l	
Sa yo kap koute a dwe pran nòt	
Moun sa yo pito mouri, kay yo brile, nanm yo sove	
Se moun ki malad ki bwè grenn	
[Se] Sòt ki bay, enbesil ki pa pran	

9.8 Pwonon entèwogatif ak entèwonegatif

KREYÒL	ESPANOL	EGZANP
Ki moun?		Ki moun ki la a?
Ki ?		Ki sa sa ye?
A ki moun? Pou ki moun?		Ak ki moun ou vini?
Kiyès, kilès nan…(sa) yo?		Kilès [nan nou] ki vle travay kòm volontè? Kilès nan sa yo ou vle?
Pou ki moun?		Pou ki moun laptop sa ye?
Ak ki moun?		Ak ki moun ou t ale ?
Ak ki kle?		Ak ki kle ou louvri pòt la ?
Se pa…sa ?		Se pa Magi sa ?

9.9 Pwonon endefini. Trate de entender y comente las oraciones siguientes

1. Tout moun ki sou tè a, dwe viv tankou pitit Bondye.
2. Pa gade sa lòt moun ap fè pou fè l tou.
3. Anpil moun pa konnen ki sa sa ye renmen.
4. Tanpri, fè kichòy pou mwen. Sa ou fè l a bon
5. Sa ou fè a, pa gen tankou l.
6. Pa jije pèsòn sou laparans. Rad pa moun.
7. Elèv sa yo entelijan anpil
8. Kote moun sa yo soti?
9. Chak moun gen yon grenn zanno kay òfèv.
10. Tout moun se moun
11. Piti sòyèt pa gen tout chans pou l reyisi
12. Chak moun gen yon wòl pou l ranpli nan sosyete a.
13. Dènye moun ap plede di ala chans Mari genyen.
14. Se pou yonn renmen lòt menm jan Jezi renmen nou.
15. Gen kèk bagay ki pa nan plas yo.
16. Fò nou tout ansanm fè youn.

K	L	E	P		
K	R	E	Y	O	L

EGZESIS~DEVWA / ASSIGNMENT

Saktefèt (revizyon)?
Sakafèt (pwogram)?
Sakpralfèt (pwojè)?

A. Obsève e kòmante pwonon endefini sa yo. Observe y comente

NO	KREYÒL	ESPANOL	FRAZ AN KREYOL
1	Anpil		Anpil moun te vini nan konferans lan
2	Anyen		M pa gen anyen pou m ba ou; Pa gen anyen ki mal nan sa.
3	Chak moun		Bouch chak moun fann pou yo manje
4	Kèk		Kèk ane anvan, lavi a te pi fasil.
5	Kèk moun		Kèk moun pa dakò ak lide a
6	Ki; ki mèt, nenpòt ki moun; nenpòt ki bagay.		[sa] ki mèt kaye sa a?
7	Kichòy		Fè kichòy pou mwen souple
8	Lòt moun		Kite lòt moun di sa
9	Lòt, zòt (pi endefini)		Pa lage tout tò a sou zòt
10	Nenpòt (ki moun/ bagay)		M pa nenpòt moun, non.

11	Ni		Ni mwen ni ou, nap mouri yon jou
12	Okenn		Okenn moun pa di non
13	Pèsonn		M pa nan jwèt ak pèsonn!
14	Plis		Pi plis pase sa se lanmò
15	Plizyè		Si plizyè moun di l, sa kapab vre
16	Swa		[se] swa ou vini kounye a, swa ou rete nèt
17	Tankou		Diri madan Gougous pa gen tankou l
18	Tèl		Pa vin di m tèl bagay chòy (no me venga a decir eso)
19	Ti		Ti patat fè chay
20	Toulede		Nou toulede mèt vini
21	Tout		Tout sa nou di yo enpòtan
22	Tout bagay		Tout bagay ap fini
23	Tout moun		Tout moun se moun
24	Yon moun		Yon moun ap mande pou ou deyò a
25	Youn (yonn); nou		Youn di lòt (de boca a oído)
26	Youn …lòt		Se pou yonn renmen lòt

Ki bagay sa? _____

Krik! Moun ki fè l vann li; moun ki achte l fè kado l; moun ki resevwa l pa sèvi avè l. Ki bagay sa?

B. Egzèsis ak devwa pou revizyon, refleksyon, diskisyon oubyen konplete.

KREYOL	Kòmantè
1. Eske pwonon yo chanje fòm yon vèb an kreyòl? 2. Kòmante fraz sa a dapre estrikti li: Kote ki gen kou pa gen chenn, kote ki gen chenn pa gen kou. 3. Kilè nou kapab abrevye pwonon yo? 4. Kòm _____, mwen, ou, nou, li, yo plase_____. Kòm _____, yo plase _____.	

117

C. Èske ou konn tande ekspresyon sa yo. Pawòl la di:

Pawoli (daki)	Posible significado
Pito m mande pase m vòlè; mezanmi m pa fin dakò; pito m travay pase m mande.	
Chemen lajan pa gen pikan	
Lawouze fè chèlbè toutan solèy poko leve	
Pito n mouri kanpe pase pou n ap viv ajenou	
Kan je pran kou, nen kouri dlo.	
Tande ak wè se de	
Lè ou twò bon, ou tounen bonbonyen	
Chen ak chat pa janm byen	

D. Pran men ou (ten cuidado)

KREYOL	ESPAÑOL
Nou di n ap mache ansanm, men n pa fè menm wout	
M ap al anwo, w ap al anba.	
Lè m vire adwat, ou vire agoch.	
Lè m gade anlè, ou gade atè.	
Lè m fè yon pa kita, ou fè yon pa nago.	
Lè m sou bò ou, ou pa sou bò m.	
Lè m sou kote ou, ou nan mitan.	
Lè m [bò] isit, ou [bò] lòtbò.	
Lè m devan, ou dèyè.	
Lè m bò tab la, ou anba tab la.	
Lè m wè solèy, ou wè zetwal.	
Lè m wè li nwa, ou wè li blan.	
« N ap fè lago lago ti sangle ».	
« Pase pran m, m a pase chache ou ».	
« Pase isit n a kontre lòtbò ».	
Ou ta di se lèt ak sitwon.	
Ou ta di se disèl ak kalomèn.	
Ou ta di se disèl ak zonbi.	
Ou ta di se lajounen ak lannuit.	

Ou ta di se djab ak lakwa...

Si n ap fè wout la ansanm, nou dwe pale.

**Nou dwe gade nan menm direksyon. (Otè:
Tercius Belfort)**

E. Ann ekri. Obsève ekspresyon sa yo e fè yon fraz an kreyòl

Kreyòl	Español	Fraz an kreyòl
Pou tèt		Pa fè twòp lwanj pou tèt ou
Pou kont (pou kò)		
Mwen menm		
Ou menm		
Li menm		
Nou menm		
Nou menm		
Yo menm		
Mwen menm menm		
Map travay pou tèt mwen		
Yonn... lòt / youn... lòt		
Yo kite m pou kont mwen		
Se pou youn renmen lòt, menm jan mwen renmen nou		

F. Ann li.

Repete kòmante e ranplase	Traduzca el texto que está a la izquierda (no textualmente)
Repete a hot vwa an ranplasan mo ou ekspresyon ki souliye yo: M voye <u>yon gwo kout chapo</u> pou ou (yon bouke flè, di ou mèsi, yon kado pou ou ; mande ou eskiz; yon enfòmasyon…) Konplete: Pa banm (manti, vèt pou mi, presyon, chalè). Pa (anmède m, fòse m; penchenn mwen; pichkannen m, toupizi m, gade m). Kòmante: Kijan ou konprann <u>repetisyon</u> sa yo: Yo manje tout manje a. Pale pale ou. Antann pou n antann nou. Li piti anpil anpil. Li mouye byen mouye. Li tranpe byen tranpe. Li vire vire l lale. Li manje manje bliye. Li joure m byen joure (she rips me apart). Li lave m byen lave (she runs me out). Si ou dwe chango se pou ou peye chango. Ou louvri pòt la gran louvri. Ou do (dwe) fou! Ou do anraje! M suiv sa m suiv la men m pa sa m suiv la. Li tèlman bon, li tounen bonbon. Bonbon fè bonbonyen. Yo kraze mche (fini ak; maspinen; krabinen, enfim…) byen kraze. Li tèlman sen, se legliz yo poko mete li.	

G. Li e kòmante: Moun sa yo toujou nan hing hang (nan chire pit, ap voye baton sou timoun, nan diskisyon, ap pale anpil; nan meli melo, nan yon divizyon, nan yon rale mennen kase…)

H. Konplete e repete: Chak maten, li <u>mennen timoun nan nan gadri</u>, (leve bonè, fè lijyèn li…)

I. Li, kòmante e konplete: <u>Pinga</u> ou mele nan sa k pa pou ou (atansyon, danje, pran prekosyon; mete dlo nan diven ou…)

J. Li, konpare e kontinye sou modèl sa yo: Èske se timoun kap mennen granmoun oubyen se granmoun kap mennen timoun? (Is the dog wagging the tail or is the tail wagging the dog?). Èske se panse ki te la anvan pawòl o se pawòl ki te la anvan panse? Èske se lasyans ki pi enpòtan pase la teknik ou se la teknik ki pi enpòtan pase lasyans? Èske se bab ki pi enpòtan pase manton ou se manton ki pi enpòtan pase bab? Èske se kiyè ki pi enpòtan pase plat…

Fè yon fraz kote chak mo sa yo parèt a lafen: wi, non, tande, papa, en, ou.

K. Kontinye konvèsasyon an: Kleyàn mande / èske ou vle /kafe ak lèt; ti bonbon sèl; desè; mayi moulen; diri ak pwa; byè; likè; disèl; espageti; vyann; enpe dlo; aperitif; ji…)/ manje, bwè, fimen, pale, rele, ale, pwonmennen, soti, dòmi, danse…

L. Ann ekri.

Itilize pwonon, lè sa nesesè	Tèks korije
Mari malad. Mari kouri prese prese ale lopital paske Mari pè mouri. Lè nou wè Mari apral lopital, nou pale k Mari. Nou di mari Mari a li pa bezwen pè nonplis, paske se pa tout maladi ki touye moun. Maladi sa a pa mòtèl. Se yon maladi tout moun ka genyen. Pa konsekan, Mari pa bezwen pè maladi sa a pou Mari kouri konsa ale lopital. Nou rive konprann Mari se yon tifi ki kapon anpil anpil. Nou kwè Mari ak Jozèf se de moun kapon. Mari ak Jozèf kouri lopital pou ti krik ti krak. Mari ak Jozèf pa pran san yo pou yo reflechi. Men, Mari menm toujou a plede di atansyon pa kapon e se mèt kò ki veye kò. Nan ka sa nou bay Mari ak Jozèf rezon.	

M. Ann ekri. Traduzca al kreyòl

A) M VLE ALE LOPITAL	A) QUIERO IR AL HOSPITAL
b)	b) María es bonita
c)	c) La clase de español es importante
d)	d) No sabemos lo que decimos
e)	e) Estoy contento de encontrarle
f)	f) Muchas gracias
g)	g) Te quiero mucho
h)	h) No te rinda
i)	i) Aprecio tu visita
j)	j) Estoy contento de verle

Chapit 10 / Capítulo 10

Adjektif / Adjetivos

10.1 Adjektif kalifikatif / Adjetivos calificativos

Kreyòl

Adjektif se mo ki dekri ou modifye yon moun ou yon bagay nan yon fraz. Nan ka sa a, atik yo se adjektif tou.

Klasifikasyon. An kreyòl, dapre kote yo plase, yon adjektif kapab: **aderan, apozitif e prediktif...**

10.1.1 Adjektif aderan. Adjektif sa yo plase anvan non yo. Anpil nan yo kole (fè yon sèl) ak mo yo modifye a: bèl rad; dènye moun; monpè; jènjan; potorik gason; ansyen sèjan; bon gason; gwo soulye; gran manjè; lotrejou; moveje; ti kay; ti ratay gason; vye kay; malveyan; anpil moun.

10.1.2 Adjektif apozitif. Yo plase apre non yo, menm jan avèk atik define yo. Moun sòt; chemen koupe; jaden lwen; rad wouj.

10.1.3 Adjektif prediktif. Yo plase apre yon vèb. Li malad; manje a santi bon; se pou sa li koute chè.

10.1.4 Adjektif deskriptif. Yo plase apre non yo dekri a: Gason <u>lakou</u>; chen <u>chas</u>; gason <u>kanson</u>.

10.1.5 Adjektif pwòp. Yo se yon non pwòp ki itilize kòm adjektif: Yon liv <u>angle</u>; yon fanm <u>jakmèl</u>; moun <u>pòtoprens</u>.

Español

Adjetivo es una palabra que modifica un nombre o una cosa en una oración. En este caso, los artículos son adjetivos también.

Clasificación. En kreyòl, según su posición, un adjetivo puede ser: adherente, apositivo y predictivo...

10.1.1 Adjetivos adherentes: son colocados ante los nombres. Algunos de ellos se pegan (adherente) al nombre: bèl rad; dènye moun; monpè; jènjan; potorik gason; ansyen sèjan; bon gason; gwo soulye; gran manjè; lotrejou; moveje; ti kay; ti ratay gason; vye kay; malveyan; anpil moun.

10.1.2 Adjetivos apositivos: son colocados después del nombre como lo son los artículos definidos: Moun sòt; chemen koupe; jaden lwen; rad wouj.

10.1.3 Adjetivos predictivos. Se colocan después del verbo: Li malad; manje a santi bon; se pou sa li koute chè.

10.1.4 Adjetivos descriptivos. Se colocan después de los nombres que describen: Gason <u>lakou</u>; chen <u>chas</u>; gason <u>kanson</u>.

10.1.5 Adjetivos propios. Son nombres propios que se utilizan como adjetivos: Yon liv <u>angle</u>; yon fanm <u>jakmèl</u>; moun <u>pòtoprens</u>.

10.1.6 Adjektif komen. Yon rad <u>ble</u>; yon dola <u>ayisyen</u>; yon chemiz <u>wouj</u>.

10.1.6 adjetivos comunes. Yon rad <u>ble</u>; yon dola <u>ayisyen</u>; yon chemiz <u>wouj</u>.

10.1.7 Adjektif an –adò. Yo eksprime abitid e yo soti jeneralman nan lang panyòl: babye, <u>babyadò</u>; fouye, <u>fouyadò (fouyapòt)</u>; bliye, <u>bliyadò</u>; mize, <u>mizadò</u>; pale, <u>paladò</u>; fimen, <u>fimadò</u>. (wè diksyonè miltileng lang lan)

10.1.7 Adjetivos en –adò. Expresan há**bito y son generalmente de origen dominicano, el vecino pa**í**s de Haití.** babye, <u>babyadò</u>; fouye, <u>fouyadò (fouyapòt)</u>; bliye, <u>bliyadò</u>; mize, <u>mizadò</u>; pale, <u>paladò</u>; fimen, <u>fimadò</u> (Consulte el diccionario multilingüe)

Rapèl: a) Onz (11) Adjektif aderan (kolan) sa yo plase toujou anvan mo yo dekri yo:

Bèl	jèn…	bon	vye
Dènye	potorik	gwo	
Mon…	ansyen…	gran…	anpil

Note byen

Kreyòl

"Anpil" se adjektif lè l plase anvan yon non. Egzanp: "Anpil" se advèb lè l plase apre oubyen nan fen yon fraz:

An kreyòl, menm jan ak anglè, adjektif kalifikatif yo pa chanje o feminen. Egzanp: Yon fi poli, yon gason poli.

Español

El adjetivo a "anpil" es adjetivo cuando es colocado ante un nombre. "anpil" es adverbio cuando está después de una palabra o al final de una oración: m wè anpil moun. Moun yo te anpil vre.

Los adjetivos no cambian al femenino (igualmente en inglés): Yon fi poli, yon gason poli.

10.2 Konkòdans adjektif yo (acuerdo de los adjetivos)

KREYÒL	ESPANOL
Adjektif kalifikatif pa chanje opliriyèl ni an kreyòl, ni an espanyòl. Ex. Jan ak Jak entelijan; mesye ak madanm sa yo byen edike.	Los adjetivos calificativos no cambian al plural ni en kreyòl, ni en inglés: Ex. Jan ak Jak entelijan; mesye ak madanm sa yo byen edike.
Jan ak Janèt se de (2) gwo **parese**	
Nwa e wouj se de koulè **diferan**	
Chen ak chat pa janm **zanmi**	
Koulè drapo ayisyen an se ble e wouj	
Yon bèl ti moun	

Bourik ak milèt se de bèt tèti	
Fregat la travèse zòn yo ak yon fòs, yon vitès, ak yon rapidite pwodijyez (rapidite moun pa ta imajine)	
M ta renmen manje kèk nwa oubyen kèk pòmdetè byen kuit	
Chak moun ap chèche yon okipasyon oubyen yon pwofesyon ki bay lajan	
Lòm, tankou lyon, se kanivò.	

10.3 Konparezon adjektif yo . Konplete tab la

Règ / reglas			Español	
1. Osi…[ke] / menm jan ak 2. Mwen (s) … [ke] 3. Pi (pli / s)…pase 4. Anpil [anpil]			1. Así como/ de la misma manera 2. Menos… que 3. Más… que 4. Mucho	
Pozitif	-	Entelijan	Inteligente	
Konparatif egalite	Osi…[ke]; menm jan ak	osi entelijan [ke]	Tan inteligente como	
Konparatif enferyorite	Mwen (s) …[ke]:\	Mwen entelijan [ke]	Menos inteligente que	
Konparatif siperyorite	Pi (pli / s)…pase:	Pi entelijan pase	Más inteligente que	
Sipèlatif relatif	Anpil: anpil, anpil	entelijan anpil; trè entelijan	Muy inteligente	
Sipèlatif absoli	Anpil, anpil; trè:	entelijan anpil anpil; trè trè entelijan	Inteligentísimo	

Souliye mo ki fè konparezon adjektif nan chak fraz.

Kreyòl	Español
Tablo a pwòp	
Jano pi pwòp pase Jil	
Jil mwen pwòp [ke] Jano	
Jak osi pwòp [ke] Jano o Jak pwòp menm jan ak Jak	
Jilbè se yon ti flannè ki trè pwòp	
Manje a bon anpil anpil	
Mwen wè yon bèl bèl otobis deyò a	

Note byen: Mo sa yo bay sipèlatif la plis fòs; plis jarèt: **papa, manman, manman penba, katafal, potorik, kokennchenn,** etc. Ej. A la yon istwa papa! (Qué historia!); Gade yon manman bèf non! (Gade kijan yon bèf gwo!)	

10.4 Adjektif iregilye. Fòm espesyal kèk adjektif (formas especiales de los adjetivos)

KREYÒL	ENGLISH
Bon / byen; pi bon, miyò	
Mal; pi mal	
Anpil, plis	
Piti, pi piti, mwens	

1. Atèmiyò pi bon pase dòmi atè.
2. Ou miyò pase m!
3. Pi di, pi di, pi di pase sa se lanmò.
4. Pi piti, pirèd.

10.5 Adjektif posesif /adjetivos posesivos

KREYÒL			Espanol		
Maskilen sengilye	Feminen sengilye	Pliriyèl de jan yo	Maskilen sengilye	Femenino singular	Plural de ambos géneros
-mwen (m)	-mwen (m)	-mwen (m) yo			
-ou (w)	-ou (w)	-ou (w) yo			
-Li (l)	-Li (l)	-Li (l) yo			
-Ou	-Ou	-Ou yo			
-Nou	-Nou	-Nou yo			
-Yo	-Yo	-Yo a			

10.6 Adjektif demonstratif /adjetivos demostrativos

> Radyo nasyonal se pa m, se pa ou, se pou nou tout!

Kreyòl	
sa; sa a	Esto, estos, esta, estas (cerca del emisor)
Sa, sa a, sa a yo	Ese, esa, estos, estas (distancia intermedia)
Sila yo, sila a yo	Aquel, aquellos, aquella, aquellas

N.B.	
a. An kreyòl **"a" itilize kòm ranfò.** Egzanp: Machin sa a chè; wòb sila a bèl; chen sa yo move anpil; kay sila a yo fèt an tòl. b. Kèk moun itilize "sa" olye de " sila" e **vice versa**. Lòt moun itilize "sa" oubyen sila jan yo vle. Se yon rejyonalis: Bòk mayi sa a pa di.	Nota bene: a. la letra a se usa como refuerzo b. ciertas personas utilizan sa en vez de sila y viceversa. Es un regionalismo: Bòk mayi sa a pa di.

10.7 Adjektif entèwogatif (adjetivo interrogativo): Ki = qué

KI…Konplete kesyon an

Ki moun _____

Ki bagay _____

Ki sa _____

Ki jan_____

Ki kote_____

Ki bò _____

Ki sa k _____

Ki lè _____

Ki mele m _____

Ki mele m ak _____

Ki jou _____

1. Anpil moun pa konnen ki valè yo genyen.
2. Tout moun se moun, men tout moun pa menm.
3. Yon senp souri kapab yon kokennchen bagay.
4. Pa koute sa zòt ap di ; yo pa gen anyen nan makout yo ; se pou mwen pou vote.
5. Kèk moun kwè nan li, men tout lòt yo kwè li se yon demagòg.

10.8 Adjektif endefini

	Kreyòl	Español	Fè yon fraz
1	Anpil	Mucho	
2	Chak	Cada	
3	Kèk	Algunos	
4	Ki	Que	
5	Kichòy, kèk bagay	Algo	
6	Kokenn	Enorme	
7	Kokennchenn	Enorme, grandísimo	
8	Lòt (re); zòt	Otro, fulano	
9	Menm	Mismo	
10	Nenpòt; nenpòt ki moun	Cualquier, cualquiera	

11	Okenn	Nada, nadie	
12	Plizyè	Varios	
13	Sèten	Cierto	
14	Tèl	Tal	
15	Tout	Todo	

10.9 Koulè yo an kreyòl

Kreyòl	Español
Blan	
Ble	
Jòn	
Jònabriko	
Kaki	
Kannèl	
Krèm	
Mawon	
Mov	
Nwa	
Vyolèt	
Wouj	
Wouj fonse	
Wouj grena	
Wouj pal	
Woz	

Ki koulè ou renmen? Pi renmen? Adore? rayi? Deteste? Pa tolere?

Ki koulè lakansyèl genyen? Sa sa vle di an Ayiti lè yon moun di ou lap fè ou wè lèsètkoulè lakansyèl?

10.10 Teyori Sapi-Wòf sou zafè koulè a. Escribir y discutir esta teoría.

m) Teyori Sapi-Wòf sou zafè koulè a	Teoría sobre los colores
Dapre teyori Sapi ak Wòf, <u>nan lemonn antye, chak langaj genyen o mwen de koulè: nwa ak blan</u>. Men ki jan koulè yo parèt: Nwa, blan, wouj, vèt, jòn, ble, mawon, poup ak woz.	

COLOR	2 C	3 C	4 C	5 C	6 C	7 C	7+NC
2	Negro &blanco						
3		2 +rojo					
4			3 +verde o Amarillo				
5				4+ verde y amarillo			
6					5+azul	6+marrón	
7							7+purporo, rosado, anaranjado o gris
7+n							

10.11 Koulè ak koulè derive ki sa nou remake sou kijan adjektif yo fòme? Mete yo an espanyòl.

COLOR (ENGLISH)	KOULÈ (KREYÒL)	COLOR (ESPAÑOL)
Black	Nwarat	
Red	Roujat	
White	Blanchat	
Blue	Bleyat	
Yellow	Jonat	
White and yellow	Blan jonat	
Brown and yellow	Bren jonat / mawon jonat	
Green and yellow	Vè jonat	
Brown and grey	Bren grizat	

10.12 Nimewo kadinal (cardinal numbers). Kreyòl la di: De se kont, twa se peche. Lòm konte, Dye kalkile. Byen konte, mal kalkile.

KREYÒL			ESPANOL
Zero (zewo)	0	-	Cero
en	1	I	
de	2	II	
Twa	3	III	
Kat	4	IV	
Senk	5	V	
Sis	6	VI	
Sèt	7	VII	
Uit	8	VIII	
Nèf	9	IX	
Dis	10	X	
Onz	11	XI	
Douz	12	XII	
Trèz	13	XIII	
Katòz	14	XIV	
Kenz	15	XV	
Sèz	16	XVI	
Disèt	17	XVII	
Dizuit	18	XVIII	
Diznèf	19	XIX	
Ven	20	XX	
Venteyen	21	XXI	
Vennde	22	XXII	
Venntwa	23	XXIII	
Vennkat	24	XXIV	
Vennsenk	25	XXV	
Vennsis	26	XXVI	
Vennsèt	27	XXVII	
Ventuit	28	XXVIII	
Ventnèf	29	XXIX	
Trant	30	XXX	

Tranteyen	31	XXXI	
Trannde	32	XXXII	
Tranntwa	33	XXXIII	
Trannkat	34	XXXIV	
Trannsenk	35	XXXV	
Trannsis	36	XXXVI	
Trannsèt	37	XXXVII	
Trantuit	38	XXXVIII	
Trantnèf	39	XXXIX	
Karant	40	XL	
Karanteyen	41	XLI	
Karannde	42	XLII	
Karanntwa	43	XLII	
Karannkat	44	XLIV	
Karannsenk	45	XLV	
Karannsis	46	XLVI	
Karannsèt	47	XLII	
Karantuit	48	XLVIII	
Karantnèf	49	XLIX	
Senkant	50	L	
Senkanteyen	51	-	
Senkannde	52	-	
Senkanntwa	53	-	
Senkannkat	54	-	
Senkannsenk	55	-	
senkannsis	56	-	
Senkannsèt	57	-	
Senkantuit	58	-	
Senkantnèf	59	-	
Swasant	60	-	
Swasanteyen	61	-	
Swasannde	62	-	
Swasanntwa	63	-	
Swasannkat	64	-	
Swasannsenk	65	-	

Swasannsis	66	-	
Swasannsèt	67	-	
Swasantuit	68	-	
Swasantnèf	69	-	
Swasanndis	70	-	
Swasann onz	71	-	
Swasann douz	72	-	
Swasann trèz	73	-	
Swasann katòz	74	-	
Swasann kenz	75	-	
Swasannsèz	76	-	
Swasann disèt	77	-	
Swasanndizuit	78	-	
Swasanndiznèf	79	-	
Katreven	80	-	
Katreven en	81	-	
Katrevende	82	-	
Katreventwa	83	-	
Katreven kat	84	-	
Katreven senk	85	-	
Katreven sis	86	-	
Katreven sèt	87	-	
Katreven uit	88	-	
Katreven nèf	89	-	
Katrevendis	90	-	
Katreven onz	91	-	
Katreven douz	92	-	
Katreven trèz	93	-	
Katreven katòz	94	-	
Katreven kenz	95	-	
Katreven sèz	96	-	
Katreven disèt	97	-	
Katreven dizuit	98	-	
Katreven disnèf	99	-	
San	100	-	

San en	101	-	
San de	102	-	
San ven	120	-	
San vennsenk	125	-	
Sansenkant	150	-	
Sankatreven dis nèf	199	-	
De san	200	-	
De san en	201	-	
Twa san	300	-	
Twa san swasannkenz	375	-	
Kat san	400	-	
Senk san	500	-	
Sis san	600	-	
Set san	700	-	
Uisan	800	-	
Nèf san	900	-	
Mil	1000	-	
Mil san en	1101	-	
Mil kat san katreven douz	1492	-	
Mil uisan kat	1804	-	
Mil nèf san katreven kenz	1995	-	
Mil nèf san katreven dizuit	1998	-	
Lan de mil	2000	-	
De mil sèt	2007	-	
De mil dis	2010	-	
De mil trant	2030	-	

10.13 Adjektif nimeral òdinal (números ordinales). Konplete tablo a

KREYÒL	ESPAÑOL
Premye (1e)	
Dezyèm (2èm)	
Twazyèm (3èm)	
Katriyèm (4èm)	
Senkyèm (5èm)	

Sizyèm (6èm)
Setyèm (7èm)
Uityèm (8èm)
Nevyèm (9èm)
Dizyèm (10èm)
Onzyèm (11èm)
Douzyèm (12èm)
Trezyèm (13èm)
Katòzyèm (14èm)
Kenzyèm (15èm)
Ventyèm (20èm)
Trantyèm (30èm)
Karantyèm (40èm)
Santyèm (100èm)

10.14 Obsèvasyon sistèm enimerasyon an kreyòl / Acerca de la enumeración en kreyòl

Añade por unidad 1, 2, 3...	Unidades		Decenas...		Añade por diez, once...
20 (ven)	0	Zewo	10	Dis	70=60+10=70, 71...
30 (trant)	1	En, youn	11	Onz	71=70+1=71, 72...
40 (karant)	2	De	12	Douz	90=80+10=90, 91...
50 (senkant)	3	Twa	13	Trèz	91=90+11=91, 92...
60 (swasant)	4	Kat	14	Katòz	
80 (katreven)	5	Senk	15	Kenz	
	6	Sis	16	Sèz	
	7	Sèt	17	Disèt	
	8	Uit	18	Dizuit	
	9	Nèf	19	Disnèf	

Obsèvasyon: De 0 a 19 (li nòmalman). De 20 a 69 (ajoute en, de, twa…). De 70 a 79 (ajoute dis, onz…). De 80 a 89 (ajoute en, de, twa…). De 90 a 99 (ajoute 10, 11, 12…)

Ejercicios o preguntas para el cerebro

1. Repete a hot vwa (Repetir los números en voz alta):

1-11-21-31-41-51-61-71-81-91	6-16-26-36-46-56-66-76-86-96
2-12-22-32-42-52-62-72-82-92	7-17-27-37-47-57-67-77-87-97
3-13-23-33-43-53-63-73-83-93	8-18-28-38-48-58-68-78-88-98
4-14-24-34-44-54-64-74-84-94	9-19-29-39-49-59-69-79-89-99
5-15-25-35-45-55-65-75-85-95	0-10-20-30-40-50-60-70-80-90

10.15 La regla NT relacionada con los números

KREYÒL

Obsève lèt t nan mo sa yo: veinteyen, ventuit, ventnè; tranteyen, trantuit, trantnèf; karanteyen, karantuit, karantnèf; senkanteyen, senkantuit, senkantnèf; swasanteyen, swasantuit, swasantnèf. Lèt **"t" a itilize devan 1, 8, 9.** Lèt «t» a chanje an «n» devan 2, 3, 4, 5, 6 e 7, ant 20 e 70. **Apre 80, lèt n nan pa sonnen.**

ESPANOL

La letra t se utiliza ante los dígitos 1, 8, 9. Dicha letra se cambia en "n" ante 2,3,4,5,6 y 7 y también entre 20 y setenta. Después de 80, la letra n no suena.

Resumen de la regla NT

KREYÒL	ESPAÑOL
De 0 a 9 (zewo, en, de, twa, kat, senk ...)	
De 10 a 19 (dis, onz...)	
20, 21, 28, 29 (ven, venteyen, ventuit ...)	
30, 31, 38, 39 (trant, tranteyen... trantnèf)	
40, 41, 48, 49 (karant, karantuit ...)	
50, 51, 58, 59 (senkanteyen, senkantnèf...)	
60, 61, 68, 69 (swasantuit, swasantnèf ...)	
70, 71, 78, 79 (swasantonz...)	
De 80 a 100	

10.16 Operasyon matematik an kreyòl

10.16.1 Fraksyon (Fracciones): ½ (en demi); 1/3 (en tyè); ¼ (en ka); 2/5 (de senkyèm); 1/6 (en sizyèm); 4/7 (kat setyèm); 1/8 (en uityèm); 1/9 (en nevyèm); 9/10 (nèf dizyèm); 1/20 (en ventyèm); 1/50 (en senkantyèm) etc.

10.16.2 Miltip / múltiplo

KREYÒL	ESPAÑOL	EGZANP
Doub (2 fwa)		
Trip (3 fwa)		
Kwadrip (4 fwa)		
Mitan (mwatye)		
Yon tyè (1/3)		
Yon ka (1/4)		
Yon senkyèm (1/5)		

K	L	E	P		
K	R	E	Y	O	L

EGZESIS~DEVWA / ASSIGNMENT

Saktefèt (revizyon)?
Sakafèt (pwogram)?
Sakpralfèt (pwojè)?

A. Ann ekri. Fè koresponn chak mo ki nan kare A ak yon mo ki nan kare B a dapre sans yo.

A	B
1. legim nan	dous
2. zaboka a	fennen
3. mang lan	fre
4. zoranj lan	mi
5. Piman an	pare pou sa
6. pwa a	pike
7. sitwon an	santi bon
8. manje a	sèch
9. li	si
	vèt

B. Ann Ekri. Twouve opoze chak adjektif an kreyòl. Encuentre el opuesto de cada adjetivo.

Kreyòl	Opoze	Español	Opuesto
An-aryè	Annavan	Atrás	Delante
Ansyen	Nouvo	Antiguo	Reciente
Asire			

Atreyan			
Ba			
Bèl			
Bon			
Bon, kòrèk			
Briyan			
Byen			
Cho			
Danjere			
Di			
Difisil			
Dou, swa			
Dwòl			
Egi, file			
Entelijan			
Ennuiye (annouye)			
Ere, kontan			
Estipid			
Etranj			
Etwa			
Fasil			
Fèb			
Fèmen			
Fewòs			
Fo			
Fò			
Fou			
Fre			
Frèt			
Goch			
Gran			
Gwo			
Gwosye			
Inosan			
Janti			

Jèn			
Kal			
Koupab			
Kout			
Kriyèl, mechan			
Lach			
Laj			
Lan			
Lèd			
Lejè			
Lis			
Long			
Lou			
Malad			
Maladwa			
Mens			
Mèveye			
Modèn			
Mouye			
Move			
Nòmal			
Nouvo			
Nwa			
Ouvè			
Piti			
Pòv			
Pwofon			
Pwòp			
Rans			
Rapid			
Repousan			
Reyèl			
Rich			
Sal			
San tach, imakile			

Sèk			
Sen, san pwoblèm			
Senp			
Sere			
Si, anmè			
Ta			
Tache, gate			
Terenal, vilgè			
Tèrib			
Timid			
Trankil			
Vivan			
Vye, ansyen			
Wo (ro)			

C. Ann ekri. Chwazi nan lis ki pi ba a pou ranpli tablo a (Escoge en la lista para llenar la tabla): **Avèg, bèbè, bege, bògn (boy), bwate, egare (sòt, enbesil), goche, inijanbis, kokobe, mancho, chòv, soud…**

DESKRIPSYON PWOBLEM NAN	EPITET YO BAY MOUN NAN	ESPANOL
Moun ki pa tande		
Moun ki pa mache byen		
Moun ki pa wè		
Moun ki pa pale		
Moun ki pa kap mache		
Moun ki pale ak difikilte		
Moun ki ekri ak men goch		
Moun ki pa konprann anyen		
Moun ki gen yon sèl je		
Moun ki gen yon sèl bra		
Moun ki gen yon sèl pye		

D. Ann ekri. Fòmasyon espesyal feminen adjektif yo / Formación especial del femenino: adjetivos calificativos.

	Kreyòl	Español	Ejemplo
1	Amonyak		
2	Ba		
3	Bèl		
4	Blan / blanch		
5	Fatige		
6	Favori		
7	Fou, fòl		
8	Fran / franch		
9	Fre / frèch		
10	Gras		
11	Grèk		
12	Gwo, pwès, gwòs		
13	Janti		
14	Jimo, jimèl		
15	Kapòt (machin)		
16	Kreten		
17	Long		
18	Malen		
19	Mou, mòl		
20	Nil		
21	Nouvo / nouvèl		
22	Pa grav, benen		
23	Pal		
24	Piblik		
25	Rapid, eksprès		
26	Raz		
27	Rebèl		
28	Sèk / sèch		
29	Temwen		
30	Tik		
31	Twazyèm		
32	Vye, ansyen, vyeya		

E. Ann ekri. Fòmasyon espesyal feminen adjektif yo / **Formación especial de los adjetivos. Parea la columna A con la B.**

A	B

1. Rayi chen, di dan l_____   Avoka
2. Li akouche, li fè de _____   Blan
3. Depi maten lap travay, li _____   Chanse
4. Li tèlman _____, li _____   Defigire
5. Gen moun ki renmen chita sou _____   Fatige
   machin nan.
6. Ti fi a pa manke _____ papa; li pati e li   Fou
   pa janm tounen!   Grangou
7. Yon tè _____, yon syèl _____; Jezi vini,   Jimo
   tout bagay _____.   Kapòt
8. Poul la _____ anpil ; se pou sa nou pa   Lib
   kapab kenbe l.   Malen
9. Yon _____ kapab delivre ou, men li   Nouvo
   kapab kondane ou tou devan jij la.
10. Pa okipe m. M _____, menm poko voye
    wòch.

F. Ann pale. Konplete tab la. Complete la tabla.

	Ekspresyon kreyòl	Expresión en español
1	Ala yon bèl rad, papa!	¡Qué bonita ropa, madre mía!
2	Ansyen sèjan sa ta touye ou ak kou	Ese antiguo sargento te hubiera matado de golpes
3	Anvan w te vin yon potorik gason, se yon ti petevi w te ye	
4	Babyadò; (babye)	
5	Bèl fanm, bèl legede.	
6	Bliyadò; (bliye)	
7	Chen chas	
8	Fimadò (fimen)	
9	Fouyapòt (fouye)	
10	Gad kalfou	
11	Gason kanson	
12	Gason lakou	
13	Jaden lwen, gonbo di.	

14	Mizadò; (mize)
15	Monpè ak mamè ap sèvi legliz jous yo mouri
16	Moun Mayami
17	Pa konn li pa vle di moun sòt pou sa.
18	Paladò (pale)
19	Ti kochon ti san, gwo kochon, gwo san.
20	Ti ratay gason sa a pa ale ak gwo konatra sa a (wè istwa mo a).
21	Wondonmon
22	Yo di granmanjè leta yo pa konn pataje ak frè yo.
23	Yon drapo ayisyen
24	Yon fanm **Jakmèl**
25	Yon liv **angle**
26	Yon rad ble

G. Ann ou li

1. Nan yon jou gen 24 è; inè gen 60 minit; yon minit gen 60 segond.
2. Yon ane òdinè gen 365 jou.
3. Kilè Kristòf Kolon te rive nan peyi sa yo: Lamerik, Pòto Riko, Ayiti, Kiba, La Dominik…?
4. Poukisa yo di 100 se nimewo ki pi mechan? 101 se nimewo Bouki; 103 se nimewo lanmou; 104 se nimewo vagabon; 105 se nimewo malere; 202 se nimewo Bondye ; 25 se nimewo yon soulye nèf.

H. Kiriyozite sou matematik:

- Valè absoli chif nan yon nonb plis 9 egal a valè absoli tout lòt chif yo san 9 la pa ladan l
- Nou jwenn tout chif yo nan 5 nimewo sa yo: 05-16-27-38-49
- Vwala se te yon lè, te gen yon ayisyen ki tap vizite Etazini. Li te ale nan yon reyinyon e yo te sèvi kafe ak lèt anvan fèt la. Li pran kafe a e li mete yon premye ti sache sik; li mete yon dezyèm sache, yon twazyèm, yon katriyèm, yon senkyèm, yon sizyèm, yon setyèm sache sik nan kafe a. Men gen yon kanmarad ki tap gade l ak kiriyozite. Tousuit apre, li kòmanse bwè kafe a. Kanmarad la di l konsa: Ey! Amitye, ou bliye yon bagay; ou bliye bwase kafe a wi! Li reponn kanmarad la: enben monchè, si m bwase l: l a twò dous! Yo di, an pasan, [ke] chak ayisyen se yon asko (HASCO: wè istwa mo a).

I. Ann kòmante adjektif kouran sa yo.

NO	Kreyòl	Español	Fraz an kreyòl
1	Adorab	Adorable	Papa adorab: koute vwa m k ap priye w.
2	Agreyab, gou, delisye		
3	Amikal		
4	Amizan		
5	An bwa		
6	An lèn		
7	An mwayèn, plizoumwen		
8	Anbarase		
9	Anchante		
10	Anfle, fè mal		
11	Anime, kontan		
12	Ankourajan		
13	Anmè		
14	Annouye, anmède		
15	Ansyen		
16	Anvi, dezi		
17	Anvye		
18	Atache		
19	Atantif		
20	Avilisan		
21	Awogan		
22	Bèl, joli		
23	Blese		
24	Blon		
25	Bonè		
26	Boulvèse		
27	Brav, kouraje, vanyan		
28	Brèf		
29	Briyan		
30	Chaman		
31	Chanse		
32	Cho		

33	Chokan, anfle		
34	Danjere		
35	Debachi		
36	Defèt		
37	Defi		
38	Degoute		
39	Delisye		
40	Demode		
41	Deprime		
42	Detèmine		
43	Di		
44	Diferan		
45	Difisil		
46	Domestik		
47	Dosil		
48	Dou		
49	Doute		
50	Dwa		
51	Efreye		
52	Ekilibre		
53	Eksitan		
54	Elegan		
55	Enèjik		
56	Enfam (imoral)		
57	Enkapab, pòv		
58	Enkyè (t)		
59	Enposib		
60	Enpòtan		
61	Ensipid		
62	Ensolit		
63	Entelijan		
64	Epè, pwès		
65	Epouvantab, tèrib		
66	Eskape		
67	Estipid		

68	Etenselan		
69	Etone, sezi		
69	Etranj		
71	Etwat		
72	Eveye		
73	Fache		
74	Fame		
75	Fantastik		
76	Fantezi, kaprisye		
77	Fasil		
78	Fasinan, sòsye		
79	Fatige		
80	Fèb		
81	Fèm		
82	Fen		
83	Fenyan		
84	Fewòs		
85	File		
86	Filgiran		
87	Fo		
88	Fò, robis		
89	Fou, anraje		
90	Fouyapòt		
91	Frajil		
92	Fre		
93	Frenetik, anraje		
94	Frèt, jele		
95	Frize		
96	Fyè, ògeye		
97	Gate		
98	Glise		
99	Gou		
100	Gran		
101	Grangou (lafen)		
102	Grasye		

103	Grotèks		
104	Gwa		
105	Honte		
106	Imakile, san tach		
107	Imid, mouye		
108	Imobil		
109	Inegal		
110	Initil		
111	Enkyè		
112	Inosan		
113	Inpè (enpè)		
114	Jalou		
115	Janti		
116	Jèn (jenn)		
117	Jigantès, enòm, trè gran		
118	Jis, dwat		
119	Jite		
120	Joli		
121	Kalm (kal)		
122	Kare		
123	Kiriye		
124	Klè		
125	Kolore		
126	Kondane		
126	Konfonn, twouble		
128	Konfòtab, alèz		
129	Konsènan, konsène		
130	Kontan		
131	Kowoperatif		
132	Koube		
133	Koupab		
134	Kout		
135	Kraze, brize, fann, fele		
136	Lach		
137	Laj		

138	Lan		
139	Lèd, dezagreyab, enfreyan		
140	Lejè		
141	Long		
142	Malad		
143	Malpwòp		
144	Masif		
145	Mechan, moveje		
146	Mens		
147	Mèveye		
148	Mi		
149	Modèn		
150	Monotòn		
151	Mou		
152	Mouri		
153	Mouye		
154	Move		
155	Move, dezobeyisan, malveyan		
156	Mwayen		
157	Nèg [ki gen] sèvo		
158	Nève		
159	Nouvo		
160	Nwa		
161	Nyaje		
162	Obeyisan		
163	Ofansif		
164	Ok		
165	Okipe		
166	Opak		
167	Oraje		
168	Ouvè		
169	Pa izyèl		
170	Pa kouran		
171	Pa mi, vèt		

172	Pafè		
173	Pè		
174	Pike, brile		
175	Piti		
176	Plastik		
177	Plat		
178	Plen		
179	Plen bave, glise		
180	Plen grès		
181	Plen labou		
182	Plen pousyè		
183	Plen pwèl		
184	Plen zepin, plen pikan		
185	Pouri		
186	Pòv		
187	Pwogresis		
188	Pwòp, nèt		
189	Puisan		
190	Pwen ebilisyon		
191	Pwen egalite		
192	Pwoblematik		
193	Pwofon		
194	Pwòp		
195	Ra, etranj		
196	Rans		
197	Rape, grate		
198	Rapid		
199	Regretan, penib		
200	Remakab		
201	Repousan		
202	Reveye		
204	Revòltan		
205	Reyèl		
206	Rich		
207	Rilaks		

208	Rize		
209	Sal [kochon]		
210	Sale		
211	San vwa		
212	Sanglan		
213	Sayan, ouvè		
214	Sèk		
215	Sèl		
216	Sen		
217	Senp		
218	Sere		
219	Sèvisyal, sèvyab		
220	Sezi, etone		
221	Souke		
222	Si		
223	Silansye		
224	Siperyè		
225	Solid		
226	Somnolan, dòmi kanpe		
227	Sòt, bouki, enbesil		
228	Souryan		
229	Sovaj		
230	Ta		
231	Tèrib		
232	Tifi		
233	Timid		
234	Tire		
235	Tòde		
236	Tranblan		
237	Trankil		
238	Triyangilè		
239	Twouble		
240	Vantile		
241	Vanyan		
242	Veyatif		

243	Viktorye		
244	Vivan		
245	Wo		
246	Won		
247	Wont		

J. TIT an Ayiti. An Ayiti, moun pa di non yon lòt moun san l pa mete yon tit devan l. Sa se yon siy de respè. Si ou pa fè sa, ou malelve. Me egzanp kèk tit moun yo itilize : Konpè (monkonpè); kòmè (konmè; makòmè); frè; sè; parenn; marenn; fiyèl; kouzen; kouzin; tonton (nonk); vwazen; vwazin; asosye, vyewo… apresye e kòmante.

K. Konplete: Chwazi adjektif nan lis adjektif yo pou konplete tablo sa a:

Bondye: _____

Dra a fèt: _____

Nouvèl la :_____

Tizann nan _____ kou fyèl

Lè ou chita twòp, ou _____

_____ bon toujou bon.

Li pa bon pou twò _____

_____ gen remèd

103, kè m ap _____

Ou pa manke chanse, papa

La fwa nou dwe solid kou_____

Li tèlman _____ li ta manje yon bèf ak tout kòn.

Chante sa _____, m pa renmen l ditou.

_____ toujou fè kwè se bon moun yo ye.

Se lè bisnis nan fin rive nan_____ li kapab fè benefis.

Se _____ sa pou m antere solèy.

Granmoun sa _____ ; li renmen dòmi kanpe.

Se sòt ki bay, _____ ki pa pran.

Li trè _____ ; anyen pap echape l.

Ou mèt _____ _____, m pap fè yon pa kita, yon pa nago.

_____ yo te ranpli prèske menm fonksyon ak prefè oubyen SD yo.

L. Ann ekri. Adjektif kalifikatif. Tradui e itilize mo sa yo nan yon fraz

Kreyòl	Español	Fraz an kreyòl
Bèl *		
Gran*		
Gwo*		

Jenn *		
Kokenn*		
Move *		
Ti*		
Vye*		
Bon*		
Ansyen*		
Brav		
Engra		
Enganm		
Gra		
Granmoun		
Kapon		
Kontan		
Kout		
Nèf		
Ize		
Mouye		
Chè		
Vid		
Mou		
Itil		
Fasil		
Rapid		
Lèd		
Mèg		
Piti		
Depafini		
Chèch		
Parese		
Pòv		
Rekonesan		
Rich		
Sòt		
Wo		

Pwòp		
Bon mache		
Peng / kou rèd		
Plen		
Di / rèd		
Dousman		
Kamoken		
Makout		
Zenglendo		
Mechan		
Blofè		
Mètdam		
Kòken		
Vòlè		

* Implica que estos adjetivos pueden ser colocados ante un nombre. En general, los adjetivos cortos se colocan ante el nombre. .

M. Konparezon adjektif. Gade sou modèl la e konplete tablo a

SIJÈ	FRAZ	FRAZ	KONPARATIF			SIPÈLATIF	
Mo	+	-	Egalite	Enferyorite	Siperyorite	Relatif	Sipèlatif
Pòm nan	Chè	Pa chè	Osi chè [ke]	Mwen chè [ke]	Pi chè pase	Chè anpil	Chè anpil anpil
Te a	Anmè	Te a pa anmè	Te a anmè kou fyèl	Te a mwen anmè ke fyèl	Te a pi anmè pase fyèl	Te a anmè anpil anpil	
Elèv la	Entelijan						
Kreyòl la	Fasil						
Elèn	renmen fè egzèsis						
Samdi	se yon jou difisil						
Tren	Rapid						
Kay mwen an	Bèl						
Kay zanmi m nan	Lwen						
Machin papa m nan	a lamòd						
Kaye lekòl mwen an	gen plis paj						

Pilòt la	gen anpil eksperyans							
Zache	bon nan matematik							
Ana	ge anpil							
Lolita	granmoun anpil							
Premye tablo a	Enteresan							
Diri tifidèl la	Ra							
AK-100	Dous							
Doukounou an	kuit							
Lèt pa m nan	Kaye							

N. Ann pale. Di konbyen moun ki pale chak lang sa yo

	IDIOMAS	CANTIDAD DE HABLANTES (EN MILLONES)
1	Inglés	37
2	Francés	23
3	Español	20
4	Ruso	16
5	Arábigo	14
6	Chino	13
7	Alemán	12
8	Japonés	10
9	Portugués	10
10	Hindi	9

> 1. Konbyen moun sou latè ki pale angle? Franse? Panyòl? Ris? Arab? Chinwa? Alman? Japonè? Pòtigè? Endi?
> 2. Si ou ta vle aprann yon lòt lang, kilès ou ta chwazi? Pouki sa?

O. Nouvo siy zodyak yo

Gen moun ki renmen TCHEKE siy zodyak yo chak maten pou yo wè kijan jounen an ap ye pou yo. Annou di kilè chak siy zodyak kòmanse e kilè li fini. Ansuit, di karakteristik prensipal chak siy (pou moun ki kwè nan sa).

	Siy		**Peryòd**	**Karakteristik prensipal**
1	Belye		18 avril-13 me	
2	Towo		13 me- 21 jen	
3	Jemo		21 jen-20 jiyè	
4	Kansè		20 jiyè – 10 dawou	

5	Lyon		10 dawou-16 septanm	
6	Vyèj		16 septanm-30 dawou	
7	Balans		30 oktòb – 23 novanm	
8	Eskòpyon		23 novanm-29 novanm	
9	Sèpantè		29 novanm – 17 desanm	
10	Sajitè		17 desanm – 20 janvye	
11	Kaprikòn		20 janvye-16 fevriye	
12	Vèso		16 fevriye-11 mas	
13	Pwason		11 mas-18 avril	

P. Mete kapital peyi a bò non chak peyi e ansuit di kijan yo rele abitan chak peyi:

Bastè; Fòdefrans; Kingstonn; Layavàn; Naso; Pòtoprens; Pòtospenn; Sannwann; Sendomeng; Wilemstad. Egzanp: Ayiti: Pòtoprens, ayisyen.

Ayiti _____   Jamayik _____

Matinik_____   Gwadloup _____

Bayamas _____   Kiba _____

Pòtoriko _____   Dominikani_____

Kiraso _____   Trinidad_____

Q. Kòmante fraz sa yo

Bri kouri Nouvèl Gaye !!!!

1. Depi m fèt, m poko janm wè timoun mizadò konsa. Ti fi a pran de zèd tan pou l al chache dlo.
2. M pa renmen moun tripòt konsa, non.
3. M pa konn pouki sa ou wondonmon konsa non
4. Jou malè, wanga pa sèvi ; w a ret bèkèkè !

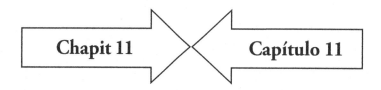

Vèb an kreyòl / Verbos en el kreyòl

11.1 Tèminezon vèb yo (terminación de los verbos). Pa gen yon tèminezon fiks en kreyòl.

KREYÒL	ESPAÑOL
a: Chita; kaba, lala (terminar)	Sentarse, acabar, engañar
ab: Kapab (poder)	Poder
ag: Vag (hacer caso omiso)	Olvidar, hacer caso omiso
Al: Sal (ensuciar)	
an: Pran (tomar)	
Ann: Defann, antann, rann, aprann (defender, entender, rendir, aprender)	
At: Bat; debat (pegar, batir, debater)	
è: Ouvè, wè; kwè (abrir, ver, creer)	
e: Manje, pale,vwayaje, prese (comer, hablar, viajar, tener prisa)	
en: Goumen; krabinen, genyen (pelear, romper, ganar)	
Enn: Detenn; plenn, krenn; jwenn (decolorarse, gemir, temer, hallar)	
Et: Parèt ; fèt; pèmèt; renmèt; pwomèt (parecer, hacer, permitir, devolver, prometer)	
i: Sèvi ; blanchi; modi, toupizi, manti (blanquear, maldecir, maltratar, mentir)	
Ib: Rapousib / rapousuiv: (perseguir)	
im: Enfim (batir severamente)	
Ip: Trip, bip (gozar, dar golpes)	
Iv: Suiv; pousuiv, (seguir, perseguir)	
O: Kroboto; bo (bobo): deformar, besar	
Ò: Vòlò / vole (robar)	
Onn: Ponn; reponn (poner, reponer)	
Òt: Tòtòt o tete: (chupar)	

154

Oud: Koud; rezoud (coser, resolver)	
Oum: Voum [pa] (contester)	
Uit: Kuit (cocer)	

11.2 Tèminezon vèb kreyòl konpare ak vèb español. Konplete tablo a.

Kreyòl	Español	Fraz an kreyòl
Absòbe	Absorber, ingerir	Travay la absòbe tout tan mwen.
Ajoute, ploge	Añadir	
Jwenn, mouri	Hallar, morir	
Blofe	Engañar	
Bese, mande	Bajar, pedir	
Pouse, vle	Empujar, querer	
Jape, choute	Ladrar, tirar, disparar	
Tiye, navige	Matar, navegar	
Naje	Nadar	
Aprann, genyen	Aprender, ganar	
Fè	Hacer	
Plonje, savoure	Hundir, saborear	
Chanje, rankontre	Cambiar, encontrar	
Beze, beni	Besar, bendecir	
Manje, komèt	Comer, cometer	
Ploge	Enchufar	
Bokse	Boxear	
Anvi, nye	Envidiar, negar	
Ronfle	Roncar	

11.3 Vèb kreyòl an (Verbos en) de, di, en, re.

Kreyòl 1	Kreyòl 2	Español
Apiye	Dezapiye	Apoyar, quitar el apoyo
Bloke	Debloke	
Fini	Depafini	
Fòse	Ranfòse	
Gagannen	Degagannen	
Kalifye	Diskalifye	

Kontwòle	Dekontwole	
Kore	Dekore	
Kriye	Dekriye	
Lage	Delage	
Makòn	Demakonnen	
Pale	Depale	
Pasyans	Depasyante	
Pat	Depate	
Pedale	Repedale	
Plòg	Deploge	
Pousiv	Rapousiv o rapousib	
Prestij	Deprestijye	
Refize	Derefize	
Sitire	Desitire	

11.4 Vèb sinonim an kreyòl (Equivalente en español)

Kreyòl	Fraz an kreyòl
Eseye / seye	Eseye wòb sa a pou wè si l bon pou ou.
Oblije / blije	
Prepare / pare	
Avanse / vanse	
Dekale / kale	
Siveye / veye	
Enève / nève	
Retounen / tounen	
Delage / lage	
Rankontre / kontre	
Derefize / refize	
Rekonèt / konèt/konnen	
Rasanble /sanble	

11.5 Vèb ki fòme ak sifiks

11.5.1 Sufijos e-se-ye-te-ze

NOUN	VÈB	FRAZ AN KREYÒL
Bourik	Bourike	Depi maten m ap bourike san pran souf.
Espant	Espante	
Tèk	Teke	
Jouk	Jouke	
Charit	Charite	
Driv	Drive, drivaye	
Djòb	Djobe	
Tchèk	Tcheke	
Kle	Klete	
Bwa	Bwaze	
Twon	Twonse	
Pyès	Pyese	
Dans	Danse	
Layo	Laye	
Talon	Talonnen	

11.5.2 Sufijo -aye (sin cesar; a menudo): drive, drivaye; rode, rodaye.

11.5.3 sufijo -i: blan, blanchi; malediksyon, modi

11.6 Vèb espesyal /algunos verbos especiales. Complete el cuadro abajo.

	KREYÒL	ESPAÑOL
1	**Bezwen:** Ou bezwen panse anvan w aji	Necesita pensar antes de actuar.
2	**blije (oblije):** M blije kraze rak	
3	**dwe:** Ou dwe etidye anpil	
4	**Fèk (fenk) : ou fèk vini, w ap ranse**	
5	**Fini (fin) : kan w fin travay, ou mèt ale**	
6	**Fouti:** M pa fouti dòmi ak bui sa a	
7	**Kapab (ka, kap, kab).** Egzanp: Li ka kondi machin nan	
8	**Kite: Kite m ede ou**	

9	**Konn (en):** Egzanp : li konn manje anpil ; malfini konn manje poul	
10	**Manke:** Ou manke brile	
11	**Mèt:** poder. Ou mèt chita devan	
12	**Mete:** Pa mete m nan zen [non]	
13	**Pe**: M pe redi travay di, epi m pa pe manje	
14	**Peze**: Li peze desann	
15	**Pinga: Pinga ou kite parès anpare ou**	
16	**Pito:** Li pito bwè kafe pase dite; li pito mouri kanpe olye pou l viv ajenou	
17	**Pran:** Li pran kriye	
18	**Sa**: Li pa sa travay	
19	**Sòt/ soti/sot/:** Li sòt koupe kann	
20	**Tonbe:** Chat la tonbe manje poul la	
21	**Twouve:** Li twouve l nan yon sitiyasyon trè dwòl	
22	**Vin / vini**: venir: Li vin mande m eskiz	
23	**Vle**: vle pa vle, nou tout ap mouri	

11.7 Ekspresyon vèbal an kreyòl (algunos verbos compuestos en kreyòl).

NO	KREYÒL	ESPAÑOL
1	Ale tounen	
2	Chita gade	
3	Dwe fè	
4	Gen (genyen) dwa pale	
5	Kouri vini	
6	Mèt antre	
7	Mòde soufle	
8	Rale mennen kase	
9	Rete pran	
10	Voye fè	
11	Voye flè	
12	Manje dan	

11.8 Vèb enpèsonèl ak fè (verbos impersonales con fè)

	KREYÒL	ESPAÑOL
1	Fè la grenn: (la grenn ap tonbe)	**Está granizando**
2	Fè lanèj: (lanèj ap tonbe)	
3	Fè lapli (lapli ap tonbe)	
4	Fè loraj: (loraj ap gronde)	
5	Fè zèklè: (lap fè zèklè)	
6	Gen yon lakansyèl nan syèl la	
7	Lap fè lapli (o lapli ap tonbe)	
8	Lap fè lapli/lapli ap tonbe	
9	Lap fè loray/loray ap gwonde	
10	Lap fè van/van ap vante	
11	Lapli (lapli pral tonbe): li tap fè lapli:	
12	Lawouze fè chèlbè toutan solèy poko leve	
13	Li fè bon	
14	Li fè bren	
15	Li fè chalè	
16	Li fè fredi	
17	Li fè klè	
18	Li fè nwa	
19	Li fè nyaj	
20	Li fè van: (van ap soufle, van ap vante)	
21	Li fenk sot fè lapli; l apral fè lapli	
22	Li inè di maten	
23	Li tap fè lapli	
24	Li te fè lapli (o lapli sot tonbe)	
25	Siklòn	
26	Tan an bèl	
27	Tan an move	
28	Tè a mouye	

11.9 Vèb ki gen rapò ak nivo objektif nan domèn konesans (dapre taksonomi Bloom nan, mnemotechtnics: Konkon ap fè sentèz Eval)

NIVO I	NIVO II	NIVO III	NIVO IV	NIVO V
KONNEN	KONPRANN	APLIKE	FÈ SENTÈZ	EVALYE
Defini	Distenge	Bay ekzanp	Kategorize	Jije
Dekri	Fè sentèz	Chanje	Konpile	Jistifye
Idantifye	Enfere	Demontre	Kreye	Apresye
Klasifye	Eksplike	Manipile	Desine	Konpare
Enimere	Rezime	Opere	Òganize	Kritike
Fè yon lis	Tire konklizyon	Rezoud	Rekonstri	Jete baz
Pale	Etabli	Kalkile	Konbine	Etabli yon
Repwodui	relasyion ant	Dekouvri	Konpoze	paralèl
Chwazi	Entèprete	Modifye	Pwojekte	Etabli la diferans
Fikse	Jeneralize	Itilize	Planifye	
	Prevwa		Fèchema	
	Jete baz		Reyòganize	

11.10 Itilizasyon vèb se /ye / Uso de Se / ye

Itilizasyon oksilyè: se/ye: An jeneral, nou pa itilize se/ye. Lè nou itilize yo, nou mete se okòmansman oubyen nan mitan yon fraz, tandiske nou mete ye nan fen yon fraz. An kreyòl, nou itilize SE pou:

a. idantifye yon moun ou yon bagay.

b. kòm yon mo ekspletif (mo ki pa gen okenn fonksyon gramatikal)

c. pou reponn yon kesyon

d. nou pa itilize se lè nou gen fraz: non + adjektif; non +advèb de lye oubyen lè nap eksprime yon eta pasaje.

e. nou pa itilize SE lè nou vle mansyone yon etadèt e lè nap dekri moun oubyen bagay.

Uso de SE/YE. En general, no utilizamos SE/YE. Cuando son utilizados, ponemos SE al principio o en el medio de una oración, mientras que ponemos ye siempre al final de la oración. En kreyòl, utilizamos SE para:

a. identificar una persona o cosa

b. como una palabra expletiva (palabra que no tiene ninguna función gramatical)

c. para responder una pregunta

d. No se usan SE/YE en los siguientes tipos de oraciones: nombre+adjetivo; nombre+adverbio de lugar o cuando se expresa una situación pasajera.

e. No se usa SE cuando se menciona un estado de ser y cuando se describe una palabra o una cosa.

Kijan nou itilize vèb se/ye

KREYÒL	ESPAÑOL
Se yon liv	Es un libro.
Ou se elèv	
Ou se pòtoriken	
Se nan dlo yo separe pèch	
Se nan mòn anpil abitan rete	
Se twazè l ye, li lè pou n ale	
Ki moun ou ye?	
Se mwen menm Jonas.	
Se paske li ta, e mwen pa vle gonfle	
Eske se dominiken ou ye?	
Non, se pa pòtoriken mwen ye, mwen se ayisyen	
Di mwen pa la	
kote Janklod ye?	
Li se yon nèg ki kapon (fenyan) anpil	
Tata ansent	
Men li pa pi mal	
Mari bèl anpil	
Jèta pa la	
Mwen malad	
Li te mechan anpil	.
Li te fache	
Me manman m [tololo!]	
Gen yon tan pou tout bagay sou latè	

11.11 Oksilyè prezantatif (Verbos auxiliares presentativos)

KREYÒL		ESPAÑOL
Ann, annou (ale)		
Apa		
Ba, ban, bay		
Fòk		
Ilfo (ifo, fò)		
Kite		

Lese		
Pinga		
Se pou		

11.12 Sans vèb yo (Significado de los verbos)

Dapre sans li, yon vèb kapab tranzitif dirèk (KOD ou konpleman objè dirèk), endirè (KOE ou Konpleman Objè Endirèk) ou entranzitif (konpleman sikonstansyèl)	DE ACUERDO CON SU SENTIDO, UN VERBO PUEDE SER TRANSITIVO DIRECTO (COD), COMPLEMENTO DE OBJETO INDIRECTO (OI) O INTRANSITIVO (COMPLEMENTO CIRCUNSTANCIAL, CC)
M fini travay la (KOD)	
Li tiye poul la (KOD)	
Bondye koute vwa mwen (KOD)	
Li ban mwen (KOE) yon kado (KOD)	
Li dòmi a tè a (KS)	
Ki kote ou te ale? (KS)	

11.13 Fòm vèb yo (la forma de los verbos). Atansyon: lang kreyòl la toujou evite itilize vwa pasif.

KREYÒL	ESPAÑOL
Li chante yon kantik (vwa aktif)	
Li renmen tèt li (vèb pwonominal)	
Chat Mari a manje sourit la (vwa aktif)	
Inosan an te blese pa yon bal mawon (vwa pasif)	
Sourit la rele swit swit lè l pran nan pèlen (vwa pasif)	
Kay la pentire an jòn (vwa pasif)	
Nou sove pa lamò Jezi Kri (vwa pasif)	

11.14 Fòm negatif (forma negativa)

KREYÒL	ESPAÑOL
Mwen kontan	
Mwen pa kontan	
Kreyòl se lang ki fasil	
Kreyòl se pa lang ki fasil	
Nou di wi	

Nou pa di wi	
Nap manje anpil	
Nou pap manje anpil	
Nap di ou mèsi	
Nou pap di ou mèsi	
Yo pat al nan sinema	
Nou pat jwenn pwason	

11.15 Endikatè modal (Indicadores modales)

	KREYÒL	ESPAÑOL
1	Ap	
2	Dwe	
3	Eske ou kapab	
4	Eske ou ta kapab	
5	Fèk	
6	Fini (fin)	
7	Kapab	
8	Kòmanse	
9	Konnen (konn)	
10	Mèt	
11	Peze	
12	Pran	
13	Soti (sot, sòt)	
14	Ta	
15	Ta kapab	
16	Tonbe	
17	Vini (vin)	
18	Vle	

K	L	E	P		
K	R	E	Y	O	L

EGZESIS~DEVWA / ASSIGNMENT

Saktefèt (revizyon)?

Sakafèt (pwogram)?

Sakpralfèt (pwojè)?

A. Egzèsis ak devwa pou revizyon, refleksyon ou diskisyon.

Kreyòl	Español
1) Kijan vèb kreyòl yo tèmine? Kijan vèb espanyòl yo fini? 2) Kilè nou pa mete vèb se nan yon fraz. 3) Ki kote vèb se ak ye plase? 4) Ekri senk fraz ki renyen vèb plis vèb 5) Fè yon lis vèb enpèsonèl	

B. Ann ekri. Vèb oksilyè oubyen vèb ki plase anvan yon lòt vèb. Ekri ekivalan yo an espanyòl epi anplwaye yon an fraz.

No	Kreyòl	Español	Fraz an kreyòl
1	blije (kraze rak)		
2	dwe		
3	fèk / fenk (vini)		
4	fèt pou (panse)		
5	fò / fòk		
6	genyen		
7	goute		
8	grandi		
9	ilfo/ ifo (pati)		
10	kapab		
11	konn (sa wap di)		
12	kouri (ale)		
13	met		
14	parèt		
15	pito (mouri)		

16	plede (pale)		
17	pran (kouri)		
18	rete		
19	sanble		
20	santi		
21	se		
22	se pou		
23	sonnen		
24	sot / soti (manje)		
25	tonbe (joure)		
26	vin [jwenn mwen…]		
27	ye		

C. Vèb enpèsonèl. Ekri ekivalan fraz ki agoch yo nan kolonn ki adwat la

Kreyòl	Español
Li fè cho / li fè chalè	
Li fè fret/ li fè fredi	
Gen lapli	
Gen zèklè, loray	
Gen van	
Li fè bon	
Gen move tan	
Gen siklòn	
Gen sechrès	
Gen loray	
Tan an mare	
Nou nan sezon lapli	
Nou nan sezon lesèk	
Nou nan prentan, lete, lotòn, livè	

D. Konplete avèk fòm enperatif negatif (PA). Complete con el imperativo negativo

Egzanp: pa joure m.

Gade: _____   okipe: _____

koupe je: _____   bay chalè: _____

anmède: _____   meprize: _____

plede: _____   di sa m pat di: _____

kuipe: _____   kraponnen: _____

defann: _____   rale: _____

E. Ann ekri. Ekspresyon: Yo mete… pou

Kreyòl	Español
Yo mete kanpelwen (naphtaline) pou koulèv yo	
Yo mete pwazon pou rat yo	
Yo mete pèlen pou rat yo	
Yo mete jwif pou chase pentad yo	
Yo mete siwo pou rale foumi yo.+	
Yo mete dlo nan siwo a	
Yo mete dlo nan diven li	

F. Kèk fraz ak SE. Konplete tablo a

Kreyòl	Español
Se sou chen mèg yo wè pis	
Se byen lwen l rete	
Se je wè bouch pe	
Se vini wap vini	
Se piti l piti, men l pa pitimi	
Barèt sa yo (estos pasadores) byen bèl	

G. Konvèsasyon: Lage m pou pale. Ranplase mo ou ekspresyon ki souliye yo ak mo ou ekspresyon ki anndan parantèz yo e li a wot vwa.

   a. Se pa ti <u>kontan kè mwen kontan</u> (fache; move; tris; twouble; nève; mechan; lwen)
   b. <u>Se pa ti kontan mwen kontan</u> (wè nou; vizite nou; manje ak nou; rive isit la; la jodi a; ede ou; pale ak ou; pran nouvèl ou; la isit la)
   c. Ti moun sa yo ap aprann <u>voye baton</u> (fencing); (naje; desine; voye nas; kenbe pwason; travay nan faktori; swaye malad; katechis; fè devwa)

166

d. Li renmen (baye, anmède timoun; jwe ak ti bebe; gade moun nan je; pran sa k pa pou li; ede pwochen li; machande; fè jis pri; joure)

e. Me (men) dlo (akasan; bonbon siwo; mayi bouyi; mayi boukannen; pen patat; ze bouyi; pistach griye; pen cho; foskawo, Ak-100; limonad; dous makòs; boukousou, kasav; anmizman…)

f. Manje a (santi bon; kuit; kri; toufe; pare; sou tab la; separe; sale; sa disèl; san gou; pa gou, fad)

g. Mango a (rèk, poko mi; poko matrite; tonbe; fennen; pouri, gen vè; vèt; ole)

h. Ou pa konnen (ki sak nan kè l; kote dlo soti l antre nan bwa joumou; sa ou pa konnen pi gran pase ou; kote l rete; sa map panse la; kijan pou rive la; sa m konnen an)

i. Ou pa manke…papa ! (frekan, radi (hadi), pèmèt (penmèt); lèd; bèl; move, di; difisil; sou moun…)

j. Li prèt pou (manje, akouche, vomi; mouri; mache; rale; tende; fini)

k. Fòk li konprann sa kap pase a (ilfo; se pou; dwe; ta dwe; sipoze; annou di l; ann enfòme l de)

l. Moun ki kote ou ye ? Mwen se moun Pilat (Gonayiv; Ti Gwav; Plezans; Lenbe; O Kap; Pòtoprens; Lagonav; Akayè; Petyonvil; Okay; Jeremi; Piyon; Pòdepè; Senlwi di Nò; Obòy; Plezans; Lestè; Latibonit; Ansafolè; Leyogàn; Jakmèl; Miragwàn; Gwomòn; Bonbon; Koray; Pòsali; Ti Rivyè; Hench; Mayisad; Los Palis; Gran Rivyè di Nò; Wanament; Kenskòf; Laboul…)

H. Epitaf ak anons : Li pawòl sa yo ki ekri sou kèk tonm (ou kav) oubyen lòt kote.

a. Se isit la Desalin ap repoze; li te mouri a 48 an.
b. Jan ou wè w la, [se konsa m] te wè m; jan w wè m nan, [se konsa] wap wè ou [yon jou].
c. Lave m souple. Lave m. Bondye konn fè mirak, men li pa konn lave machin !
d. Zanmi, banm yon lage non ! An ! Kòman? Si pa gen wout ki fèt an pant nan Pòtoprens, bogota pap stat?
e. Dapre madam Baina Belo, se konstitisyon Desalin nan ki defini sa sa ye lafanmi.

I. Ann ekri e kòmante. Rèl zannimo. Konplete tablo an suivan egzanp yo. Gritos de los animales. Complete la tabla.

Animal (kreyòl)	Animal (français)	Cri (Francés)	Palabra (Español)	Grito (español)
Chen	Jape	Aboyer ou japper	El perro	Ladrar
Bourik	Ranni	Braire	El burro	Relinchar
Bourik	Ranni	Hennir		Relinchar
Kochon	Wen-wen	Grogner		Gruñir
Van	Soufle	Hurler		Aullar
Mouton		Bêler		Balar
		Beugler ou mugir		Mugir
		Croasser		Graznar
		Coasser		Croar

Poul		Glousser		Croquear
		Jaser ou jacasser		Cotillear
Chat		Miauler		Maullar
Ti moun		Pialler		Chillar
		Caquetter ou glousser		Cloquear
		Gémir ou roucouler		Gemir
Lyon		Rugir		Rugir, proferir
		Glapir		Gañir
Koulèv		Siffler		Silbar
		Siffler ou flûter		Silbar
Kòk		Chanter		Cantar
		Gazouiller		Trinar, gorjear
		Pépier		Piar
		Parler		Hablar
Abèy		Bourdonner		Zumbar
		Trompetter		Sonar la trompeta
		Râler		Refunfuñar
		Huer		Abuchear
		Gronder		Gruñir
		Nasiller		Ganguear
		Lamenter		Lamentar
		Brailler ou criailler		Cantar a grito pelado
		Grommeller		Mascullar

J. Analize fraz sa yo

Ou di mwen di
Ou di sa m pa di
Sa m pa janm di
Sa m pa kwè map janm di.
Samdi apremidi
Map feraye pi di
Map tann ou samdi
A midi
Pou di m sa m te di.

1. L al fè yon vire tounen pou l wè ki koz maladi a
2. Chita gade pa bay, manyè souke kò ou!
3. Yo akize ou, ou gen dwa pale.
4. Pa diskite. Rale mennen kase.
5. Panse sa ou dwe fè avan ou kouri vini.
6. Fè atansyon, zanmi sa se yon mòde soufle.

	Bòn fèt (anivèsè)	
Happy Birthday	Feliz cumpleaños	Bon anniversaire
Compleanno felice	Feliz aniversário	Glücklicher Geburtstag

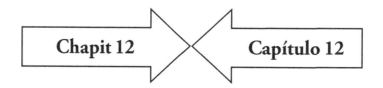

Konjigezon vèb kreyòl

12. Konjigezon vèb an kreyòl / Conjugación de verbos

12.1 Konjigezon vèb se / ye (ser/estar)

VEB SE / VERBO SE			
Mwen	Se yon elèv		
Ou	Se yon elèv		
Li	Se yon elèv		
Nou	Se elèv		
Nou(ou)	Se elèv		
Yo	Se elèv		

VEB YE / VERBO YE	
Se yon elèv mwen ye	
Se yon elèv ou ye	
Se yon elèv li ye	
Se elèv nou ye	
Se elèv nou ye	
Se elèv yo ye	

12.2 Vèb genyen (verbo tener)

Kreyòl	
Mwen genyen lajan	
Ou genyen lajan	
Li genyen lajan	
Nou genyen lajan	
Nou genyen lajan	
Yo genyen lajan	

12.3 Vèb chante (verbo cantar)

KREYÒL		ESPAÑOL	
Mwen	Chante		
Ou	Chante		
Li	Chante		
Nou	Chante		
Nou	Chante		
Yo	Chante		

12.4 Vèb pini (verbo castigar)

KREYÒL		ESPAÑOL	
Mwen	Pini		
Ou	Pini		
Li	Pini		
Nou	Pini		
Nou	Pini		
Yo	Pini		

12.5 Vèb viv (verbo vivir; residir)

KREYÒL		ESPAÑOL	
Mwen	Viv		
Ou	Viv		
Li	Viv		
Nou	Viv		
Nou	Viv		
Yo	Viv		

12.6 Konjigezon vèb pwonominal (conjugación pronominal):

a) Blese tèt /herirse

KREYÒL	ESPAÑOL
Mwen blese **tèt mwen**	
Ou blese **tèt ou**	

Li blese **tèt li**	
Nou blese **tèt nou**	
Nou blese **tèt nou**	
Yo blese **tèt yo**	

b) Vèb defann tèt /defenderse

Mwen defann tèt mwen	
Ou defann tèt ou	
Li defann tèt li	
Nou defann tèt nou	
Nou defann tèt nou	
Yo defann tèt yo	

12.7 Vwa pasif an kreyòl (la voz pasiva)

Sijè	Pa vrèman genyen vwa pasif an kreyòl. Lang kreyòl la toujou eseye evite itilize fòm pasif la	No hay realmente la voz pasiva en el kreyòl. La misma se evita a menudo.
Mwen	Mele / pran / pri	Estoy tomado, estoy en problema
	Fèt	
	Vann	
	Ekri	
	Etenn	
	Lave	
	Manje	
	Mare	
	Lage	
	Fini	

12.8 Konjigezon afimatif, negatif, entèwogatif e entèwonegatif (afirmativo, negativo, interrogativo e interro-negativo).

KREYÒL	ESPAÑOL
Mwen renmen ou	Te amo
Mwen pa renmen ou	
Eske m renmen ou?	

Demen se lendi	
Demen se pa lendi	
Eske demen se lendi?	
Ou kwè tout moun se moun ?	
Ou pa kwè tout moun se moun ?	
Eske ou kwè tout moun se moun?	
Èske se pa Ednè sa?	
Èske m pat di w pou w pat manje ze jodi a ?	

12.9 Tan ak mod vèb yo (tiempo y modo de los verbos)

Kreyòl

(1) Lang kreyòl la itilize te= pase; ap=prezan; pral (prale, apral)=fiti; ta =kondisyonèl; ava, va, a=kondisyonèl ensèten. An jeneral, yon vèb eksprime:

(2) Yon bagay ki te kòmanse nan tan pase e kap kontinye nan tan prezan: yo se lèt ak sitwon

(3) Yon aksyon ki pase konplètman: yo goumen

(4) Rezilta yon aksyon pase: yo blese

(5) Yon bagay ki kòmanse nan moman prezan e kap kontinye nan tan fiti: lè klòch la sonnen, w a vini

(6) Yon aksyon abityèl: Li mache nan legliz Sentwoz de Lima

(7) Lòd ak kòmannman: pa pale moun mal.

(8) Itilizasyon de plizyè mo: **Lè, pandan, anvan, kon, kou, jous (jouk), tan, tan [ke]**. Egz. Jous kilè wap sispann anmède m?

Español

(1) el kreyòl utiliza te para el pasado; ap para el presente o forma progresiva; pral, prale, apral para el futuro; ta para el condicional; ava, va, a para el condicional lejanos. En general, un verbo expresa:

(2) algo iniciado en el pasado y que continua en el presente: yo se lèt ak sitwon.

(3) una acción pasada completamente: yo goumen

(4) resultado de una acción pasada: yo blese.

(5) algo iniciado que va a continuar en el futuro: lè klòch la sonnen, w a vini

(6) Yon aksyon habitual: Li mache nan legliz Sentwoz de Lima

(7) el orden y el mandamiento: pa pale moun mal.

(8) uso de varias palabras: Lè, pandan, anvan, kon, kou, jous (jouk), tan, tan [ke]. Egz. Jous kilè wap sispann anmède m?

12.10 Tan enperatif (el imperativo)

FÒM ENPERATIF	Forma imperativa
1. **Fòk** mwen te kite peyi m, pou m te kab konprann valè l	
2. **Pinga** nou bliye lave asyèt yo byen lave	
3. **Annou** met tèt nou ansanm	
4. **Kite m** reflechi sou sa	
5. **Lese m** anpè	
6. **Se pou** nou tout obeyi	

12.11 Mòd sibjonktif (Modo subjuntivo)

Kreyòl	Español
1. Si m, si ou, si l, si nou, si ou, si yo (tan prezan)	
2. Si m te, si ou te, si l te, si nou te, si ou te, si yo te (tan pase)	
3. Si m te gen lajan, m t ava l an vakans an Afrik.	
4. Si nan Ginen pa te lwen konsa, mwen t ava ale [fè] chemen mwen.	

12.12 Fòmasyon kèk patisip prezan an kreyòl

Patisip prezan	Participio presente
Kreyòl la itilize kèk patisip prezan vèb franse pou fòme patisip prezan, menm lè òtograf kreyòl la diferan de òtograf franse a. Patisip prezan sa yo kòmanse e fini an " an" Pou endike yon bagay kap fèt oubyen yon aksyon kap dewoule pandan yon lòt ap fèt oubyen yon kondisyon pou yon lòt bagay rive: an manjan, an chantan, an fòjan, an desann, an montan… Nou pa dwe konfonn vèb sa yo ak patisip prezan. Kreyòl la itilize "an" tou pou endike ak ki matyè yon bagay fèt: an akajou, an ò. **Note byen**. Se pa tout mo ki fini an "an" ki se patisip prezan. Ej.: annavan sòlda! Gadavou! (Ready soldier, position ready!)	El kreyòl utiliza el participio presente en "an" de algunos verbos franceses, aún con ortografía francesa diferente. Para indicar algo que se está haciendo, que se está realizando simultáneamente con otra acción, o una condición para que ocurra otra acción: **an manjan, an chantan, an fòjan, an desann, an montan…** Se usa también "an" para indicar con que material algo está hecho: an akajou, an ò, an aliminyòm… **Nota bene: no todas las palabras que se terminan en "an" son participios presentes:** **Ejemplo**: an avan solda! Gadavou!
an montan	
an dizan	
an pasan	
an vinan	
an antran	
an palan	
an manjan	
an sotan	
an atandan	
an fòjan	

12.13 Tab endikatè modal

Pwonon	endikatè tan	Vèb	Español
Mwen (m)	-	Manje	
Mwen (m)	**te**	Manje	
Mwen (m)	**ap**	Manje	
Mwen (m)	**pral**	Manje	

Mwen (m)	ta	Manje	
Mwen (m)	pap	Manje	
Mwen (m)	pa	manje	
Mwen (m)	va	Manje	
Mwen (m)	a	Manje	
Mwen (m)	tap	Manje	
Mwen (m)	sot	Manje	
Mwen (m)	fin	Manje	
Mwen (m)	pat	Manje	
Mwen (m)	pa vle	Manje	
Mwen (m)	ta renmen	Manje	
Mwen (m)	ava	Manje	

12.14 Rekapitilasyon endikatè tan yo (Resumen de los indicadores de tiempos)

Tiempo	Kreyòl		Español
Presente + forma progresiva	s+v s+ap+v	mwen renmen; m ap manje	Te quiero; estoy comiendo
Pasado	s+te+v s+tap+v	Li te ale Jan tap mache	
Futuro	s+pral(e) +v s+a+v s+va+v s+ ava + v	Ou pral nan dlo N a wè demen Yo va kontan N ava wè li	
Condicional	s+ta+v s+ta ka+v s+te ka+v si+a/va/ ava/ka+v lè/lò+a/va/ ava/ka+v	M ta kontan M ta ka travay Yo te ka mache Si gen tan, n a wè Lè nou rankontre, n a fete	
Subjuntivo	Se pou / fò (k) / ilfo	Se pou nou tout mete n dakò	
Imperativo	Ki/Ki/Ann/Ki+V	Kite m trankil	

12.15 Vèb an seri (vèb+vèb)

Vèb kreyòl an seri

Vèb an seri : Lang kreyòl la genyen yon kantite vèb an seri, sa vle di vèb plis vèb. **Soulinye vèb an seri yo e tradui an anglè.**

Mari janbe ale lavil. Li kouri pote pwovizyon bay pitit li Ejeni. Li pwofite chita gade match ki tap fèt ant ekip foutbòl Don Bosko de Petyonvil y Vyolèt. Poutan, de ekip yo pran goumen. La menm, yo voye chache yon gwoup polis espesyal (CIMO). Sa ou tande a, polis debake, yo kòmanse voye baton ak gaz lakrimojèn; tout moun pran kouri adwat agoch; yo kouri moute, yo kouri desann; yo kouri antre, yo kouri soti, nad marinad, tout wout bloke, paske te gen twòp moun nan estad la; yo pran rele anmwe sekou… Se te yon deblozay total kapital. Erezman, pa gen pèn sa sekou, Bondye te delivre Mari. Okenn moun pat mouri. Men, li aprann yon gwo leson: Kouri adwat agoch ka pa mennen okenn kote; konn kouri, konn kache.

Atansyon: Tou depan de kote moun kap pale a ye, itilize pote (mennen) ale ou byen pote (mennen) vini: **pote vini jwenn mwen; mennen vini banmwen; pote ale ba yo; mennen ba yo; pote ba yo.**

Verbos en serie

Hay muchos verbos en serie en el kreyòl, es decir, verbo+verbo. Subraya o anota los verbos en serie en el texto que está a la izquierda.

_____

_____

_____

_____

_____

_____

_____

_____

_____

_____

_____

_____

_____

_____

_____

_____

_____

_____

_____

_____

_____

12.16 Ekspresyon avèk vèb fè / Varias expresiones con el verbo fè

Menm jan ak anpil lòt, vèb fè kapab akonpaye anpil lòt vèb. Nan chak ka, li gen yon sans diferan. Konplete tablo a. Konsilte diksyonè miltileng lan pou ede ou.

NO	EKSPRESYON KREYÒL		FRAZ KREYÒL	ESPAÑOL
1	Fè	wè		Ostentarse
2	Fè	atansyon	Fè atansyon pou ou pa tonbe	Ten cuidado para no caer.
3	Fè	bagay	Fè bagay yo mache; pa fè bagay ak ti fi a.	

4	Fè	bak	Machin nan fè bak pou mwen	
5	Fè	banda	Lawouze fè banda toutan solèy poko leve	
6	Fè	bèl	Timoun nan ap fè bèl; li poko mache	
7	Fè	bèt		
8	Fè	betiz	Pa fè betiz sa a.	
9	Fè	bezwen	Pa fè bezwen ou isit la	
10	Fè	bouch	Li fè bouch timoun nan pou l di li pa la	
11	Fè	chandèl		
12	Fè	chen		
13	Fè	chita		
14	Fè	dapiyanp sou		
15	Fè	disparèt		
16	Fè	enteresan		
17	Fè	esplikasyon		
18	Fè	esprè		
19	Fè	fayit		
20	Fè	fè lasisin		
21	Fè	fèt		
22	Fè	gaz		
23	Fè	jako pyevèt		
24	Fè	je chèch		
25	Fè	jis pri		
26	Fè	ka		
27	Fè	kanpay		
28	Fè	kenken		
29	Fè	klè		
30	Fè	kò piti		
31	Fè	konkirans		
32	Fè	kout kat		
33	Fè	kwa		
34	Fè	kwa sou bouch ou		

35	Fè	labab		
36	Fè	lamayòt		
37	Fè	landjèz/jouda /tripotay		
38	Fè	mal		
39	Fè	malonèt		
40	Fè	mikalaw		
41	Fè	move san		
42	Fè	pa		
43	Fè	pri		
44	Fè	sanblan		
45	Fè	sonje		
46	Fè	tenten		
47	Fè	tèt di		
48	Fè	ti bouch		
49	Fè	tolalito		
50	Fè	van		
51	Fè	vizit de lye		
52	Fè	vit		
53	Fè	wòl		
54	Fè	yon ti rive		
55	Fè	gras		

K	L	E	P		
K	R	E	Y	O	L

EGZESIS~DEVWA / ASSIGNMENT

Saktefèt (revizyon)?

Sakafèt (pwogram)?

Sakpralfèt (pwojè)?

A. Egzèsis ak devwa pou revizyon, refleksyon ou diskisyon.

KREYÒL	Español
1. Konpare konjigezon yon vèb an kreyòl ak yon vèb an espanyòl. Eske se diferan?	
2. Eske konjigezon vèb pwonominal an kreyòl e an panyòl diferan?	
3. Kijan tan ak mòd yo fòme an kreyòl?	
4. Site kèk vèb kreyòl an seri.	
5. Kijan mod enperatif ak mod sibjonktif fòme an kreyòl.	

B. Ann ekri. Entèprete fraz sa yo. Traduzca al español

1. Desoti ou sou mwen. _____
2. Kay la byen dekore. _____
3. M pa merite delage lasèt soulye l. _____
4. Pa dekriye m devan moun. _____
5. Maladi a dekwontwole l. _____
6. Lè ou fin pase, deploge fè a souple. _____
7. Depate fig la. _____
8. Maladi a depafini l nèt. _____
9. Si ou pran poul nan egzamen an, ou diskalifye pou yon diplòm. _____
10. Map rapousib ou devan lajistis pou kalomni. _____

C. Ann ekri. Obsève e konplete e li enfòmasyon ki nan tablo a:

Kreyòl	Español
m te manje _____	
map manje _____	
m pral manje _____	
m ta manje _____	
m pap manje _____	
m pa manje _____	
m va manje_____	
m a manje _____	
m ava manje_____	
m tap manje_____	
m sot manje _____	
m fenk fin manje _____	
m tèlman grangou, m ta manje yon bèf ak tout kòn. Si m te gen lajan, m ta ale nan lalin. Si m pat fatige, m t a ale avè ou. Ala m pa gen anyen pou m ba ou, m a priye avè ou, zanmi mwen.	

D. Ann ekri. Konplete tab la

SUBJECT	MANJE	SU ORACIÓN
M	-	
M	Te	
M	Ap	
M	Pral	
M	Ta	
M	Pap	
M	Pa	
M	Va	
M	A	
M	Ava	
M	Tap	
M	Sot	
M	Fin	
M	Pat	
M	Pa vle	
M	Ta renmen	

Ann reflechi: Moun ki gen tout bagay se yon rich; moun ki pa gen anyen ditou se yon pòv. Men, rich ak pòv egal ego devan lanmò. Sa vle di: byen latè pa dire.

1. Avantay kòk se nan zepwon l; avantaj pa m se nan Bondye.
2. Ou di l pa la ankò ; ki kote l ye kounye a ?
3. Se te nan Jeriko, te g on nonm yo te rele Zache. Li pat genyen otè, men li te gen anpil lajan.

	Jwaye nwèl	
Merry Christmas	Feliz Navidad	Joyeux Noël
Buon Natale	Feliz Natal	Frohe Weihnachten

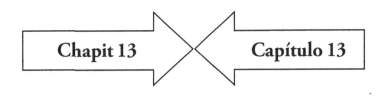

13. PREPOZISYON (Preposición)

13.1 Lis prepozisyon yo / Lista de las preposiciones

NO	KREYÒL	ESPAÑOL	EGZANP
1	A	A	Voy a comer al Restaurante' Haiti Gourmets'
2	A travè, pandan	A través de, mientras	
3	Abò	A bordo	
4	Ak	Con	
5	Akòz	A causa de	
6	An	En	
7	An depi de	A pesar de	
8	An plis (anplis)	Además	
9	Anba	Abajo	
10	Andedan	Adentro	
11	Anlè	Arriba	
12	Annavan	Adelante	
13	Anplis	Además	
14	Anti	Contra	
15	Anvè	Hacia	
16	Apre	Después	
17	Atravè	A través	
18	Avan, anvan	Ante	
19	Dapre	Según	
20	De	De	
21	Depi	Desde	
22	Devan	Delante	
23	Dèyè	Detrás	
24	Deyò	Fuera	
25	Diferan de	Diferente de	

26	Diran	Durante	
27	Eksepte	Salvo, excepto	
28	Gras a	Gracias a	
29	Jiska	Hasta	
30	Kanta	En cuanto a	
31	[Ke]	Que	
32	Kòm	Como	
33	Konsènan	Concerniente	
34	Kont	Contra	
35	Lakay	En casa de	
36	Lè n konsidere	Considerando	
37	Lwen	Lejos	
38	Malgre	A pesar de	
39	Men	Aquí	
40	Mwens	Menos	
41	Nan (lan)	En, dentro	
42	O mwayen de	Mediante	
43	Olye	En vez de	
44	Omilye, ant	Entre	
45	Opoze	Opuesto	
46	Otou	Alrededor	
47	Pa, o mwayen de	Por, mediante	
48	Pami	Entre	
49	Pandan, diran	Mientras, durante	
50	Pase	Pasado	
51	Paske	Porque	
52	Pi lwen	Más adelante	
53	Plis	Más	
54	Pou	Por, para	
55	Pou sa k konsène	Por lo que me concierne	
56	Pou tèt sa	Por eso	
57	Pre	Cerca	
58	San	Sin	
59	Sòf, eksepte	Salvo, excepto	
60	Sou	Sobre	

61	Vè	Hacia	
62	Suivan	Según	
63	Toutolon	Alrededor de	
64	Vizaviz	Vis-à-vis	
65	Jouska (jiska)	Hasta	
66	Anwo	Arriba	

K	L	E	P		
K	R	E	Y	O	L

EGZESIS~DEVWA / ASSIGNMENT

Saktefèt (revizyon)?

Sakafèt (pwogram)?

Sakpralfèt (pwojè)?

A. Egzèsis ak devwa pou revizyon, refleksyon ou diskisyon.

KREYÒL	Categorías (Español)
1. Fè yon lis de uit prepozisyon e klase yo an de ranje mo opoze. Egz. Anwo ~ anba 2. Fè yon lis de uit prepozisyon e klase yo an de kategori de mo sinonim.	

B. Ann diskite:

Annavan sòlda yo, nou pral nan lagè. Mete drapo Jezi jous nan premye ran.

1. Depi nan ginen, nèg rayi nèg.
2. Dèyè mòn gen mòn.
3. Anlè a pa deyò a.
4. Pa mete rad ou devan dèyè.
5. Gras a Dye, malad la refè.
6. Anvan lè se pa lè, apre lè se poko lè; lè se lè.
7. Pa prese chante kanta mwa.

C. Ann ekri

Konplete ak prepozisyon ki konvenab:

1. Vini pi (pli) _____ m.
2. Ale pi (pli) _____
3. Plim nan _____ valiz la.
4. Chèz la _____ biwo a.
5. _____ ou m pa ka viv
6. Se pou volonte ou fèt ____ tè a tankoun ____ syèl la.
7. _____ diri, ti wòch goute grès.
8. Wap vote pou ou ____

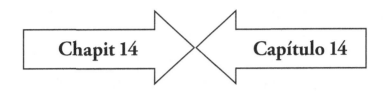

| Chapit 14 | Capítulo 14 |

14. KONJONKSYON (Conjunción)

14.1 Konjonksyon de kowòdinasyon (conjunción de coordinación): Men, kote, donk, e, ka ni, ò

14.2 Konjonksyon de sibòdinasyon (Conjunción de subordinación).

KREYÒL	ESPAÑOL	ORACIONES
A kòz	A causa de	A kòz ou pa vini, m oblije travay pou kont mwen.
A mwens [ke]	A menos que	
Anvan	Antes	
Apre	Después	
Depi	Desde	
Kan	Cuando	
[Ke]	Que	
Kòm (kon)	Como	
Kòm si	Como si fuera	
Kou, kon	Como	
Lòske	Cuando	
Malgre	A pesar de	
Menm si	Aunque	
Pandan	Mientras	
Pase pou	En vez de	
Paske	Porque	
Pou m kap	Para que yo pueda	
Puiske	Ya que	
Si	Si	
Sòf si	Salvo que	
Tandis ke	Mientras	

14.3 Konjonksyon korelatif (Conjunción de correlación)

Ambos, sendas…: toulede; **sea…sea**: yonn ou lòt; **ni…ni**: ni yonn ni lòt; **no solo…pero también**: non sèlman, men ankò; **si acaso**:sizoka; **asi**…:konsa.

K	L	E	P		
K	R	E	Y	O	L

EGZESIS~DEVWA / ASSIGNMENT

Saktefèt (revizyon)?

Sakafèt (pwogram)?

Sakpralfèt (pwojè)?

A. Egzèsis ak devwa pou revizyon, refleksyon ou diskisyon.

Tradui an espanyòl: si m te... m ta	Traduzca al español (no palabra por palabra)
Moun toujou di, ak yon "si" ou kapab mete tout lavil Pari nan yon boutèy. Lè nou itilize si, kondisyon an kapab reyèl oubyen ipotetik. Si ou vini, m a ba ou yon kado. Si ou vini, w a wè. Si ou te konnen toujou dèyè; si m te gen lajan, m t ava achte yon chato. Si m te milyonè, m ta ede malere. Si m te manje manje a, m ta lopital jodi a.	

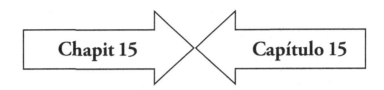

Chapit 15 ⨉ Capítulo 15

15. Advèb (Adverbio)

Yon advèb se yon mo ki chanje oubyen modifye siyifikasyon yon vèb, yon adjektif, yon lòt advèb, yon gwoup mo oubyen tout yon fraz ki reponn kesyon: kòman, ki fason, ki lè e nan ki degre. (http://en.wikipedia.org/wiki/Adverb).

15.1 Advèb de tan (adverbio de tiempo)

KREYÒL	ESPAÑOL	ORACIÓN
Alè	A tiempo	Se pou w vini alè
Alèkile	En estos tiempos, hoy en día	
Alò, atò	Entonces	
Ankò	Aún	
Avan yè	Anteayer	
Ayè	Ayer	
Davans	De antemano	
Denmen	Mañana	
Jodi a	Hoy	
Kounye a (koulye a)	Ahora	
Lè	Cuando	
Souvan	A menudo	
Toujou	Siempre	
Tousuit	En seguida	
Toutalè	Ahorita	
Toutan	Todo el tiempo, siempre	

15.2 Advèb de manyè (adverbio de manera)

KREYÒL	ESPAÑOL	FRAZ AN KREYÒL
Kareman	Sin rodeo	
Byen	Bien	
Dousman	Suavemente	

Mal	Mal	
San bui san kont	Sin ruido, sin problema	
San chante kont	Sin decir tal vez	
San di petèt	Sin decir quizás	
San zatann	De repente	
Senpleman	Simplemente	
Ti pa ti pa	Poco a poco	
Vit	Rápido	

15.3 Advèb de kantite (adverbio de cantidad)

KREYÒL	ESPAÑOL	FRAZ AN KREYÒL
Anpil	Mucho	
Antyèman	Totalmente, enteramente	
Anyen	Nada	
Ase	Bastante	
Enpe	Un poco	
Konplètman	Completamente	
Mwatye	Mitad	
Mwens	Menos	
Nanpwen	No hay	
Pi (plis)	Más	
Piti	Poco	
Sèl	Sólo	
Tou, tout	Todo	
Trè	Muy	
Trò (p); twò (p)	Demasiado	
Yon sèl fwa	Una sola vez	
Yon katafal, yon dal (yon dividal)	Mucho, muchísimo	
Yon kokenn chenn…	Enorme	

15.4 Advèb de lye (adverbio de lugar)

KREYÒL	ESPAÑOL	FRAZ AN KREYÒL
Anba	Abajo	
Andedan (anndan)	Adentro	

Anro (anwo), anlè	Arriba, encima	
Atè	En el suelo	
Bò	Al borde	
Devan	Ante, al frente	
Dèyè	Detrás	
Isi (t)	Aquí	
Kote	Lado, donde	
La, laba	Allá	
Ladan (n)	En, dentro	
Lakay	En casa de	
Lwen	Lejos	
Nan mitan	En el medio	
Pre	Cerca	
Toupatou	Por todos .lados	
Toutotou	Alrededor	

15.5 Advèb de degre (adverbio de grados)

KREYÒL	ESPAÑOL	FRAZ AN KREYÒL
An antye	Totalmente	
Anpil	Mucho	
Enpe	Un poco	
Konplètman	Completamente	
Pezape, piti piti, lit lit	Poco a poco	
Tout	Todo	

15.6 Advèb de afimasyon oubyen dout (adverbio de afirmación o de deuda)

KREYÒL	ESPANOL	FRAZ AN KREYÒL
Asireman	Seguramente	
Janm (en)	Jamás	
Kanmenm	Comoquiera	
Non	No	
Petèt	Tal vez	
San mank	Sin falta	
Wi	Si	

15.7 Advèb de frekans (adverbio de frecuencia)

KREYÒL	ESPAÑOL	FRAZ AN KREYÒL
Pa...ankò, poko	Todavía	
San rete	Continuamente	
Sansès	Incesantemente	
Souvan	A menudo	
Toujou	Siempre	
Toutan	Todo el tiempo	
Yon sèl fwa	Una sola vez	
Yon fwa	Una vez	

15.8 Advèb de rezilta (adverbio de resultado): konsa (asi), pa konsekan (por consiguiente).[1]

15.9 Fòm espesyal advèb yo (formas especiales de los adverbios)

KREYÒL	ESPAÑOL
Byen, pi bon, miyò	Bien, mejor
Move, pi move	Malo, peor
Rapid, pi rapid, trè rapid	Rápido, más rápido, muy rápido, rapidísimo

15.10 Ekspresyon tan (expresiones de tiempo)

NO	KREYÒL (50)	ESPAÑOL	FRAZ AN KREYÒL
1	A lè	A tiempo	
2	Ale ou laba!	Vete por…	
3	Alob (gran maten)	Temprano por la mañana	
4	An avans	De antemano	
5	An reta	Tarde, atrasado	
6	Anyèl	Anual	
7	Apredemen	Pasado mañana	
8	Apremidi	Por la tarde	

---

[1] En Creole, hay varias palabras expletivas: **Non, wi, tande, en, o, la, papa; ti papa; ti pap; flannè, kouzen…. Las mismas se colocan al final de una oración y no se traducen realmente. Su función es de refuerzo de la opinión.** Ex. M pa konprann non: No entiendo); m tande wi (escucho); ti gason, ale lakay ou tande! Varoncito, vete por tu casa ahora!). Mezanmi o! (Dios mio!); Bondye o (Dios mio!)? ki koze en? (Que cosa!). Sa m tande la en? (Que oigo yo?)

9	Avanyè	Anteayer	
10	Ayè	Ayer	
11	Chak de jou	Cada dos días	
12	Chak jou, tout jou yo	Cada día, todos los días	
13	Chak semèn	Cada semana	
14	Demen	Mañana	
15	Depi	Desde	
16	Genyen, sa fè	Hay, hace	
17	Inè	La una	
18	Jodi a	Hoy	
19	Jou avan an	El día antes	
20	Jou suivan an	El día siguiente	
21	Kounyea	Ahora	
22	Krepiskil	A la puesta del sol	
23	Lannuit	Por la noche	
24	Lavi chè a pa kite moun viv alèz.	La vida cara no nos deja vivir en paz	
25	Lè solèy kouche	A la puesta del sol	
26	Lè solèy leve	Cuando se levante el sol	
27	Lematen	Por la mañana	
28	Mansyèl, chak mwa	Mensual, cada mes	
29	Midi	Mediodía	
30	Minui	Medianoche	
31	Nan epòk la	En la época	
32	Nan yon semèn	Dentro dc una semana	
33	Nan yon ti moman	En un momento	
34	Nap lite sanpransouf	Lucharemos hasta al final	
35	**Nap viv nan** chenmanjechen	Estamos viviendo en la división	
36	Pwochen semèn nan	La semana próxima (o siguiente)	
37	Semèn pase	La semana pasada	
38	Semèn pwochèn	La semana próxima	
39	Swa	Noche	
40	Titalè	Ahorita, más tardecito	

41	Tousuit	En seguida	
42	Tout semèn yo	Todas las semanas	
43	Yon ane	Un año	
44	Yon deseni	Un decenio	
45	Yon fwa	Una vez	
46	Yon fwa pa semèn	Una vez a la semana	
47	Yon jou, yon jounen	Un día	
48	Yon milenyòm	Un milenio	
49	Yon minit	Un minute	
50	Yon mwa	Un mes	
51	Yon segond	Un segundo	
52	Yon semen	Una semana	
53	Yon syèk	Un siglo	
54	Yon ti tan apre	Un tiempito después	

K	L	E	P		
K	R	E	Y	O	L

EGZESIS~DEVWA / ASSIGNMENT

Saktefèt (revizyon)?

Sakafèt (pwogram)?

Sakpralfèt (pwojè)?

A. Egzèsis ak devwa pou revizyon, refleksyon ou diskisyon.

Idantifye advèb ki nan fraz sa yo oubyen konplete espas yo ak advèb.

1. Alèkile atò, tout moun ap di m gen chans.
2. Avanyè se te dimanch, jodi a se lendi ; demen va madi ; apredemen ap mèkredi; rès jou nan semèn nan se: jedi, vandredi ak samdi.
3. Mèsi davans; jodi a se pou mwen, demen se pou ou.
4. Kounye a, ann pale fran.
5. Di m _____ sa k te pase.
6. pale _____ pou m kap koprann.
7. Mete atè _____ _____
8. _____ _____ li pran kriye.
9. _____ _____ zwazo fè nich.
10. Mache _____ magazen an pral fèmen.
11. Medizan mal palan pa kite l viv _____.
12. _____ moun pa konnen sa sa ye renmen.
13. _____ pa di map rete pòv.
14. _____ ou pale, plis ou saj.
15. Pitit mwen, konbyen fwa pou kichòy fè ? _____
16. De pa _____
17. _____ pale sou mwen; do m long li laj.
18. _____ kote ki gen dl ak sèl moun pa viv.
19. _____, nap avanse.
20. Nou vle fini travay la _____
21. Banm enpe dlo, souple.
22. De se _____, twa se peche
23. Ou pa bezwen pè, map vini _____.
24. Wi, se ou k iwa tout bon.
25. Li aksepte kondisyon an san di _____.
26. Wi pa monte mòn, men _____ pa konpwomèt (angaje) pèsonn.
27. Monchè, pa _____ fè m sa ankò.
28. Nap travay _____

29. Timoun nan p kriye _____.

30. Toutan gentan nap toujou lite pou n viv.

31. Yo toujou di : pèp ayisyen _____pare pou demokrasi

32. Mont ou an _____

33. _____ Bondye mete, nap lite pou n pèfeksyone tèt nou.

34. Nap tavay pou _____ vin pi bèl.

35. _____, nou pran yon bon beny avan n dejene.

36. Depi _____ jiskake l kouche, gade moun ki chita ; kòman fè se nou sèl ki debou (kanpe)?

37. Lajounen kou _____ nap redi.

38. Nan yon ti moman, nou pap wè m ankò.

39. N a wè Bondye _____

40. _____ pou Bondye se tankou yon jou pou nou.

41. _____ m te ale Disni Wòl.

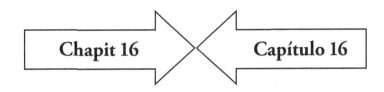

Chapit 16 / Capítulo 16

16. Entèjeksyon (interjección)

Entèjeksyon se yon ti eksklamasyon ki sou fòm yonn ou plizyè mo, tankou: Ay Bondye! Woy! Interjección es una o varias palabras que expresan un suspiro, un deseo o una exclamación tales como: Caramba! Dios mio!

16.1 Lis entèjeksyon / lista de interjecciones

	KREYÒL	ESPAÑOL	FRAZ AN KREYÒL
1	A la / a la yon / a lon!	¡Qué !	
2	A la traka!	¡Qué problema!	
3	A!	¡Ah!	
4	Aba!	¡Abajo!	
5	Alo!	¡Hola!	
6	Anmwe (sekou)!	¡Socorro!	
7	Annavan!	¡Listo!	
8	Anverite!	¡De verdad!	
9	Avi!	¡Vitalicio!	
10	Ay Bondye!	¡Dios mío!	
11	Ayayay!	¡Dios mío	
12	Bon!	¡Bueno!	
13	Bondye padone m!	¡Dios me perdona!	
14	Bravo!	¡Bravo!, ¡felicidades!	
15	Byen!	¡Bien!	
16	Chè!	¡Querido!, ¡Cariño!	
17	E!	¡Bueno!	
18	Elas!	¡Desgraciadamente!	
19	En!	¡Qué!, ¡Cómo!, ¡Verdad!	
20	Fout!	¡Caramba!	
21	Fout tonnè	¡Caramba!	
22	Jou a la!	¡Llegará el día!	

23	Jou va jou vyen!	¡Un día va y otro viene!	
24	Komanman!	¡Caramba!	
25	Koumatiboulout!	¡Caramba!	
26	Lapè!	¡Paz!	
27	M ale!	¡Me voy!	
28	M pa tande non!	¡No oigo!	
29	Mezanmi!	¡Amigo mio!, ¡Dios mio!	
30	Mm!	¡Bueno!	
31	O!	¡Oh!	
32	Oke!	¡Ok	
33	Pinga!	¡Ten cuidado!	
34	Rete!	¡Qué!	
35	Tande!	¡Oyó!	
36	Tonnè (fout)	¡Caramba!	
37	Tonnè de Dye!	¡Caramba!	
38	Tonnè kraze m!	¡Que un trueno me reduzca en cenizas!	
39	Wi fout!	¡Wow!	
40	Wipip!	¡Wow!	
41	Wololoy!	¡Mmm!	
42	Wouch!	¡Wow!	
43	Woy fout (tonnè)!	¡Dios mío!	
44	Woy! (wouy!)	¡Dios mío!	

K	L	E	P		
K	R	E	Y	O	L

EGZESIS~DEVWA / ASSIGNMENT

Saktefèt (revizyon)?

Sakafèt (pwogram)?

Sakpralfèt (pwojè)?

A. Ranplase tirè a ak yon mo ki konplete sans fraz la

1. _____ okenn moun pa konnen kilè nap mouri, nou tout dwe prepare pou lanmò.
2. _____ nou viv ajenou, nou pito mouri kanpe.
3. _____ je pran kou, nen kouri dlo.
4. _____ nou pa ta kapab, nou asire ou nap la demen.
5. _____ tout sa ou fè m, m toujou rete zanmi ou.
6. _____ ou pat konprann anyen ditou.
7. _____ ou ede tèt ou, map ede ou.
8. _____ se ou menm sèl ki sèl kòk chante isit la, m oblije obeyi.
9. _____ nou di sa, m pa fin kwè nou nèt.
10. _____ dans, tanbou lou.

B. Konplete avèk mo ki kòrèk

1. _____ mezanmi pou lave kay tè!
2. _____ !Ki sa pou m fè kounye a!
3. _____ _____ si nou pa ne nan dlo ak nan lespri, nou pap antre nan wayom Bondye a.
4. _____, gade sa yo fè m non !
5. _____ sòlda, nou pral nan lagè
6. _____, se li ki pran bekàn nan.
7. _____, ou byen fè!
8. _____, kòman ou ye?
9. _____ pou lave kay tè!
10. _____, me yo vle asasinen m
11. _____, m pap fout kite sa.
12. _____, gad on bèl zaboka!
13. _____, gade ki jan m tonbe!
14. _____, ayibobo pou li.
15. _____, m pa la papa!
16. _____, map vini demen.
17. _____, ala bon sa bon.
18. Ti gason, koute papa ou _____!

19. _____ pou nou tout !

20. Ki nouvèl sa ? _____

C. Twouve ekivalan mo oubyen ekspresyon sa yo

1. Ala traka papa!
2. M sezi!
3. O Bondye!
4. Mezanmi!
5. Elas Papa Bondye!
6. Ayayay!
7. Apali papa!
8. Wololoy!
9. Se pa jwèt!
10. M! m! m!

D. Ann diskite. Rèl oubyen jès zannimo (gritos de los animales: Como gritan los animales?)

ANIMAL	Español	Inglés	Francés
Chen	Ladrar	To bark	Aboyer
Chat			
Kòk			
Kodenn			
Bèf			
Zwazo			
Kochon			
Bourik			

E. ANONS. Èske ou konprann anons sa yo. Kòmante.

a)

Amitye, banm on lage non!

Kòman, si pa gen wout ki fèt anpant nan Pòtoprens bogota pap stat?

b) Yon espòt (piblisite) nan radyo te di konsa: Mezanmi! Gad eta twou yo! (Ertha P. Trouillot te prezidan nan lè sa an Ayiti)

c)

Yon anplwaye leta: Yon lòt sitwayen konsekan:

Gaz leta, machin
leta, lajan, leta…
Ayayay! Se sa nèt.

Amitye, èske ou rele leta?

d)

Tout sa ou awè la a,
se pou nou (P.N.)

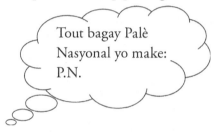

Yon prezidan ki tap pran egzil te di:

Tout bagay Palè
Nasyonal yo make:
P.N.

e) Yon espòt radyo nasyonal lontan: Radyo Nasyonal se pa m, se pa w, se pou nou tout.

Devan bè maryàn,
tout lòt bè yo rete
bèbè!

… An! Nou pa konn
CAM? Nap konn jòj!

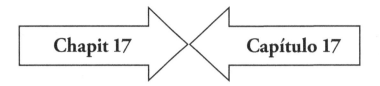

Dyalèk kreyòl / Dialectos del kreyòl

17.1 Varyasyon oubyen dyalèk kreyòl / Variación o dialectos del kreyòl

Tankou sa fèt nan tout lang, kreyòl pa pale menm jan nan tout rakwen peyi d Ayiti. Nou kapab note diferans lan si nou fè yon vwayaj touristik entèn nan nò, nan sant, nan lwès ak nan sid peyi a. Si nou fè yon envestigasyon tou ak plizyè moun ki soti diferan kote nan peyi a, n a wè sa. N a remake tou se nan lwès kote kapital Pòtoprens chita nou ka jwenn yon melanj tout diferans sa yo, tout dyalèk sa yo ki pale nan diferan zòn an Ayiti. Pa egzanp, nan pati sid peyi a, se pwononsyasyon lèt H aspire (trè fò) olye de lèt R ki fè diferans lan. Lòt karakteristik moun nan sid ankò se nan plizyè lòt fason yo pale tankou lè yap di: <u>M pe</u>, tandiske nan rès peyi a, moun yo di : <u>M kapab</u>. Yon moun nan sid kapab di: depi m maten m pe travay di, menm m pa pe manje (Estoy trabajando duro desde esta mañana, pero no puedo comer). Nou pa pale isit la de sistèm lengwistik jèn yo te konn envante tankou **bolit ak jagon.**

Si nan menm peyi d Ayiti nou jwenn diferans sa yo, ale wè pou lang kreyòl ki pale nan lòt peyi. Nou kapab jwenn diferans yo tou ant lang kreyòl la ak lòt lang tankou panyòl ak angle. Pa egzanp, an Ayiti anpil moun rele Toto; nou jwenn anpil bank bòlèt ki rele "Chez Toto". Poutan, an Dominikani, peyi vwazen an, toto se yon move mo. Jan moun La Dominik di lè yo wè de machin fè aksidan (yo di yo wè de machin ap konyen), se pa konsa ayisyen di lè yo wè menm fenomèn nan. Yon gason pou yon ayisyen se yon boug pou kèk moun Senmaten, tandiske an Ayiti, boug gen yon sans pejoratif de move chèf. Lè yon moun La Dominik di lap kriye yon timoun, yon ayisyen di lap rele yon timoun (llamar; no gritar). Konsa, nou kapab jwenn anpil diferans ant lang yo. Ann chèche konnen nan ki zòn peyi d Ayiti yo itilize mo sa yo: Bokit, kin; kannistè, mamit; chache, chèche. Kontinye chèche lòt mo ankò.

Escriba un resumen del texto que se encuentra a la izquierda.

_____

_____

_____

_____

_____

_____

_____

_____

_____

_____

_____

_____

_____

_____

_____

_____

_____

_____

_____

_____

_____

_____

17.2 Diferan jan moun yo pale nan peyi a nan tablo ki pi ba a:

NAN SID	NAN NÒ	NAN SANT	ESPAÑOL
An ho	Anwo	Anwo	
M pe	M kapab	M kapab	
Kwoke	Pann	Pandye	
Pa m	Kinan m	Kinan m	
Kay mwen	Kay anm	Kay mwen	
Lan	Nan	Nan	
Lakay mwen	Lakay anm	Lakay mwen, chiman m	

17.3 Anòmali an kreyòl

Kreyòl I	Kreyòl II	Español
Ake	Avèk	
Amen / alelouya	Ayibobo	
Bliye	Bilye	
Bodmè	Bòdemè	
Bra	Bwa	
Bri	Bwi, bui	
Chache / bouske	Chèche	
Chen	Chyen	
Chonje	Sonje	
Disèl	Sèl	
Dou	Dous	
Efò	Jefò	
Fache	Move	
File	Koze; pale ak	
Gadinaj	Gadinay	
Gonbo	Kalalou	
Gwayav	Gouyab	
Jòmou	Joumou	
Jwa	Jwè	
Kacheman	Kachiman	
Kachimbo	Pip	

Kana	Kanna	
Kannistè	Mamit	
Kawo	Fè [a repase]	
Kin	Bokit	
Kòkòtò	Chich	
Konbe	Konbyen	
Kouyi	Keyi	
Manmzèl	Madmwazèl	
Moute	Monte	
Nan	Lan	
Onè respè	Chapo ba	
Out	Dawou	
Pa	Kina / kinan	
Pann (pandye)	Kwoke	
Pannad	Soup pen	
Pitan m	Pitit mwen	
Rad a ou/ rad a w	Ra ou a	
Souye	Siye	
Vit	Rapid, trapde, san pèdi tan; nan yon bat je…	

17.4 Kreyòl dyaspora ayisyen an. Kisa ou konprann nan transfè langagj sa a? Konplete tablo a

Palabra deformada	Palabra original	Kreyòl	Oración
Kwata			
Awa			
Pipo			
Chefwe			
Amo			
Enpwouve	Improve (inglés)	Amelyore	M vle amelyore sitiyasyon mwen
Choulèt	Chuleta (español)		

204

17.5 Nyans ki genyen ant kreyòl pale ak kreyòl ekri

TEKS NOMAL	SA PEP LA DI	kòmante ou
Mwen pral nan jaden	M pral nan jaden	
Di mwen ki kote ou prale la!	Di m kot ou pral la!	
Mwen pa konnen sa li prale di mwen	M pa konn sa l pral di m	
Mwen pa fouti di li koze sa a	M pa fouti di l koze sa	
Annou di li ki kote li ye	Ann di l [ki] kote l ye	
Zòye pa li a pi bèl pase pa mwen an	Zòye pa l la pi bèl pase pa m nan	
Bwòs li a fini, men li toujou ape sèvi avè li	Bwòs li a fini, men l toujwapsèvi avè l	
Li renmen pa moun men li pa ape bay moun anyen	Li renmen pa moun men l pap bay moun anyen	
Ou fè sa ou vle avèk pope rebeka sa a	Ou fè sa w vle ak pope Rebeka sa a	
Kòman ou fè rive la?	Kòm on fè rive la?	
Kòman ou fè panse konsa?	Kòm on fè panse konsa?	
Jan ou di li a pa bon	J on di l la pa bon	
Pouki sa ou rete chita nan estasyon machin nan konsa?	Pouki sò ret chita nan estasyon machin nan konsa?	
Depi maten, mwen pa bwè, mwen pa manje	Depi m maten, m pa bwè, m pa manje	
Se kan ou pran ou konnen	Se kon pran w konnen	
Si ou pa genyen parapli, ou pa kapab soti nan lapli a	Si w pa gen parapli, ou pa ka sot nan lapli a	
Si ou pa gen kodak, ou pa kapab fè foto	Sou pa gen kodak, ou pa kab (kap o ka) fè foto	
Jan ou fè kabann ou, se jan ou kouche	Jon fè kabann ou, se jon kouche	
Kijan ou kwè sa li di ou la?	Ki jon kwè sa l dou (di w) la?	
Mwen pa konnen pouki sa yo ap plede nui mwen konsa	M pa konn pouki sa yap plede nui m konsa	
Mwen pa konnen pouki sa lapli pa tonbe	M pa konn pouki sa lapli pa tonbe	
Li pa te isit, li te ape viv an Frans	Li pat isit, li tap viv an Frans	

Mwen konnen pouki sa ou pa di mwen bonjou a	M konn pouki w pa di m bonjou a	
Ou a sezi wè li	Wa sezi wè l	
Fò nou di Bondye mèsi pou tout sa li fè pou nou	Fò n di Bondye mèsi pou tout sa l fè pou nou	

17.6 Efemis (ann di l yon lòt jan)

Efemis	Eufemismo
Anpil fwa, ayisyen pale an daki, an pwovèb, an pwen. Yo konn di lap fè mawonnay. Men gen kèk fwa tou, se efemis li itilize.

Gen twa fason yon moun kapab di yon bagay, menm lè l anplwaye yon sèl mo: (1) li ka itilize mo a nan yo sans poli (efemis oubyen bon mo); (2) nan yon sans ki net (ki pa ni bon, ni move) ou (3) nan yon move mo (disfemis). Men kèk egzanp sou twa kalite siyifikasyon yon mo: | Muchas veces, los haitianos hablan de manera indirecta o en proverbio. Se dice que está practicando el rodeo. Pero, muchas veces, la gente utiliza eufemismo.

Uno puede utilizar la palabra (1) en un sentido cortés (eufemismo); en un sentido neutro (no bueno, no malo) o (3) en un sentido desagradable (disfemismo). A continuación está la tabla con varios ejemplos. |

17.6.1 Egzanp de efemis

Disfemism	Net	Efemis	Español (eufemismo)	Mo ou ekspresyon kreyòl
Prick	Penis	Genitals	Pene	
Take a shit	Go to the bathroom	Defecate	Ir al baño	
Stingy	Careful	Thrifty	Económico, tacaño	
Terrorist	Rebel	Freedom fighter	Oponente	
Pigheaded	Stubborn	Firm	Firme, sólido	
Slut, tramp	Promiscuous (person)	Playboy, ladykiller, Don Juan	Mujeriego, andariego	

K	L	E	P		
K	R	E	Y	O	L

EGZESIS~DEVWA / ASSIGNMENT

Saktefèt (revizyon)?
Sakafèt (pwogram)?
Sakpralfèt (pwojè)?

A. Egzèsis ak devwa pou revizyon, refleksyon ou diskisyon.

KREYÒL	Español
1. Ki lòt jan nou kapab di mo ak ekspresyon sa yo: ale nan twalèt, li nan prizon; yon peyi pòv, mansonj, fo dan, bayakou, mandyan. 2. Pwolonje lis la e diskite.	1. De que otra manera uno puede decir estas palabras y expresiones: ale nan twalèt, li nan prizon; yon peyi pòv, mansonj, fo dan, bayakou, mandyan. 2. Continua con la lista

B. Ann kòmante e tradui. Las palabras en las columnas I y II son sinónimos, pero hay una diferencia entre ellas. Traduzca, comente y siga con la lista.

MO I	MO II	KREYÒL / ESPAÑOL
Prizon	Mezon de koreksyon	
Kay pou moun ki pwatrinè	Sanatoryòm	
Fatige	Pa enterese	
Pòv	Pa gen anpil lajan	
Teworis	Sou devlope	
Revoke	Defansè dwa moun	
Retrèt	Abandon de pòs	
Sekretè	Anplwaye egzekitif	
Mouri	Desede, ale, kite nou; zo l pa bon pou fè bouton, pa nan moun ankò…	

Tradiksyon kreyòl-espanyòl / traducción kreyòl-español

18. Teknik pou tradiksyon kreyòl

NO	ESPAÑOL	KREYÒL
1	Poner al día, corregir	Mete a jou, korije
2	Desde el principio, a todo momento	Depi okòmansman, tout moman, toutan
3		Ranpli kondisyon yo, rezoud pwoblèm nan
4		Nan meyè (pi bon) pozisyon
5		Ne, akouche, nesans
6		Rezève yon abitasyon
7		Pran e note yon kòmand pou livrezon
8		Mete nan boutèy
9		Mete an koz
10		Mete nan bwat, ridikilize
11		Mete fon kapital
12		Tou òlòj la
13		Etabli kondisyon
14		Èd kuizin
15		Devlope, met an vale
16		Bon jan kanal kominikasyon
17		Aplike /aplikasyon
18		Mete an relyèf ; mete aksan sou
19		Papye filtè a
20		Fè demann fòmèl
21		Pwogram asirans pa gwoup
22		Egzekisyon, enplemante, aplike
23		Akizasyon
24		Mete en je, angaje
25		Pri lis la
26		Resepsyon ond long

27		Sanzatann
28		Nan okenn sikonstans
29		Mete anlè (radyo); nan lè
30		Mete an sèn; ouvè rido
31		An mouvman, aktif
32		Sanzatann
33		An disgras, pèdi prestij, pèdi pouvwa
34		Kuizinye nan kuizin frèt la
35		Filtè papye
36		Pake, gare (yon machin)
37		Mete nan plàn, plane
38		Mete nan sèkèy
39		Mete anba envestigasyon
40		Fè kado
41		Lis pri a
42		Pwogram patisipasyon benefis
43		Pratike
44		Mete an sèvis. Bis lap nan sèvis jouka….
45		Etabli pri
46		Mete sou pye
47		Mete an mach, kòmanse
48		Anplwaye depo
49		Kann a sik
50		Kwè
51		Sispann, elimine
52		Vizite, solisite
53		Entèronp (entèwonp, twouble), deranje
54		Elimine, fini ak
55		Redije, prepare
56		Kite tonbe, abandone
57		Bay, divilge, gaye
58		Tiye
59		Pran swen de, okipe
60		Reflechi, medite
61		Antisipe, tann ak plezi

62		Twonpe, ridikilize
63		Viv ak sa ou genyen
64		Dechifre, konprann, dedui, imajine, prepare
65		Mansyone, mete sou tapi
66		Rele li, ba li non
67		Ranvwaye, ajoune
68		Reyalize, efektye, koze
69		Asanble
70		Mete aklè, demontre
71		Sanble ak, suiv egzanp de
72		Chanje lide, dedui
73		Pran pou vre, pa bay enpòtans a
74		Fè envantè
75		Falsifye, fòse
76		Tonbe dakò ak
77		Anpeche, bare wout
78		Òlòj tou a
79		Mete a pwen, eksplike, mete a klè
80		Asire w (se pa fè si)

K	L	E	P		
K	R	E	Y	O	L

EGZESIS~DEVWA / ASSIGNMENT

Saktefèt (revizyon)?

Sakafèt (pwogram)?

Sakpralfèt (pwojè)?

A. Egzèsis ak devwa pou revizyon, refleksyon ou diskisyon.

KREYÒL	Español
Tradui ekspresyon sa yo an español: 1. Gen yon pwoblèm enteresan ki atire atansyon nou. 2. Si kreyòl pale te kreyòl ekri e si kreyòl ekri te kreyòl pale, nou pa tap gen pwoblèm ditou nan domèn lang lan. 3. Rann omaj a moun ki merite sa. 4. Yon bon jan kanal de kominikasyon.	Traduzca estas expresiones en español

B. Ann tradui e ekri. Traduzca al español

Preguntas/Respuestas   **Traducción**

Ki moun sa ye? Sa se Denise: _____

Ki moun ki manje manje a? Se papa ki manje l: _____

Ki sa sa a ye? Sa a se yon ban: _____

Ki lè li ye? li twazè: _____

Ki lèl l fè? Li fè uitè: _____

Ki kote ou fèt? M fèt Gonayiv: _____

Moun ki kote ou ye? M se moun Hench: _____

Kijan ou fè rive la a? Se paske m konn debrouye m: _____

Pouki sa ou vini ? M vin chèche travay: _____

Èske ou gen diplòm? Oui mwen genyen diplòm: _____

Èske se tout bon ou di sa? Non, se jwe map jwe: _____

Kòman ou rele? M rele Wobè: _____

Kote paran ou moun? (yo se) Moun nan Sid: _____

Kilès ou genyen nan Okay ? M konnen anpil moun: _____

Kilès ki vle pale? Mwen vle pale: _____

Kisa legliz la ye? Legliz la se pèp Bondye a: _____

Kilè wap tounen? Map tounen samdi pwochen: _____

Kijan pitit la ye? Li pa pi mal: _____

Konbyen kokoye sa a koute? 2 goud: _____

D. Kisa nou panse de tradiksyon sa yo (pawòl dyaspora):

    a.   Fè sur moun yo konprann :

    b.   Si ou ta gen okenn pwoblèm, voye di m sa… :

    c.   Pipo kwè nan sipèstisyon

    d.   Prensipo lekòl a rele Glennda

E. Chwazi nan mo sa yo pou ekri yon fraz espanyòl nan kolonn ki adwat la: **Aberrant (aberrante, anormal), abet (ayudar, ser cómplice), abeyance (desuso, suspensión), loathe (odiar, aborrecer), abscond (huir, fugarse), abstemious (sobrio, abstención), abstruse (abstruso, recóndito), abut (bordear, colindar con), agape (boquiabierto), agnostic (agnóstico), agog (ansioso, curioso), amnesia (amnesia), animadversión, aphasia (pérdia de memoria, de la palabra), atavism (atavismo, hacia el pasado), bereavement (dolor, pesar, pérdida), canard (rumor).**

Kreyòl	Español
1.Sa se pa yon bagay ki nòmal.	Eso es algo anormal.
2. Li te ede nan fè krim nan.	
3. Aktivite a rete an sispens.	
4. Li fè sèman l pa bezwen l.	
5. Li deteste l anpil.	
6. Li kouri al kache lè li wè verite a.	
7. Mena pa manje anpil.	
8. Enfòmasyon an trè difisil pou konprann	
9. Kote yo rankontre a pa lwen bouk la.	
9. Pou gwo efò l fè, yo ba li yon pri.	
10. Chak fwa li wè ti fi a, li kouri al koze avè l.	
11. Lè l wè l aji konsa, li rete bouch be.	
12. Li se yon sentoma, li pa fasil kwè nan sa moun di l.	
13. Chak fwa l bezwen lajan, li fin anraje sou mwen	
14. Ti kado sa yo pa gwo, men se yon bèl jès.	
15. Remak kritik sa yo se pou w kapab korije.	
16. Apre aksidan an, tinèg la pèdi lapawòl.	
17. Ti moun sa yo plis sanble ak gran gran papa yo.	
18. Gwo pèt li sot fè a aflije l anpil.	

| 19. Se pa ti kras moun ki te nan Jeriko a nan Miami. | |
| 20. Sa w tande a se sèlman yon rimè ki pa fonde. | |

G. Manje kreyòl. Chèche nan Youtube chante ki anba a; apresye l e repwodui l an kreyòl epi an espanyòl.

Manman doudou, papa cheri (KPL). Escuche esta canción en kreyòl en Youtube. "Mama darling; Papa dear; Give us local food to eat. Mama darling; Papa dear; We want to eat local food. Monday, what we want : Corn and beans, vegetables. Tuesday, what we want : Manioc, sweet potatoes, breadfruit, yams and sauce. Wednesday, what we want : Sorghum, beans, meat sauce and fresh juice. Thursday, what we want : Tonm tonm [a dish made with okra], uncle tonm tonm…. Friday, what we want : White corn, fish and avocado. Saturday, what we want : Soup with goat meat, black beans, dumplings and crab. And Sunday? Local rice, local chicken, plantains… yes! Elders agree? Yes! Even children agree? Yes! Farmers agree? Yes! The government agrees? Yes! Haiti, stand up! Yeeeeeeeeeeeeeee".

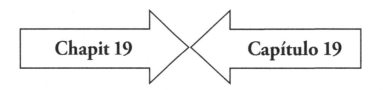

Lang ak kilti kreyòl / El idioma kreyòl y la cultura

19.1 Aspè kiltirèl kreyòl ayisyen

Ayiti se yon peyi ki gen anpil renonmen, paske se sèl peyi kote revolisyon nèg te reyisi. An plis de sa, se yon peyi ki toujou ap fè istwa: Se yon peyi de diktatè, de povrete, de vodou, de zonbi, de Tonton Makout, de katastwòf natirèl… Men tou, Ayiti gen yon kilti ki rich, lè n konsidere lang li pale, relijyon li pratike, mizik li devlope e jan ayisyen yo konsidere lavi a, nan jan yo pentire tablo, jan yo konte istwa, jan yo rizibye pwoblèm yap konfwonte, antwòt.

Tankou moun yo toujou di, lang nou pale e jan nou pale l, jan nou adore Bondye nou, jan nou reprezante lanati nan lavi nou, sa nou fè pou nou divèti nou, mele ak aktivite belte tankou mizik, espò, festival, kont, istwa, literati, teyat, sinema, pwovèb, tout sa se idantite kiltirèl nou, e se sa ki fè nou diferan de tout lòt pèp ki sou latè [beni]…

19.2 Pwovèb ayisyen.

Lang kreyòl la gen anpil pwovèb. Anpil nan yo negatif, men pifò nan yo pozitif. Men kèk pwovèb negatif. Eske w konprann yo? Pouki sa yo negatif? Mete yo an panyòl oubyen chèche yon ekivalan pou yo chak.

19.2.1 Kèk pwovèb negatif

NO	KREYÒL	ESPAÑOL
1	Aprè dans, tanbou lou.	Después del baile, el tambor se pone pesado.
2	Bat chen an, men tan mèt li.	Dale al perro, [pero] espere a su dueño.
3	Baton ki tiye chen blan, se li kap tiye chen nwa tou.	
4	Bay kou bliye, pote mak sonje.	
5	Bèf pa janm di savann mèsi.	
6	Bèf pou wa, savann pou wa, ya demele yo.	
7	Bondye bon.	
8	Bondye konn bay, li pa konn separe.	
9	Bondye padonen, nèg pa padonen.	
10	Bouche nen w pou bwè dlo santi.	

11	Bourik travay, chwal galonnen.	
12	Byen konte, mal kalkile.	
13	Byen san swe pa pwofite.	
14	Chen ki gen zo pa gen zanmi.	
15	Chacun pour soi, Dieu pour tous	
16	Chen ou fè byen se ou li mòde lè li anraje.	
17	Dan pouri gen fòs sou bannann mi.	
18	Danmijann poko plen, boutèy paka jwenn.	
19	Depi nan ginen nèg rayi nèg	
20	Èy pou èy, dan pou dan.	
21	Fè koupe fè.	
22	Fiyèl mouri, makomè kaba.	
23	Gran mesi chen se kout baton.	
24	Jou fèy tonbe nan dlo se pa jou a li koule [pouri].	
25	Kabrit pa mare nan pikèt bèf.	
26	Kabrit plizyè mèt mouri nan solèy.	
27	Kase fèy kouvri sa.	
28	Konstitisyon se papye, bayonèt se fè.	
29	Kou pou kou, Bondye ri.	
30	Lè w malere, tout bagay sanble w	
31	Lè w manje pitit tig, ou pa domi di.	
32	Lè w mouri, ou pa pè santi.	
33	Li manje manje bliye.	
34	M a bliye sa lè m gen di liv tè sou estonmak mwen	
35	Mezi lajan w mezi wanga w.	
36	Milat pòv se nèg, nèg rich se milat.	
37	Nan bay kout men, ou jwenn kout pye	
38	Nan mal, nan mal nèt.	
39	Ou jis dèyè kamyonèt la.	
40	Pa fouye zo nan Kalalou.	
41	Pa jete vye chodyè pou chodyè nèf.	
42	Pa konnen pa al lajistis	
43	Padon pa geri maleng.	

44	Pise krapo ogmante larivyè	
45	Pitit tig se tig.	
46	Ravèt pa janm gen rezon devan poul	
47	Prete se prete, bay se bay	
48	Ròch nan dlo pa konn doulè ròch nan solèy	
49	Sa je pa wè, kè pa tounen.	
50	Sa k pa bon pou younn, li bon pou lòt	
51	Sa nèg fè nèg Bondye ri	
52	Sa k fèt, li fèt nèt.	
53	Se lè koulèv la mouri, ou wè longè l.	
54	Se sòt ki bay, enbesil ki pa pran.	
55	Se sou chen mèg, yo wè pis.	
56	Teke mab la jis li kase.	
57	Ti bout kouto miyò pase zong	
58	Ti mapou pa grandi anba gro mapou	
59	Ti moun fronte fè bab nan simityè.	
60	Tout bèt jennen mòde.	
61	Tout bèt nan lanmè manje moun, men se reken ki pote pi move non.	
62	Tout koukouy klere pou je l.	
63	Wi pa monte mòn.	
64	Zafè kabrit pa zafè mouton	

19.2.2 Kèk pwovèb pozitif. Algunos proverbios positivos haitianos. Los entiende? Puede encontrar un equivalente en español?

NO	KREYÒL	ESPAÑOL
1	Avantaj kòk se nan zepwon l	La ventaja del gallo está en sus espuelas.
2	Bat dlo pou fè bè	
3	Bien faire, laissez dire	
4	Bat men ankouraje chen	
5	Bouch manje tout manje, li pa pale tout pawòl.	
6	Bourik chaje pa kanpe.	
7	Kapab pa soufri.	
8	Lagè avèti pa touye kokobe.	

9	Lajan nan pòch pa fè pitit.	
10	Lè w genyen, zanmi konnen w.	
11	Manje kwit pa gen mèt.	
12	Men ale, men vini, zanmi dire.	
13	Mizè fè bourik kouri pase chwal.	
14	Moun ki pa manje pou kont yo pa janm grangou.	
15	Pwomès se dèt.	
16	Rayi chen, di dan l blan	
17	Responsablite se chay	
18	Sa k bon pou kou, li bon pou tèt.	
19	Sa w fè, se li ou wè.	
20	Se pa lè yon moun ap neye, pou w montre l naje	
21	Se sen kòb ki fè goud	
22	Tande pa di konprann pou sa.	
23	Tout chay gen twokèt li. (pa gen pèn san sekou)	
24	Wè pa wè antèman pou katrè.	
25	Yon sèl dwèt pa manje kalalou	

19.2.3 Non kèk ti zannimo / Nombre de algunos animalitos. Discute y complete el cuadro.

Animal (español)	Animal (English)	Ti animal (kreyòl)
Conejo (conejito_	Bunny	Ti lapen
Gato (gatito)	Cat	Ti Chat
	Dog	Ti chen
	Duck	Ti kanna
	Goldfish	Ti pwason
	Frog	Ti grenouy
	Hamster	Ti mamòt
	Turtle	Ti tòti
	Pet	Ti chen, ti bèt
	Pony	Ti cheval
	Parrot	Ti jako

K	L	E	P		
K	R	E	Y	O	L

EGZESIS~DEVWA / ASSIGNMENT

Saktefèt (revizyon)?

Sakafèt (pwogram)?

Sakpralfèt (pwojè)?

A. Egzèsis ak devwa pou revizyon, refleksyon ou diskisyon.

Kreyòl	Español
1) Eske nou jwenn pwovèb nan tout lang? 2) Eske yon pwovèb gen valè vre ? 3) Eske ou gen yon pwovèb kreyòl ou pi pito oubyen ki atire atansyon ou ? 4) Eske chak pwovèb kreyòl genyen yon ekivalan an espanyòl? 5) Eksplike: (a) Lè bourik jennen, li kouri pasen chwal; (b) pi piti pi rèd.	

C. Ann li, ekri e kòmante. **Di si pwovèb ak ekspresyon sa yo pozitif oubyen negatif**

No	Kreyòl	Equivalente en español	Pozitif ou negatif (P ou N)
1	achte chat nan sak (o nan makout)	Comprar algo sin previamente verificarlo	N
2	ala traka pou lave kay tè		
3	annafè pa dòmi di		
4	apre dans, tanbou lou		
5	atansyon pa kapon		
6	avantaj kòk se nan zepwon l		
7	bat men ankouraje chen		
8	bay kou bliye, pote mak sonje		
9	bèf ki pa gen ke, se Bondye k pouse mouch pou li		

10	bèf pou Wa, savann pou Wa (bèf a Wa, savann a Wa)		
11	bèl kont fè bliye chagren		
12	bon chen pa janm jwenn bon zo		
13	Bondye bon		
14	bouch manje tout manje, l pa pale tout pawòl		
15	bout kòd rete vwayaj		
16	bri kouri nouvèl gaye		
17	byen konte mal kalkile		
18	chak chaplè gen kwa pa l		
19	chat konnen, rat konnen, barik mayi a rete la		
20	chen bwè dlo, li di "pa w se pa w"		
21	chich pase kaymit (vèt)		
22	dan ak lang pa janm pa gen ti kont		
23	dèyè mòn gen mòn		
24	disèl pa janm vante tèt li di l sale		
25	dlo se dlo, san se san		
26	ede tèt ou pou Bondye kap ede w		
27	kabrit malere pa janm fè fèmèl		
28	komisyon voye, se pye ki poze		
29	kon chat pa la, rat banboche		
30	kon ou pran ou konnen		
31	kou pou kou, Bondye ri		
32	kouri lapli, tonbe nan rivyè		
33	Pa fè m fè kòve granmaten an		
34	kreyon Bondye pa gen efas		
35	lajan fè chen danse		
36	lè w pa gen manman, ou tete grann		
37	lè wap manje ak djab, kenbe kiyè ou kout		
38	lòm konte, Dye kalkile		
39	mache chache pa janm dòmi san soupe		
40	maladi ranje doktè		
41	Maladi gate vanyan		
42	mapou tonbe, kabrit manje fèy		
43	moute kalvè (o maswife)		

44	nan pwen lamilèt san kase ze		
45	nan pwen lapriyè ki pa gen amèn		
46	Nèg pap di ou!		
47	nèg di san fè, Bondye fè san di		
48	nen pran kou, je kouri dlo		
49	ou kite bourik, wap bat makout		
50	map fè ou pale jantan		
51	pi bonè se granm maten		
52	pi piti pirèd		
53	pitit tig se tig		
54	pwason gen dlo konfyans, men se dlo k kuit pwason		
55	pwomès se dèt		
56	rat manje kann, zandolit mouri inosan		
57	rayi chen, di dan l blan		
58	renmen tout, pèdi tout		
59	sa Bondye sere pou ou, lavalas pa janm pote l ale		
60	sa fanm vle, Bondye vle l		
61	sa kòk di atè se pa li l di anlè		
62	sa pòv genyen, se li pot nan mache		
63	sa w jete pa mepriz, ou ranmase l pa bezwen		
64	sa w pa konnen pi gran pase w		
65	sa w plante, se li ou rekolte		
66	sak bon pou kou, li bon pou tèt		
67	sak gen zong pa gen gal		
68	sak genyen, se li k pèdi		
69	sak nan kè yanm se kouto k konnen l		
70	sak pa bon pou youn, li bon pou lòt		
71	sak sere se li k chofe		
72	santi bon koute chè		
73	se bourik sendomeng, depi l midi fò l ranni		
74	se de tèt mòn ki pa janm kontre		
75	Se gwo koze		
76	se lè cheval fin pase ou rele fèmen bayè		

77	se nan chemen jennen yo kenbe chwal malen		
78	se pase pran m, m a pase rele w		
79	se rat kay kap manje pay kay		
80	se sou chen mèg yo wè pis		
81	si w pa pwason, ou pa antre nan nas		
82	sote ponpe, lantèman pou katrè		
83	tout koukouy klere pou je w		
84	tout moun se moun, men tout moun pa menm		
85	tout venn touche kè		
86	tout voum se do		
87	twò prese pa fè jou louvri		
88	vle pa vle, antèman pou katrè		
89	wouy! se koupe dwèt		
90	zafè kabrit pa zafè mouton		
91	zafè nèg pa janm piti; se pye pantalon l ki jis		

D. Ann li e ekri. Kreyòl pale, kreyòl konprann. Èske w konprann pawòl granmoun sa yo? **Entiende usted estos dichos?**

NO	MO OUBYEN EKSPRESYON	SANS MO OUBYEN EKSPRESYON YO
1	Ala mizè papa!	¡Qué problema!
2	Ala saltenbank papa!	
3	Ala traka pou lave kay tè!	
4	Anmèdan gen remèd	
5	Ann gade pou n wè	
6	Ann vag sou sa	
7	Ayè m te wè ou	
8	Ayiti pa pou van	
9	Ba li bwa!	
10	Ba li yon kanpelwen pou mwen	
11	Banm talon w!	
12	Bat chen, men tann mèt li	
13	Bondye konn bay, li pa konn separe	

14	Bwapiwo di li wè, grennpwonmennen wè pi byen toujou	
15	Chak jou se chenjanbe map manje	
16	Chita pa bay	
17	Dan ak lang pa janm pa gen ti kont	
18	Depi m rat, m reyisi pri nan pèlen	
19	Depi maten map kale wès	
20	Desoti ou sou mwen	
21	Fè kwa sou bouch ou	
22	Fè m pa wè w!	
23	Gadon ka! (lapenn, tèt chaje, sezisman, koze)	
24	Gadon onda ki nan dada m	
25	Gadon peyi kap gaspiye	
26	Jpp (jan l pase l pase)	
27	Jtt (jan l tonbe l tonbe)	
28	Kay Odilon, se nan ginen	
29	Ki kalanbè sa a ?	
30	Ki kote kongo sa a soti?	
31	Ki kote m prale ak ti petevi sa ? (krebete)	
32	Kouri ak mouche pou mwen !	
33	Koze (zafè) nèg se mistè	
34	L ale nan peyi san chapo	
35	Lè ou pran pinga seren, se pou w fè atansyon	
36	Li abizan (li lasèk, li frekan, li radi)	
37	Li ale sou de ti vityeli li	
38	Li kite koken (li kite sa)	
39	Li kouche sou atèmiyò a	
40	Li mete soulye l dwat e goch	
41	Li mete yon rad depaman	
42	Li pase mòd	
43	Li razè pase ki	
44	Li se alimèt paspatou	
45	Li se pakapala	
46	Li se sanmanman	
47	Li se [yon ti fi] toulimen	

48	Li se yon gason makòmè	
49	Li se yon kanson fè	
50	M okipe kou satan	
51	M pa annafè ak prevni	
52	M pa konnen dekwa ki leka	
53	M pa okipe timoun gate	
54	M pa ti piyay	
55	Mache sou trèz pou ou pa pile katòz	
56	Manje sa a, se koupe dwèt	
57	Manyè mete dlo nan diven ou!	
58	Map ba ou yon pataswèl	
59	Map ba ou yon pwa grate	
60	Map fè ou rete	
61	Map fè w ret nant wòl ou	
62	Mesyedam sa yo! Se lèt ak sitwon	
63	Nan Bayamas, se boutèy lap lave pou l viv	
64	Ou òdisijè	
65	Ou pèdi twa ka nan vi ou	
66	Ou se yon sanzave	
67	Pa achte chat nan makout (nan sak)	
68	Pa banm vèt pou mi	
69	Pa leve gèp nan nich li	
70	Pa leve [reveye] chat kap dòmi	
71	Pi ta, pi tris	
72	Piti piti, zwazo fè nich (ti pa tipa)	
73	Pou sizoka	
74	Sa Bondye sere pou ou, lavalas pa ka pote l ale	
75	Sa m wè pou ou, Antwàn nan gonmye pa wè l	
76	Sak fè ou cho a, la frèt	
77	Se chay sot sou tèt tonbe sou zepòl	
78	Se dekouvri Senpyè pou kouvri Senpòl	
79	Se kouri lapli, tonbe nan rivyè	
80	Se kaka rat dè(yè) bwat [bwèt]	
81	Se kòkòt ak figawo [de moun sa yo]	
82	Se kon ou pran ou konnen !	

83	Se kou l cho l, l frèt	
84	Se kout ponya m pran pou m viv	
85	Se lave men souye atè	
86	Se lè koulèv la mouri ou wè longè li	
87	Se lè ou pase maladi ou konn remèd	
88	Se menm tenyen an	
89	Se menmman, paryèyman	
90	Se nan dlo yo separe pèch	
91	Se nan ziltik li rete	
92	Se nen ak bouch	
93	Se pasan pran m, m a pase chache ou	
94	Se rete pran	
95	Se sòt ki bay, enbesil ki pa pran	
96	Se syèl ak tè (se nan ginen; se nan ziltik)	
97	Timoun fwonte fè bab nan simityè	
98	Tout moun jwenn	
99	Twò prese pa fè jou louvri	
100	Wa gentan konnen!	
101	Wa konn Jòj!	
102	Yo fè kadejak sou li	
103	Zo li pa bon pou fè bouton	
104	Nap vote tèt kale !	
105	Li se pa yon zokiki	

E. **Kont kreyòl**

KONT, KONT, KONT, KONT, KONT

Krik? Krak

(oubyen: timtim, bwa chèch:

Dlo kanpe? _____

Dlo kouche _____

Lè m kanpe m pi wo? _____

Ki sa ou pote ki pote w? _____

De san fè mil? _____

Tou won san fon? _____

Fizi kout tire lwen _____

Papa m genyen yon jaden, se yon sèl bit li fouye ladann? _____

Sak fè l vann li; sak achte l fè kado l; sa k resevwa l pa konnen lè l itilize l? _____

Manman m gen twa pitit; si yonn soti, de pa ka sèvi. _____

De pran twa, nan machin trannde! _____

Ki pa ki pa pa ou? (pa pou mwen) _____

Piti piti fè lonè a prezidan (fè a repase) _____

"Amo a mi mama porque mi mama me mimo". _____

"Je suis ce que je suis mais je ne suis pas ce que je suis". _____

F. Parea la columna de la izquierda con la de la derecha.

1. se chay soti sou tèt   a. rat

2. sa se twòkèt   b. panyen pèsi

3. sòt ki bay   c. je kouri dlo

4. nen pran kou   d. Antwan nan gonmye pawèl

5. sòt pase   e. kwòchèt pa ladann

6. pale kreyòl kou   f. dlo se dlo

7. sa m wè pou ou   g. tonbe sou zepòl

8. se rat kay kap manje   h. chay la dèyè

9. jwèt se jwèt   i. enbesil ki pa pran

10. san se san   j. pay kay.

G. Annou wè ki sa yo konn di de zannimo ak zwazo sa yo:

    a. chen: chen bwè dlo li di: …

    b. Se bourik sendomeng, konn midi, se pou l:…

    c. Mapou tonbe, kabrit…

    d. Ou rize pase ….

    e. Pitit tig se …

    f. Tout bèt nan lanmè manje moun, men se reken ki…

    g. Chak bourik ranni nan…

    h. Chak konnen, rat konnen, barik mayi a…

    i. De toro pa konn mare nan yon menm…

    j. Ou pale tankou…

    k. Ou chèlbè pase…

H. Kòmante fraz sa yo

    1. Krik! senk pran kat, nan machin trannde?

    2. Se pou dan ri li touye moun.

    3. Rayi chen, di dan l blan

    4. Dan ri malè.

    5. Pa fè dan ri mwen.

    6. Èske ou renmen pran anpil sik? Fèt atansyon maladi dyabèt.

I. Kilès nan sa yo ki pa yon fenomèn natirèl:

Lapli, lagrenn, koulèv, nyaj, loray, van, lakansyèl, dlo, tanpèt, toubouyon, sounami, falèz, dlo desann, lannuit, lajounen, lafimen, lawouze, irigasyon, sinema, dife, entènèt, ouragan, siklòn, tanpèt nèj, sechrès. Èske fenomèn natirèl yo konn danjere. Eksplike.

J. Ann reflechi

Nan lavi, gen plizyè kote yon moun ta dwe vizite: legliz, lopital, prizon, simityè…Gen anpil lòt kote ankò ki merite vizite. Nou kap site bibliyotèk. Gen kote tankou kay kwafè, nan mache, bò lanmè… Nou oblije vizite yo. Pa gen mank nan sa.

K. Diskite fraz oubyen ekspresyon sa yo.

1. Chodyè sa la depi ti konkonm tap goumen ak berejèn.
2. Pa gen lanmilèt san kase ze.
3. Se lè boutèy fin jwenn pou bouchon jwenn.
4. Sak nan kè yanm se kouto k konnen l.
5. Ti kouto miyò pase zong.
6. Kiyè bwa pa pè chalè.
7. Prepare yon tèks kote ou itilize o mwens 20 nan mo ki agoch yo.

L. Ann ekri. Kèk mo ou ekspresyon kreyòl. Konplete tablo a.

MO	Eksplikasyon	Español
Ziltik	Trè lwen (les îles turques)	
Selebride	Yon bwason (likè) alkowolik lokal trè fè	
Prevo	prizonye lib	
Pakala	panzou, koudeta	
Ougan	Papalwa	
Pèpè	**Pè! Pè (Paz! Paz!3)**	
Singo yon ti kras	Dòmi	
Machacha	pwa grate	
Benyen chen		
Boukannen dlo		
Gen mouye, gen tranpe		
Bichi!	Anyen menm	
Ranje	Degi	
Twade	kasav ak manba	
Ayè m te wè ou	twadegout, pinga seren	

Bòzò	Chèlbè	
Chi	Chou	
Figi li make venjwen kat avril	(wè afè Galbo e egalite blan ak milat)	
Lantèman pou katrè		
Vèy		
Dekonvil		
Delala		
Demèplè		
Depi lè djab te kaporal	Wa Kristòf	
Djòl loulou	bon bagay	
Dlo florida		
Doukounou	(from Jamaica): Doucoune	
Fiftiwann		
Pantan		
Founda = anpil		
Ja	lajan, chans	
Yo giyonnen nan nò,	yo chare [nan] Potoprens	
Ale sou de vityelo	a pye (wè istwa italyen okap ant 1940-1950)	
Jijiri		
Kolanget manman ou		
Kadejak	[Un cas du] colonel Cadet Jacques	
Kako		
Kalinda de Ayiti ~ kapoiera de Brezil		
Kawolin Akawo	Wè: Caroline Acaau	
Kalewès		
Fè kenken	an gran kantite	
Kinalaganach		
Lage koukou wouj dèyè yon moun		
Koubèlann	konbèlann (Cumberland se te premye direktè konpayi elektrik ameriken Okap sou okipasyon amerikèn nan)	
N ap bat ladoba		
Landjèz		

Soup joumou		
Tchouloulout	Dyare	
Lenno	San parèy	
Tchentchen		

M. Ann li, ekri e kòmante. Pawòl dwòl. Èske ou konn tande chan, pawoli oubyen charabya sa yo? Kòmante. (Comente estas aseveraciones)

No	Pawòl dwòl	Explicación
1	Lè n pale kreyòl, yo di n pat al lekòl. Lè n pale franse, yo di n ape ranse; lè n pale laten, yo di nap fè tenten. Sa pou n fè avèk moun sa yo?	
2	Ou di mwen di, ou di sa m pa di, sa m pa janm di, sa m pa kwè map janm di. Yon jou apre midi, map feraye pi di. Map tann ou samdi a midi, pou ou di m sa m te di.	
3	Gad on peyi m fè sa m pito, gad on peyi!	
4	Se kan ou pran ou konnen.	
5	Pè Ponsè pase pa Pilat, an pèpè, pou preche pou lapè.	
6	Sèt tèt chat nan sèt sak (se pawòl mazora pa ka di)	
7	Je n'ai pas l'habitude de commencer une phrase en français **epi pou m fini l an kreyòl.**	
8	M te mete yon plim sou biwo a sak te pran l? Mwen tende. Ki tende? Tende aka. Ki aka? Aka boyo. Ki boyo? Boyo kòk. Ki kòk? Kòk pale. Ki pale? Pale nouvèl. Ki nouvèl? Nouvèl a nwa. Ki nwa? Nwa kajou. Ki kajou? Kajou manba. Ki manba? Manba zile. Kile? Zile pan. Ki pan? Pan nan dan w! (Se yon pawoli)	
9	Zonbi mannmannan wi wa kenbe ti poulèt ba yo. Ti poulèt sove wi wa. A la bon bouyon, ba yo…(wè istwa esklav yo)	
10	Twa fwa pase la. Se ladènye ki rèste la… (chan jwèt timoun lekòl)	

N. Ann li, kòmante e konplete. Algunas palabras o expresiones especiales en kreyòl. Haga su comentario.

Palabras y expresiones	Su comentario
a. **Vokabilè relijye:** pè, mè, sakristen, pap, fidèl, sen, doktè fèy; chandèl, dlo beni, flè, farin, pen, kwa, elt.	

b. Lis kèk non lwa nan vodou a Panteyon dye vodou a konplèks anpil. Yo divize an famiy: Ogou (sòlda), Èzili (Èzili Dantò, Èzili Freda), Azaka (agrikilti), Gede (mò), lwa Dambala Wedo, papa Legba Atibon, papa Loko, e Agwe Tawoyo, elt. Tout espri yo divize an de kategori: Rada (espri dou) e Petwo (espri malen, espri danje).	
c. non kèk senbòl ki nan vodou a: simbi, dragon, zanj, lasirèn ak lòt bèt, zonbi, pope rebeka. Anpil **m**oun konsidere seremoni bwa kayiman kòm yon seremoni lwa, kòm yon evènman enpòtan nan ista liberasyon pèp ayisyen (wè istwa d Ayiti)	
d. Pèdisyon. Nan tradisyon ayisyen an, pèdisyon se lè yon fi ansent men, pou yon rezon ou pou yon lòt, li kontinye wè règ li. Si l pran remèd ki kapab rete pèdisyon an, gwosès la kapab vin kontinye nòmalman jouskaske pitit la fèt. Gen moun ki kwè, gen moun ki pa kwè nan pèdisyon.	
e. Maldyòk. Dapre tradisyon toujou, maldyòk se yon sòt de devenn, de maladi, malchans yon timoun genyen ki anpeche l devlope nòmalman. Eske li egziste vrèman ou non?	
f. Sezisman. Kèk ayisyen kwè anpil moun konn mouri ak sezisman. Moun pran yon sezisman sitou lè yo wè ou tande yon bagay yo pat espere (tankou mò sibit, move nouvèl). Lè sa a, si yo bwè dlo glase oubyen yo kouri al lopital kote yo ba yo piki oubyen sewòm, moun nan dwe mouri kanmenm. Si l pa mouri, li ka vin avèg oubyen andikape.	

g. Kèk moun kapab tonbe malad paske li gen vè, toudisman (vètij), gratèl, dyare, maladi anfle, lafyèb, tèt fè mal, lalwèt tonbe, malkadi, biskèt tonbe. Pafwa yon maladi ki tou senp kapab pwovoke menm lanmò, sa depan…	
h. madichon. Gen moun ki malad, li kwè se modi li modi; se pichon ki tonbe sou li oubyen se madichon yo ba li.	
i. konbit, sòl, mazinga. Twa mo sa yo ta vle di menm bagay. Se lè moun mete [tèt yo] ansanm pou reyalize yon travay ki ta difisil oubyen enposib pou yon sèl moun nan yon moman done. Konbitis se yon sòt kouran d ide, yon sistèm tipikman ayisyen, yon sòt de kowoperativ ki tap degaje an Ayiti. Konbitis chita sou prensip sa a: "Jodi pou mwen, demen pou ou". Jounen jodi a, yo pa tèlman pale de konbitis ankò.	
j. Fèt chanpèt: Ayiti chaje ak fèt chanpèt. Nan tout peyi a, nou jwenn fèt sen yo tankou: Vyèj Mirak (Sodo), Senjakmajè (Plenndinò), Ti Sentàn (Ansafolè), Nòtredam Pèpetyèl Sekou (Pòtoprens…). Pandan fèt chanpèt sa yo, gen anpil rejwisans popilè tankou bal, jwèt lawoulèt, alatriye.	

O. Ann ekri. Twouve sa mo oubyen ekspresyon sa yo vle di. Escriba el significado de las siguientes palabras y expresiones.

Palabra	Significado
Sanzave	Vagabundo
Bouki	Necio, tonto, bobo
Patekwè	
Fòvle	
Tafyatè	
Fwapanankont	

Fòkseli	
Fòknanpwen	
Malfini	
Soumoun	
Djòlpagou	
Fache	
Djòl loulou	
Mache an chatpent	
An katimini	
Kwabosal (kwadèbosal)	
Degouden	
Bèfchenn	

P. Ann ekri. Èske ou konprann mo sa yo? Ou kapab fè entèvyou ak yon moun ki maton nan kreyòl la.

Chwalpapa: _____

Deblozay: _____

Desonnen: _____

Dirèkdirèk: _____

Ès-ès: _____

Fwapanankont: _____

Gasonlakou: _____

Kolekole: _____

Komatiboulout: _____

Lajanleta: _____

Lakouplètil: _____

Laviwonndede: _____

Manmankrab: _____

Papap: _____

Petevi: _____

Pipip: _____

Pitipiti: _____

Pititplètil: _____

Ploplop: _____

Potekole: _____

Soteponpe: _____

Taptap: _____

Tchouboum: _____

Tikriktikrak: _____

Tivoudra: _____

Towtow: _____

Tribòbabò: _____

Vanmennen: _____

Vennblendeng: _____

Vètpoumi: _____

Viretounen: _____

Vlepavle: _____

Wèpawè: _____

Wondonmon: _____

Q. Ann pale. Di ki sa yo ye oubyen ak ki sa yo fèt. Di **kilè oubyen ki jan nou kapab itilize yo?**
Egzanp : Tizann se yon remèd yo fè ak kòs oubyen fèy (kowosòl, bazilik, mant, ti bonm). Nou bwè tizann lè nou malad.

    a.   **Tizann**: kòs, fèy kowosòl, fèy bazilik, fèy mant, fèy ti bonm.

    b.   **te:** jenjanm, fèy kowosòl.

    c.   akasan, chanmchanm: mayi

    d.   **manba**: pistach

    e.   **legim**: fèy, lalo, zepina

    f.   **siwo:** kann, rapadou, bonbon

    g.   **dous:** makòs, pistach, kokoye

    h.   **tablèt:** pistach, mayi, kokoye, wowoli

    i.   **grenn:** kowosòl, zaboka, siwèl, pwa, pitimi, pistach, yanm, zèb

    j.   **po:** pistach, fig, yanm, pwa

    k.   **zè:** sitwon, zoranj, chadèk

    l.   **sant** (odè): manje, vyann, pwason

    m.   **siwo:** kann, myèl

    n.   **nich:** myèl, gèp, pentad, zwazo, poul

    o.   taptap: kamyonèt, machin

    p.   griyo : vyann kochon

    q.   konfiti: chadèk, zoranj, mango, elt.

R. Ann ekri. Obsève kijan mo sa yo pase de franse a kreyòl. Konplete tablo a

KREYÒL	ESPAÑOL	FRAZ AN KREYÒL
Abitan (habitant)	Habitante	Abitan pa mize lavil.
Avansman (avancement)	Avance	Nap suiv avansman pwojè a.
Ban		
Bank		
Bout		
Chèz		

Kreyon		
Kwè		
Lapè		
Mizè		
Motè		
Pè		
Pèdi		
Plim		
Renmen		
Swaf		
Tab		
Tchòbòl		

S. Ann ekri. Non konpoze. Eske w ka ekri mo ou ekspresyon orijinal ak siyifikasyon yo? Puede usted encontrar el origen o el significado de las siguientes palabras o expresiones.

MO AN BLOK[4]	MO SEPARE	ESPAÑOL	FRAZ AN KREYÒL
Alafilendyèn	A la fil endyèn	En fila	Yo mete tout moun alafilendyèn
Alalong			
Ankachèt			
Anverite			
Ayayay			
Dekimannigans			
Dekiprevyen			
Doubsis			
Jeretyen			
Kèlkilanswa			
Kòmkidire			
Kòmsadwatèt			
Lematen			
Lepremye			
Leswa			
Luildoliv			
Machinalave			
Malpouwont			

Pakapala			
Palemwadsa			
Paspouki			
Sanpèditan			
Sanzatann			
Sizèdimaten			
Sizoka			
Toudenkou			
Wololwoy			

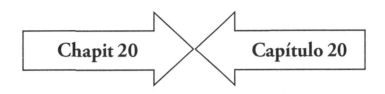

20. Ekspresyon an plizyè lang / Expresiones en varios idiomas (kreyòl, inglés, español, francés, alemán, italiano y portugués)

20.1: Ou bèl, bon vwayaj, a demen, mèsi

	IDIOMAS	EXPRESIONES	EXPRESIONES	EXPRESIONES	EXPRESIONES	EXPRESIONES
1	English	You are beautiful	You are handsome	Have a good trip	See you tomorrow	Thank you
2	**Spanish**	**Eres bella / bonita**	**Eres guapo**	**Buen viaje**	**Hasta mañana**	**Gracias**
3	French	Tu es belle	Tu es Beau	Bon voyage	À demain	Merci
4	German	Du bist fchon	Du bist fchon	Guste reise	Bis morgen	Danke
5	Italian	Sei bella	Sei simpático	Buon viaggio	A domani	Grazie
6	Portuguese	Voce é bela	Voce é bonito	Boa viagem	Até amanna	Obrigado
7	**Kreyòl**	**Ou [fout] bèl [vre]**	**Ou bèl**	**Bon vwayaj**	**A demen**	**Mèsi**

20.2: Jwaye nwèl, m grangou, m swaf, m kontan, m renmen peyi m

	IDIOMAS	EXPRESIONES	EXPRESIONES	EXPRESIONES	EXPRESIONES	EXPRESIONES
1	English	Merry Christmas	I am hungry	I am thirsty	I am happy	I love my country
2	Spanish	Feliz navidad	Tengo hambre	Tengo sed	Estoy feliz	Amo a mi país
3	French	Joyeux No□l	J'ai faim	J'ai soif	Je suis heureux	J'aime mon pays
4	German	Frohe Weihnachten	Ich habe Hunger	Ich bin thursty	Ich bin glücklich	Ich liebe mein Land
5	Italian	Buon Natale	Ho fame	Sono thirsty	Sono felice	Amo il mio paese
6	Portuguese	Feliz Natal	Eu estou com fome	Eu sou thursty	Eu estou feliz	Eu amo meu país
7	**Kreyòl**	**Jwaye nwèl**	**M grangou**	**M swaf**	**M kontan**	**M renmen peyi m**

20.3 Relasyon ant kèk mo laten, mo kreyòl ak mo espanyòl / Relación entre algunas palabras del latín, kreyòl y el español . Complete la tabla.

NO	LATIN	KREYÒL	ESPAÑOL
1	A.M (ante meridiem)	Nan maten; di maten	Por la mañana
2	Ad Hoc	Pou yon moman espesifik	Por un momento específico
3	Ad libitum		
4	Aestas, Aestatis		
5	Alienus		
6	Alter Ego		

7	A Capela		
8	Amo, Amare		
9	Bona fide		
10	Bonus, Boni		
11	Caput, Capitis		
12	Caveat Emptor		
13	Carpe Diem		
14	Caveat Vendor		
15	Condo, Condere		
16	Consuetude, Consuetudinis		
17	Capio, Capere		
18	Credo		
19	Cum Laude		
20	Curriculum Vitae		
21	De Facto		
22	De jure		
23	Domus		
24	E.G.		
25	Ego, Id, Super Ego		
26	Et Al.		
27	Et Cetera (etc.)		
28	Etc, Et Cetera		
29	Habeas Corpus		
30	Homo, Hominis		
31	I.E., Id Est		
32	Ibid		
33	Ille		
34	Juris Doctor		
35	Liber		
36	Libido		
37	Magister, Magistri		
38	Magna Cum Laude		
39	Manus		
40	Mapa Mundi		
41	Mitto, Mittere		

42	Modus Operandi		
43	N.B (nota bene)		
44	Nolo Contendere		
45	Nolo, Nolere		
46	Opus, Operas		
47	Os, Oris		
48	P.M		
49	P.S		
50	Per Se		
51	Pondus		
52	Pro Bono Publico		
53	Pro Forma		
54	S.O.S		
55	Sapiens, Sapientis		
56	Sic		
57	Sine Die		
58	Sine Qua Non		
59	Statu Quo		
60	Subpoena		
61	Usufruit		
62	Sui Generis		
63	Suma Cum Laude		
64	Tempus, Temperi		
65	Vita Eternam		
66	Vs, Versus		
67	Carpe Diem		
68	Cogito, ergo sum		
69	Docendo Discimus		

20.4 Konparezon 116 mo ak ekspresyon an 8 lang / Comparación en ocho idiomas

NO	KREYÒL	FRANCÉS	ESPAÑOL	INGLÉS	ITALIANO	PORTUGUÉS	ALEMÁN	RUSO
1	Wi	Oui	Si	Yes	Si	Sim (X)	Ja	Da
2	Non	Non	No	No	No	Não (X)	Nein	Net
3	Mèsi	Merci	Gracias	Thank you	Grazie	Obrigado, a	Danke	Spasibo

4	**Mèsi bokou**	Merci beaucoup	**Muchas gracias**	Thank you a lot	Tante grazie	agradeça-o muito	Vielen Dank	**Bolshoe spasibo**
5	**Souple**	S'il vous plaît	**Por favor**	Please	Per favore	Se faz favor. (X)	Bitte	**Pazhaluysta**
6	**Padon**	pardon, excusez-moi	**Perdón**	Excuse me	Perdono	desculpe-me	Entschuldigen Sie mich	**Izvinite**
7	**Bonjou**	Bonjour	**Buenos días**	**Good morning**	**Buongiorno, ciao**	Bom dia.	Guten Tag	**Zdravstvuyte**
8	**Orevwa**	Au revoir, Adieu	**Adiós**	Byebye	Arrivederci	Até logo. (X)	Auf Wiedersehen	**Do svidaniya**
9	**A byento**	à bientôt	**Hasta luego**	See you soon	Vederla presto	veja-o logo	Siehe bald	**Poka**
10	**Bonjou**	Bonjour	**Buenos días**	Good morning	Buon giorno	bom dia	Siehe bald	**Dobroe utro**
11	**Bonapremidi**	Bon après-midi	**Buenas tardes**	Good afternoon	Buono promeriggio	Boa tarde	Guten Tag	**Dobry den**
12	**Bonswa**	Bonsoir	**Buenas tardes**	Good afternoon	Buonasera	Boa tarde. (X)	Guten Tag	**Dobry vecher**
13	**Bòn nuit**	Bonne nuit	**Buenas noches**	Good night	Buonanotte	Boa noite. (X)	Gute Nacht	**Spokoynoy nochi**
14	**M pa konprann**	Je ne comprends pas	**No entiendo**	I do not understand	Non ti capisco	Não entendo. (X)	Ich verstehe nicht	**Ya ne ponimayu**
15	**Kijan yo di**	Comment dit-on ça en …?	**Cómo se dice**	How to say	Como si suol dire	como dizer	Wie um zu sagen	**Kak eto skazat po [russky]?**
16	**Eske ou pale**	Parlez-vous …	**Habla usted:**	Do you speak	Si parla inglese?	Fala francês ? (X)	Wie um zu sagen	**Vy govorite po-...**
17	**Angle**	anglais	**Inglés**	English	Inglese	Ingles	Englisch	**Angliysky**
18	**Franse**	français	**Francés**	French	Francese	Francês	Französisch	**Frantsuzsky**
19	**Alman**	allemand	**Alemán**	German	Tedesco	Alemão	Deutsch	**Nemetsky**
20	**Panyòl**	espagnol	**Español**	Spanish	Spagnola	Espanho	Espanisch	**Ispansky**
21	**Chinwa**	chinois	**Chino**	Chinese	Cinese	Chinês	Chinese	**Kitaisky**
22	**Mwen**	je	**Yo**	I	Io	Eu	Ich	**Ya**
23	**Nou**	nous	**Nosotros**	We	Noi	Nós	Wir	**Mui**
24	**Ou**	tu	**Tú**	You	Tu	Você	-	**Ty**
26	**Ou**	vous	**Usted, ustedes**	You	Voi	-	Sie	**Vy**
27	**Yo**	ils (m) elles (f)	**Ellos, ustedes**	They	Essi, esse	Eles	Sie	**Oni**
28	**Ki non ou ?**	Quel est votre nom?	**¿Cuál es su nombre ?**	What is your name ?	**Qual è il tuo nome?**	Como se chama ?	Was ist lhr name ?	**Kak vas zovut?**
29	**M rele Jan**	Je m' appelle Jean	**Mi nombre es Juan**	My name is John	**Il mio nome è Giovanni**	Me chamo …	Mein name ist John	Moe имя – Джон
30	**M kontan wè ou**	Enchanté	**Encantado**	Pleased to meet you	Incantato	Muito prazer conhecer-o.	Zufrieden sie zu treffen	**Ochen priyatno.**
31	**Kòman ou ye ?**	Comment allez-vous? Ça va?	**¿Cómo está usted ?**	How are you ?	Como lei è	Como vai voce ?	Wie geht es lhnen ?	**Kak dela?**

32	**Byen**	bien, bon	**Bien**	Well; fine	Bene	Muito bem, obrigado	Brunnen	**Horosho**
33	**Mal**	mal, mauvais	**Mal**	Bad	Cattivo	Mau	Schlecht	**Ploho**
34	**Pa pi byen, pa pi mal**	Comme ci comme ça	**Bastante bien**	So so	Cosi cosi	Tão então	So so	**Tak sebe**
35	**Yon fi, yon madam**	une femme, une épouse	**Una mujer, una esposa**	Spouse, wife	Un conjuge	Esposa	Ehefrau	**Zhena**
36	**Mari**	le mari	**El marido**	Spouse, husband	Un mari	Marido	Ehemann	**Muzh**
37	**Fi**	la fille	**La hembra**	**Girl**	Una Ragazza	**Menina**	**Französisch**	**Doch**
38	**Gason**	le fils	**El hijo**	Boy, son	Un ragazzo	Menino	Junge	**Syn**
39	**Manman**	la mère, maman	**La madre, la mama**	Mother	Madre	Mãe	Mutter	**Mat**
40	**Papa**	le père, papa	**El padre, el papa**	Father	Padre	Pai	Vater	**Otets**
41	**Zanmi**	un ami (m), une amie (f)	**Un amigo, una amiga**	Friend	Amico	Amigo	Freund	**Drug**
42	**Kote twalèt la ye?**	Où sont les toilettes?	**¿Dónde estan los baños?**	Where are the restrooms?	Dove le toilette sono?	onde estejam as casas de banho	Wo sind die toiletten?	**Gde zdes tualet?**
43	**Zewo**	zéro, nul	**Cero**	Zero	Zero	0 : zero	**0:** null	**nol**
44	**En**	un(e)	**Uno**	**One**	**Uno**	1 : um (m), uma (f) (OUN, OU-ma)	**1:** eins	**odin**
45	**De**	deux	**Dos**	Two	Due	2 : dois (m), duas (f) (DOÏCH, DOU-ach)	**2:** zwei	**dva**
46	**Twa**	trois	**Tres**	**Three**	**Tre**	3 : três (trèch)	**3:** drei	**tri**
47	**Kat**	quatre	**Cuatro**	Four	Quattro	4 : quatro (COUA-trou)	**4:** vier	**chetyre**
48	**Senk**	cinq	**Cinco**	**Five**	**Cinque**	5 : cinco (SÎN-cou)	**5:** fünf	**Pyat**
49	**Sis**	six	**Seis**	Six	Sei	6 : seis (seïch)	**6:** sechs	**Shest**
50	**Sèt**	sept	**Siete**	Seven	Sette	7 : sete (sète)	**7:** sieben	**Sem**
51	**Uit**	huit	**Ocho**	Eight	Otto	8 : oito (OÏ-tou)	**8:** acht	**Vosem**
52	**Nèf**	neuf	**Nueve**	Nine	Nove	9 : nove (nove)	**9:** neun	**Devyat**
53	**Dis**	dix	**Diez**	Ten	Dieci	10 : dez (dèje)	**10:** zehn	**Desyat**
54	**Onz**	onze	**Once**	Eleven	Undici	11 : onze (onze)	**11:** elf	**Odinnadsat**
55	**Douz**	douze	**Doce**	**Twelve**	**Dodici**	12 :doze (doze)	**12 :** zwölf	**Dvenadsat Moe имя - Джон**
56	**Ven**	vingt	**Veinte**	Twenty	Venti	20 : vinte (X)	**20:** zwanzig	**Dvadsat**
57	**Trant**	trente	**Treinta**	Thirty	Trenta	30 : trinta (X)	**30:** dreissig	**Tridsat**
58	**Karant**	quarante	**Cuarenta**	Forty	Quaranta	40 : quarenta (X)	Vierzig	**Sorok**
59	**Senkant**	cinquante	**Cincuenta**	Fifty	Cinquanta	50 : cinqüenta (X)	Fünfzig	**Pyatdesyat**
60	**Swasant**	soixante	**Sesenta**	Sixty	Sessante	60 :sessenta (X)	Sechzig	**Shestdesyat**

239

61	Swasanndis	soixante-dix	Setenta	Seventy	Settanta	70 :setenta (X)	Sielzig	Semdesyat
62	Katreven	quatre-vingts	Ochenta	Eighty	Ottanta	80 :oitenta (X)	80: achtzig	Vosemdesyat
63	Katrevendis	quatre-vingt-dix	Noventa	Ninety	Novanta	90 : noventa (X)	Neunzig	Devyanosto Moe имя - Джон
64	San	cent	Cien	One hundred	Cento	100 :cem (X)	100: hundert	Sto
65	Mil	mille	Mil	One thousand	Mille	Mil	1000: tausend	Tysyacha
67	Dejene	le déjeuner	El desayuno	The breakfast	Colazione	Café da manhã	Speiselokal	Obed, Zavtrak
68	Dinen	le dîner	El almuerzo	Diner	Commensale	Casa de pasto	Speiselokal	Uzhin
69	Pen	le pain	El pan	Bread	Pane	Lanchonete	Bruch	Hleb
70	Dlo	de l'eau	El agua	Water	Acqua	Água	Wasser	Voda
71	Agoch	à gauche	A la izquierda	Left	A sinistra	Esquerda	Linke seite	Nalevo
72	Adwat	à droite	A la derecha	Right	Alla destra	Direito	Recht	Napravo
73	Toudwa	Tout droit	Derecho	Straight	Direttamente	diretamente	Gerade	Pryamo
74	Anwo	en haut	Arriba	Upstairs	Piano superior	O andar superior	Obergeschoss	Uverh
75	Anba	en bas	Abajo	Downstairs	Di sotto	De baixo	Erdgeschoss	Vniz
76	Lwen	Loin	Lejos	Far	Lontano	Longe	Weit	Daleko
77	Pre	près, proche	Cerca	Near	Vicino	Perto	Nahe	Blizko
78	Lopital	l'hôpital	El hospital	Hospital	Ospedale	Hospital	Krankenhaus	Bol'nitsa
79	Famasi	la pharmacie	La farmacia	Pharmacy	Farmacia	Farmácia	Apothke	Apteka
80	Yon legliz	une église	Una iglesia	A Church	Chiesa	Igreja	Kirche	Czerkov
81	Twalèt	les toilettes	Los baños	Restrooms	Toilette	Casas de banho	Toiletten	Tualet
82	Pisin	la piscine	La piscine	Pool	Piscine	Piscine	Teach	Bassein
83	Ki lè li ye?	Quelle heure est-il?	¿Qué hora es?	What time is it?	A che ora è?	Que horas são?	Wie viel uhr	Kotoryi chas?
84	Jou	Jour	Día	Day	Giorno	Dia	Tag	Den
85	Semenn	Semaine	Semana	Week	Settimana	Semana	Woche	Nedelya
86	Mwa	Mois	Mes	Month	Mese	Mês	Monat	Mesyats
87	Ane	An, Année	Año	Year	Anno	Ano	Jahr	God
88	Lendi	Lundi	Lunes	Monday	Lunedi	segunda-feira	Montag	ponedelnik
89	Madi	Mardi	Martes	Tuesday	Martedi	terça-feira	Dienstag	Vtornik
90	Mèkredi	Mercredi	Miercoles	Wednesday	Mercoledi	quarta-feira	Mittwoch	Sreda
91	Jedi	Jeudi	Jueves	Thursday	Giovedi	quinta-feira	Donnerstag	Chetverg
92	Vandredi	Vendredi	Viernes	Friday	Venerdi	sexta-feira	Freitag	Pyatnitsa
93	Samdi	Samedi	Sábado	Saturday	Sabato	Sábado	Samstag	Subbota
94	Dimanch	Dimanche	Domingo	Sunday	Domenica	Domingo	Sonntag	Voskresenie
95	Janvye	Janvier	Enero	January	Gennaio	Janeiro (X)	Januar	Janvar
96	Fevriye	Février	Febrero	February	Febbraio	Fevereiro (X)	Februar	Fevral

97	Mas	Mars	Marzo	March	Marzo	Março (X)	März	Mart
98	Avril	Avril	Abril	April	Aprile	Abril (X)	April	Aprel
99	Me	Mai	Mayo	May	Maggio	Maio (X)	Mai	Mai
100	Jen	Juin	Junio	June	Giugno	Junho (X)	Juni	Iyun Moe имя - Джон
101	Jiyè	Juillet	Julio	July	Luglio	Julho (X)	Juli	Iyul
102	Out	Août	Agosto	August	Agosto	Agosto (X)	August	August
103	Septanm	Septembre	Septiembre	September	Settembre	Setembro (X)	September	Sentyabr
104	Oktòb	Octobre	Octubre	October	Ottobre	Outubro (X)	Oktober	Oktyabr
105	Novanm	Novembre	Noviembre	November	Novembre	Novembro (X)	November	Noyabr
106	Desanm	Décembre	Diciembre	December	Dicembre	Dezembro (X)	Dezember	Dekabr
107	Prentan	Printemps	Primavera	Spring	Primavera	Primavera	Feder	Vesna
108	Ete	Été	Verano	Summer	Estate	Verão	Sommer	Leto
109	Otòm	Automne	Otoño	Autumn	Autunno	Outono	Herbst	Osen
110	Ivè	Hiver	Invierno	Winter	Inverno	Inverno	Winter	Zimá
111	Jodi a	Aujourd'hui	Hoy	Today	Oggi	Hoje	Heute	Sevodnya
112	Ayè	Hier	Ayer	Yesterday	Ieri	Ontem	Gestern	Vchera
113	Demen	Demain	Mañana	Tomorrow	Domain	Amanhã	Morgen	Zavtra
114	Anivèsè	Anniversaire	Aniversario	Anniversary	Anniversario	Aniversário	Jahrestag	Den rozhdeniya
115	Bon anivèsè	Joyeux anniversaire!	Feliz aniversario,	Happy anniversary	Anniversario felice	Aniversário feliz	Glücklicher Jahrestag	S dnem rozhdeniya!
116	Bòn fèt [anivèsè]	Joyeux anniversaire	Feliz cumpleaños	Happy birthday	Compleanno felice	Feliz aniversário	Glücklicher Geburtstag	-

Recursos: http://www.freetranslation.com/; http://webtranslation.paralink.com

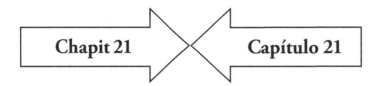

Kontak kreyòl ak franse / Contacto del kreyòl con otros idiomas

21.1 Mo fransè ki nan kreyòl la.

Dapre plizyè otè, an jeneral, gen anviwon **de mil mo franse ki pase nan kreyòl la ak menm fonèm nan e menm siyifikasyon yo: mo ki gen pou wè ak manje, ak mèb, ak fòn, ak flò, ak pati kò imen, ak koulè, ak distraksyon, adrès, metye ak pwofesyon, e latriye** (Savain, 1995, pp. 75-79). Yon lòt kote, gen anviwon **700 mo kreyòl ki gen menm pwononsyasyon ak mo franse a**, men yo kapab gen sans diferan: prete (prêter et emprunter); kofre (mettre en prison et frapper durement). Plizyè gwoup nan mo franse sa yo soti sitou nan franse sezyèm, disetyèm ak dizuityèm syèk. Annou fè konsiderasyon sa yo:

21.1.1 mo ki gade pwononsyasyon fransè a tankou: biye, bout, bwè, bwèt, kwè, eks.

21.1.2 mo ki te modifye: kajou (acajou), rive (arriver); vale (avaler)

21.1.3 inyon mo a ak atik la (aglitinasyon): lekòl, legliz, zaboka, monnonk, dlo, zidòl. Plizyè mo kreyòl ki kòmanse ak z soti nan lyezon atik ak yon mo franse ki kòmanse ak yon vwayòl tankou: les étoiles, zetwal (las estrellas); ze, les oeufs (los huevos). Règ sa a gen eksepsyon: Les eaux, dlo (las aguas); les années, ane (los años)...

21.1.4 mo ki gade fonèm yo e ki pa chanje sans: kalkil; cheve; kirye

21.1.5 mo ki gade menm fonèm nan men ki gen de sans diferan: Kannal, kann, janm

21.1.6 eliminasyon lèt r nan mitan o nan fen mo franse a: tanbou, pòt, sèten, siga, dola

21.1.7 chanjman son tankou: aise, age, ase, ose: èy, ay, òy: chèz (chèy), lakay, piyay, kichòy. Gen plis egzanp toujou nan tablo ki pi ba a.

Mo	Siyifikasyon
D aso (pran)	Antre ou pran san envitasyon, san pèmisyon
Chòche	Lougawou, movezè
Kotri	Gwoup ki defann pwòp enterè yo, matlòt, kòlèg
Madivin	Lesbyèn, masisi, makoklen
Zòt	Lòt moun yo

21.2 Mo ki fòme ak kout, bout, chouk…kontinye e konplete lis la

MO KREYÒL	PALABRA ESPAÑOL
Kout : 21.2.1 **Kout.** Kout kouto ; kout ponya, kout pwen, kout zam, kout zèklè, kout loray, kout lapli.	
21.2.2 Bout : Bout pantalon; m konnen bout ou; banm ti bout kann; bout pou bout.	
21.2.3 Chouk: Chouk bwa, chouk dan, chouk kann…	
21.2.4 Mo ki fòme ak moun: Moun sòt, moun lespri, moun andeyò, moun lavil, moun vini, ti moun, jèn moun, granmoun; lemoun, moun isit, moun lòtbò [dlo], tout moun se moun.	
21.2.5 Mo ki fòme ak bòs: Di ki bòs, ki moun ki itilize oubyen ki fè enstriman sa yo: Penso, kalbas, awozwa, wou, tiwèl, kwi, manchèt, pikwa, egiy, machin akoud, sonn (estetoskòp), tansyomèt, bousòl, chèz, kay, kabann, fè fòje, soulye, mato, vis, pèl, razwa, goyin, bourèt, sizo.	

21.3 Eleman mo ki soti nan lang fransè / Partículas francesas

21.3.1 Mo avèk "d, de, di, le, toule, toulez, ala"	Español
Gen yon seri eleman mo ki soti nan franse a, e ki pase nan kreyòl la ak yon sans vrèman literal. Nou kapab site: **d, de, di, le, toule, toulez, ala**, elt. An jeneral, eleman sa yo rete atache a mo kreyòl la. Ekzanp: uitèdswa, mwadoktòb, paydefè, twazèdimaten, ledimanch, toulejou, leswa; touleswa; alamòd, alamachin, palemwadsa, elt. 21.3.2 Pou kèk mo kreyòl, se pwononsyasyon franse a sèlman ki fè la diferans: un an= ennan; deux ans=dezan; une heure = inè; une aune (de toile) = inòn (twal); deux heures = dezè (las dos ; dos horas); neuvaine= nevèn (novena); dizaine= dizèn (docena), elt.	

21.3.3 Pafwa, se mo franse a oubyen tout yon ekspresyon menm ki pase nan kreyòl la: a de (a twa, a kat, a dizè, adwat, agoch…); pa pil, pa pake, pa milye, pa kiyè, pa bak, annavan, annaryè, an sotan, an moutan, an demon, an malmakak, an kalson, an ranyon…

N.B.: Kèk otè itilize espas oubyen trèdinyon pou ekri mo ki gen eleman sa yo. Anpil lòt itilize mo a an blòk. Se menm jan tou pou mo konpoze yo ak kèk lòt ekspresyon.

21.3.4 Kreyòl fransize, fransè kreyolize. Lè nap pale de relasyon ant franse ak kreyòl, anpil moun itilize yon kreyòl fransize, sitou lè yap itilize mo kreyòl ki soti nan mo franse ki fini an **r, er, eur, eure, or.** Yo pwononse mo kreyòl la mal e pa konsekan, yo mete move atik apre li. Sa sonnen mal nan zòrèy moun. Li sonnen mal ni lè moun ap fransize kreyòl la, ni lè moun ap kreyolize franse a. Se pousa gen yon kritik ki di nou menm ayisyen, nou pa pale ni franse, ni kreyòl. Eske se vre?

21.4 Si kreyòl pale te kreyòl ekri ; si kreyòl ekri te kreyòl pale

Genyen de pawòl de moun diferan te di ki te fè m fache anpil e ki sanble make lavi m pou tout tan. Men, lè m al reflechi byen, mwen wè moun sa yo te gen rezon. Se mwen ki te twonpe m. Premyèman, yon gwo otorite Repiblik Dominikèn te kritike ayisyen pandan l tap di: "Ayisyen se yon pèp ki pa pwodui". Mwen menm, kòm patriyòt konsekan, fawouch, m ta di menm zele, m te estomake kareman. Men, lè m te vin reflechi, lè m te gade defisi balans kòmèsyal ant de peyi yo, m reyalize mesye a te gen rezon: Nou pa pwodui vre! Nan menm ide a, yon dominiken ki tap pase an tranzit an Ayiti te di devan m, nan ayewopò entènasyonal Tousen Louvèti: « Tonnè, sa sa ye? Sa se yon ayewopò? Se moun sa yo ki te gen foli okipe nou an »? Li pat konnen si m te pale panyòl; lè li te vin wè m konprann, li te chanje konvèsasyon an. M te fache anpil. Men, apre m te fin rive nan bèl ayewopò las Americas nan Sendomeng, m te reyalize dominikèn nan te gen rezon. Ayewopò Tousen Louvèti a pat ka wè ak Ayewopò Las Americas la. Nou te lwen dèyè kamyonèt la.

Yon lòt kote, pandan yon konvèsasyon m te genyen avèk yon sitwayen ayisyen, li te di m ayisyen pa pale okenn lang; lè m te mande l ki sa l te vle di, li te reponn mwen: Ayisyen pa pale ni franse, ni kreyòl. Se pa de vekse m te vekse lè m te tande pawòl dwòl sa a. Poutan, lè m te pran reflechi byen, e sitou lè m te fin koute ayisyen kap pale, m te kwè sitwayen an te gen rezon, an pati: twa ka nan nou pa pale ni franse, ni kreyòl vre. Nou toujou ap melanje yo!

Atis-Mizisyen Koupe Kloure te bwose tèm nan lè l te mande tèt li: Kisa pou n fè ak moun sa yo?

Lè yon moun ap pale franse, yo di l ap ranse; lè l pale kreyòl, yo di l pat al lekòl; lè l pale laten, yo di l ap fè tenten.

Konsa, moun kap fransize kreyòl la ap fè efò pou kenbe prestij entèlektyèl li; sa k ap fransize kreyòl la vle montre li konnen pale franse. Gen de gwoup moun ki pa tonbe nan de kategori sa yo: se moun ki rive domine toulede lang yo byen, nou vle pale de nèg save yo; lòt kategori a se moun ki pa konn pale franse ditou oubyen ki pa konn **gbd** nan fèy malanga.

M pa ka presize ki pousantay ayisyen ki mele de lang yo, men si ou menm fè obsèvasyon an apre ou fin koute yon emisyon radyo pa egzanp, oubyen koute kenpòt lòt konvèsasyon, sitou moun ki te avanse byen fon lekòl, nou ka rive estime kantite moun ki gen abitid melanje kreyòl ak franse. Si nenpòt moun kap li tèks sa a reflechi byen, n a wè msye te gen rezon di nou pa pale ni franse, ni kreyòl. Se sa ki rele kreyòl fransize, oubyen kreyòl bouch pwenti. Nou p ap pale de bouch si non. Si nenpòt moun ki li tèks sa a ka reflechi byen, li dwe rann omaj alaverite. San nou pa egzajere, nou kapab di apeprè 90% ayisyen bileng pa pale ni kreyòl ni franse, sinon yon lang nou ta rele entèmedyè, yon kreyòl fransize, yon kreyòl bouch pwenti. Nou p ap pale de sa nou ta rele **krenglish (o kreglish)** oubyen **krespanyòl** kèk moun nan dyaspora ayisyen an itilize non. N ap pale de kreyòl fransize a majorite ayisyen ap itilize a. An reyalite, nou ta di gen de kreyòl. Annou li a hot vwa de diferan tèks sa yo, epi n a wè kote verite a ye.

Tèks A	Tèks B
Seigneur a gen gwo pouvoir !	Senyè a gen gwo pouvwa !
Li merite pou yo fè lwanj li	Li merite pou yo fè lwanj li
Nan lavil Bondieu nou an,	Nan lavil Bondye nou an,
Sou morne ki apart pou li a.	Sou mòn ki apa pou li a.
Ala yon bèl morne !	Ala yon bèl mòn !
Li fè koeur tout moun sou la terre kontan.	Li fè kè tout moun sou la tè kontan.
Sou morne Siyon an, ki sou bord nord,	Sou mòn Siyon an, ki sou bò nò,
Se la yo bati lavil gwo wa a.	Se la yo bati lavil gwo wa a.
Seigneur a rete lakay li, li fè konnen	Senyè a rete lakay li, li fè konnen
Se bord kote l yo jwenn kote	Se bò kote l yo jwenn kote
Pou yo kache. (Sòm 48:1-2)	Pou yo kache. (Sòm 48:1-2)

Se sa moun save yo rele transfè langaj (Transferencia del lenguaje, interferencia o L1). Se llama **espanglish** la mezcla del español con el inglés; **franglais**, la mezcla del francés con el inglés; **chinglish**, la del chino con el inglés; **porglish**, la del portugués con el inglés, etc.

K	L	E	P		
K	R	E	Y	O	L

EGZESIS~DEVWA / ASSIGNMENT

Saktefèt (revizyon)?

Sakafèt (pwogram)?

Sakpralfèt (pwojè)?

A. Egzèsis ak devwa pou revizyon, refleksyon ou diskisyon.

KREYÒL	ESPAÑOL
1. Pouki sa nou di kreyòl ayisyen an gen kòm baz lang fransè a ?	
2. Nonmen kèk mo ki soti nan lang franse a.	
3. Nonmen kèk mo ou ekspresyon ki nouvo an Ayiti kounye a.	
4. Fè yon lis mo yon moun ki pale franse gen tandans pou mal pwononse an kreyòl.	

B. Ann travay ansanm

1. Fè yon lis istwa, kont, blag e rakonte yo an kreyòl. Egz. Pa bliye sa ki pi enpòtan.
2. Koute lekti a e di ki anomali ou tande (Jezu, soveur, des hommes, se pou tout moun ecrire, bonheur, lheur, orevoir, makomer, depute, senateur, horaire, hier soir, pecheur, moteur, charmer, parler mal, rien du tout, elt.).

C. Ann ekri. Puede usted encontrar la palabra francesa que dio origen a estas palabras?

1. zaboka _____ (les_avocats)

2. zarenyen _____

3. zepina _____ (les_épinards)

4. Zepòl _____

5. zandolit _____

6. zanj _____

7. zanmi _____

8. zannanna _____

9. zannimo _____

10. zanno _____

11. zanpoud _____

12. zansèt _____

13. ze _____

14. jechalòt _____

15. zèkè _____

16. zepeng _____

17. zepi _____

18. zetrenn _____

19. zetwal_____   20. zèb_____

21. zegrè_____   22. zèl_____

23. zo_____   24. zoranj_____

25. zwazo_____   26. zèl_____

27. zonyon_____   28. zouti: _____

D. Ann ekri. Fòmasyon iregilye non yo. Konplete tablo a. Eseye mete atik kreyòl devan mo franse a, epi devan mo kreyòl la. Kisa ou remake ? Complete la tabla con el femenino de los nombres.

KREYÒL	ESPAÑOL	
	Masculino	Femenino
Aktè	Actor	Actriz
Bofis		
Bòfrè		
Bòpè		
Konpanyon		
Kouzen		
Djab		
Bondye		
Direktè (prensipal)		
Dik		
Ekolye		
Anperè		
Mari		
Pitit gason		
Frè		
Pitit fi		
Gran papa		
Ewo		
Nèg, lòm		
Vizitè		
Enspektè		
Mèt		
Mal (#femèl)		

Mekanisyen		
Mesye		
Neve		
Monnonk		
Papa		
Parenn		
Lepè		
Pitit pitit fi		
Prens		
Wa		
Sèvitè		

E. Ann ekri. Ekspresyon avèk genyen pou moun ki konn pale fransè (Expresiones con **genyen** para los que hablan el francés)

No	FRANCÉS	KREYÒL	ESPAÑOL
1	avoir 10 ans	M gen 10 an	Tengo diez años
2	avoir à	M gen pou mwen; m dwe	Tengo que, debo…
3	avoir besoin de	M [gen] bezwen	
4	avoir chaud	M cho	
5	avoir de la chance	M gen chans	
6	avoir envie de	M [gen] anvi	
7	avoir faim	M grangou	
8	avoir froid	M frèt	
9	avoir honte	M wont	
10	avoir l'air + agréable	Li gen lè agreyab	
11	avoir l'air de + nom	Li gen lè papa l	
12	avoir l'intention de	Yo gen entansyon marye	
13	avoir mal à la tête, aux yeux…	M gen tèt fè mal	
14	avoir mal au coeur	M malad nan kè	
15	avoir peur de	M pè	
16	avoir raison	M gen rezon	
17	avoir soif	M swaf	
18	avoir sommeil	M gen dòmi	
19	avoir tort	M an tò	
20	avoir pour boussole	M gen kòm bousòl	

F. Ann ekri. Konpare mo kreyòl sa yo ak mo espanyòl ki koresponn a yo menm nan yon fraz.

Mo kreyòl	MO ESPANYÒL	EKRI YON FRAZ AK MO A
Genyen	Tener	M gen pou m aprann kreyòl byen
Gete		
Joure		
Jwenn		
Kabrit		
Kenbe		
Kite		
Kodenn		
Konnen		
Kwoke		
Mamay		
Mare		
Pete		
Rale		
Rete		
Tete		
Vakabon		
Visye		

DOKIMAN KREYÒL / DOCUMENTOS EN KREYÒL

22.1 Im Nasyonal ayisyen: La Desalinyèn[1]

I

Pou Ayiti, peyi Zansèt yo
Se pou n mache men nan lamen.
Nan mitan n pa fèt pou gen trèt
Nou fèt pou n sèl mèt tèt nou.
Annou mache men nan lamen
Pou Ayiti ka vin pi bèl.
Annou, annou, met tèt ansanm
Pou Ayiti onon tout Zansèt yo.

II

Pou Ayiti onon Zansèt yo
Se pou n sekle se pou n plante.
Se nan tè tout fòs nou chita
Se li k ba nou manje.
Ann bite tè, ann voye wou
Ak kè kontan, fòk tè a bay.
Sekle, wouze, fanm kou gason
Pou-n rive viv ak sèl fòs ponyèt nou.

III

Pou Ayiti ak pou Zansèt yo
Fo nou kapab vanyan gason.
Moun pa fèt pou ret avèk moun
Se sa k fè tout Manman ak tout
Papa
Dwe pou voye Timoun lekòl.
Pou yo aprann, pou yo konnen
Sa Tousen, Desalin, Kristòf,
Petyon
Te fè pou wet Ayisyen anba bòt
blan.

IV

Pou Ayiti onon Zansèt yo
Ann leve tèt nou gad anlè.
Pou tout moun, mande
Granmèt la
Pou l ba nou pwoteksyon.
Pou move zanj pa detounen-n
Pou-n ka mache nan bon chimen.
Pou libète ka libète
Fòk lajistis blayi sou peyi a.

V

Nou g on drapo tankou
tout Pèp.
Se pou n renmen l, mouri
pou li.
Se pa kado, blan te fè nou
Se san Zansèt nou yo ki te
koule.
Pou nou kenbe drapo nou wo
Se pou n travay met tèt
ansanm.
Pou lòt peyi ka respekte l
Drapo sila a se nanm tout
Ayisyen.

---

[1]   See the poem: Mèsi papa Desalin by Felix Morisseau Leroy.

22.2 Lissette[2]. (Konpare de tèks sa yo).

(Vèsyon orijinal)
Lissette quitté la plaine
Moi perdé bonher a moi
Gie a moi sanble fontaine
Dipi moi pa mire ou
Le jour quand moi coupe cann
Moi sonje zanmour a moi
La nuit quand moi dan cabane
Dans bras moi kinbe ou.

(Vèsyon an kreyòl jodi a)
Lisèt kite laplèn
Mwen pèdi bonè mwen
Figi m sanble yon fontèn
Depi m pa wè ou.
Lajounen, lè map koupe kann
Mwen sonje amou mwen
Lannuit, lè m nan kabann
Se nan bra mwen mwen kenbe ou.

22.3 Magistrat Vincent nou contents. Obsève e konpare tèks sa yo.

(Vèsyon orijinal ki soti nan chante popilè)
Magistra Vincent nous contents.
Magistra Vincent, nous contents.
La ru balé, rigol nettié.
La ru balé, nous contents
Quand ou fair bien (bis)
Pèp ou content.
Lor agi bien, gain yon jou l va recompensé ou

Majistra Vensan nou kontan
Majistra Vensan, nou kontan
Lari bale, rigòl netye
Lari bale, rigòl netye
Kan yon moun fè byen (bis)
Pèp ou kontan
Lò w aji byen, gen yon jou l
Va rekonpanse ou.

22.4 Choukoun (chan folklorik)

Dèyè yon Dèyè yon touf penguenn
Lot jou m rankontre Choukoun
Li souri lè li wè mwen
Mwen di: syèl alon bèl moun (bis)
Li di m li twouve sa chè.

Ti zwazo nan bwa ki t ape koute m (bis)
Lè mwen sonje sa mwen genyen lapenn
Ka depi jou sa de pye mwen nan chenn (bis)

I

Choukoun se yon marabou
Je li klere kou chandèl
Li gen ti tete doubout
Ay! si Choucoune te fidèl (bis)
Ala jan m ta renmen li!

II

M ale lakay manman li
Yon ti granmoun trè nèt
Li kontan wè mwen li di:
Ay, mwen montan sila nèt
Mwen bwè chokola o nwa
Wi mwen bwè chokola o nwa.

---

[2]   Lissette es uno de los documentos más antiguos escritos en kreyòl (afrancesado).

22.5 Ayiti cheri (chan folklorik)

Haiti Cherie (Palabras y música del Dr. Othello Bayard)

Ayiti cheri pi bon peyi pase ou nanpwen
Fòk mwen te kite w pou mwen te kap konprann valè w
Fòk mwen te manke w pou m te kap apresye w
Pou m santi vrèman tout sa ou te ye pou mwen

Gen bon solèy bon rivyè e bon brevaj
Anba pyebwa ou toujou jwenn bon lonbraj
Gen bon ti van ki bannou bon ti frechè
Ayiti Toma se yon peyi ki mè chè

Lè w lan peyi blan ou gen yon vye frèt ki pa janm bon
E tout lajounen ou oblije ap boule chabon
Ou pakab wè klè otan syèl la andèy
E pandan si mwa tout pyebwa pa genyen fèy

> Li powèm "Haïti Chérie" a hot vwa. Analize li e konpare Ayiti nan tan otè a tap viv la avèk Ayiti ki genyen kounye a. Èske Ayiti pwogrese oubyen li fà bak?
>
> Ki sa otè a di ki toujou rete an Ayiti jodi a?

N.B.: Tomado de www.HaitiForever.com. Se hacen algunas adaptaciones.

22.6 Powèm: Mèsi Papa Desalin (Poema escrito por Félix Morisseau Leroy)

Chak fwa m santi sa m ye
M di mèsi, Desalin
Chak fwa m tande youn nèg koloni
Ki poko lib pale
M di: Desalin, mèsi
Se mwen k konnen sa ou ye pou mwen
Mèsi, papa Desalin
Si m youn nonm
Se pou m di : mèsi, Desalin
Si m ouvè je m gade
Se gras a ou, Desalin
Si m leve tèt mwen pou m mache
Se gras a ou, Desalin
Chak fwa m gade lòt nèg
M di mèsi, Desalin
Lè m wè sa k ap pase lòt kote
M di: mèsi, Desalin
Lè m tande kèk nèg parèy mwen pale
M di: mèsi, papa Desalin
Se mwen k konnen sa ou ye pou mwen
Towo Desalin
Desalin, san mwen
Desalin, de grenn je m
Desalin, zantray mwen
Se mwen k konnen

Se pou tout nèg di:
Mèsi Desalin
Se ou k montre nou chimen nou
Mèsi Desalin
Se ou k limyè nou
Desalin
Se ou ki ban n tè nap pile a
Syèl ki sou tèt nou an
Pyebwa, larivyè
Lanmè, letan, se ou
Desalin, se ou k ban n solèy
Ki ban n lalin
Ou ki ban n sè, frè n
Manman, papa n, pitit nou
Se ou ki fè n youn jan youn mannyè
Nou pa kou tout nèg
Si m gade tout mounn nan je
Se ou kap gade yo, Desalin
Se ou ki ban n dlo pou n bwè
Ou ki ban n manje pou n manje
Mèsi, papa Desalin... (wè tout powèm nan sou entènèt)

Li ak anpil atansyon tèks "Mèsi Papa Desalin". Prepare yon rezime pou diskisyon nan klas la.

Ki jan de powèm Moriso ekri la?

Èske tout sa l di se reyèl oubyen li egzajere?

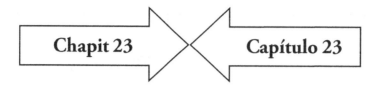

Koudèy sou literati kreyòl /Vistazo sobre la literature del kreyòl

KREYÒL	ESPAÑOL
23.1 Literati an jeneral. Nan literati franse a, pandan epòk mwayenaj la, te gen literati ajyografik, chanson de jès, powezi twoubadou, woman koutwa ak fabliyo. Pandan sezyèm syèk la, te genyen gran retorikè, imanis ak Lapleyad. Disetyèm syèk te yon epòk klasik (klasisis). Pandan dizuityèm ak diznevyèm syèk, te gen romantis, reyalis, natiralis ak senbolis. Pandan ventyèm syèk, te gen oulipo. Ki sa fransè yo genyen nan venteyinyèm syèk la?	

23.2 Kèk mo ki gen pou wè ak literati (Palabras que tienen que ver con la literatura)

KREYÒL	ESPAÑOL	KÒMANTÈ
Aksyon		
Antagonis		
Byografi		
Dram		
Dyalòg		
Efè total		
Fab		
Fiksyon istorik		
Final siprenan		
Imajinasyon		
Istwa kout		
Karaktè		
Karaktè prensipal		

Karakterizasyon		
Komedi		
Konfli		
Kont		
Lejand		
Manyè		
Mit		
Mizansèn		
Moral		
Naratè		
Otobyografi		
Powezi		
Pwoz		
Pwen de vi		
Pwotagonis		
Reprezantasyon (teyat)		
Reyalism (reyalis)		
Sijè		
Syans fiksyon		
Ton		
Trajedi		
Traji-komedi		
Tram, denouman		
Trete		
Woman (Roman)		

23.3 Vèsifikasyon (Kalite vè) / Tipo de versos

Èske w konnen kisa ki karakterize chak kalite eleman literè sa yo?

KREYÒL	ESPAÑOL
Akwostich	
Balad	
Chanson	
Didaktik	
Epigram	
Epik	
Epitaf	
Fab	
Katren	
Kenzèn	
Kiriyèl	
Limerik	
Od	
Rondlèt	
Senken	
Septolè	
Sonè	
Vè lib	
Wondèl	
Wondo	

Boileau te di nan lang franse:

"Vingt fois sur le métier, remettez votre ouvrage. Polissez-le sans cesse et le repolissez. Tout honnête homme a de tel sentiment".

An bon kreyòl :
Retounen sou travay ou fè menm 20 fwa si se nesesè; poli l e repoli l (revize l). Tout moun ki serye gen santiman sa a lakay li.

23.4 Evalyasyon kalite vè. Chwazi kèk zèv literè, evalye yo pandan wap suiv chema ki anba a:

Tèm	Echèl /ESCALA				
	0	1	2	3	4
Entwodiksyon					
Kilè e ki kote (Settings)					
Aktè yo (Kisa yo di, ki sa yo fè…, sa yo di de yo…)					
Ide prensipal ak ide segondè (Main and supporting ideas)					
Ki leson nou tire (Inference - combination of the information given with things already known)					
Ki pèsonn moun yo itilize (First, second…)					
Ki kalite istwa (Pwose, verse)					

Kijan evènman yo anchene (plot of the events; collection of events that takes place in a story)					
Pwen total					
Nòt final					

23.5 Istwa ekri kreyòl ayisyen an ~ Historia del kreyòl escrito haitiano

Kreyòl	Español
23.5.1 Premye dokiman ki te ekri an kreyòl se te **pwoklamasyon abolisyon lesklavaj Komisyonè franse Sontonak ak Pòlverèl** te bay nan dizuityèm syèk la (26 me e 29 dawou 1793). Apre dokiman sa a, tapral gen anpil lòt ankò.	
23.5.2 Pwoklamasyon Bonapat. Pwoklamasyon Bonapat a esklav Sendomeng yo pou pouse yo aksepte ekspedisyon Jal Leklè a (18 of Brumaire, Year 10; 1802, Fouchard, 1972)	
23.5.3 "Fanm Okap". Yon abitan Sendomeng te pibliye dokiman ki rele "**Fanm Okap**" nan yon seri zèv literè ki te parèt Filadelfi nan lane 1808.	
23.5.4 Powèt Duvivier de la Mahotière pibliye powèm: «**Lissette quitté la plaine**", (vè lane 1750).	
23.5.5 Powèt Hérard Dumesle te pibliye an 1824 (nan dokiman ki gen pou tit "Voyage dans le nord d' Haïti) **envokasyon Boukman** te fè nan seremoni Bwa Kayiman an (14 dawou 1791).	
23.5.6 Powèt Juste chanlatte ekri sa ki rele : "**Dialogues**" nan teyat " **L'entrée du Roi dans sa Capitale**" pibliye a Milot (wè Jean Claude Bajeux, Mosochwazi, p. 6)	
23.5.7 Apre lendepandans d Ayiti, lang franse a pa te elimine; okontrè. Li tap vin genyen plis prestij. Poutan, piti piti, lang kreyòl la tap emèje e nou tapral jwenn plis dokiman ki ekri an kreyòl nan literati peyi a.	.
23.5.8 Powèt Oswald Durand (1884) ekri **Choukoun** nan dokiman ki te rele "Rires et Pleurs". Jodi a, Choukoun se yon chante folklorik byen popilè prèske toupatou.	
23.5.9 Tradiksyon fab Lafontèn nan "**Krik Krak**" (Georges Sylvain, 1901-1903).	

23.5.10 Katechis kreyòl Achevèk Kersuzan te ekri an 1910.	
23.5.11 Bib la Sosyete Biblik ayisyèn nan te pibliye an kreyòl.	
23.5.12 Fab an kreyòl de Carl Wolf (1916)	
23.5.13 Fab an kreyòl de Frederic Doret (1928)	
23.5.14 Apre okipasyon amerikèn nan (1915-1934), te gen yon kouran lide ki chwazi retounen nan rasin afriken nou. Yon gwoup ayisyen te rele mouvman sa a "Negritid". Sa te vin fasilite plis dokiman ekri ankò nan lang kreyòl la.	
23.5.15 "**Ainsi Parla l'Oncle**" (Dr. Jean Price Mars, 1928) se non yonn nan dokiman ki te pi enpòtan nan epòk sa a. Yon lòt mouvman tapral pran pye: Endijenis (1930-1970), sitou avèk (Pradel Pompilus (1983). Sa t apral bay literati kreyòl la plis jarèt ankò.	
23.5.16 Felix Morisseau Leroy (1953) tradui "**Antigòn**" de Sophocle.	
23.5.17 Nan dekad 60 lan, Nouma te tradui powèm "**Le Cid**" de Corneilles.	
23.5.18 Dezafi se non premye roman ayisyen Franck Etienne te ekri an kreyòl an 1975.	
23.5.19 "**Ti dife boule sou istwa d Ayiti**" se non yon dokiman Trouillot te ekri an 1977.	
23.5.20 Nan lòt peyi, literati kreyòl te toujou ap evolye: Nan Matinik, Abe Jean Claude Goux te pibliye **katechis ak gramè kreyòl** (1843). Nan Port of Spain, Jacob Thomas te pibliye plizyè etid sou kreyòl (Theory and Practice in Creole, 1869); nan Giyàn, Alfred Parepou (pseudonym) te pibliye premye roman kreyòl: **Atipa** (Alfred Saint-Quentin; 1885).	
23.5.21 Kounye a, plizyè otè kontinye pibliye an kreyòl: Yves Dejean; R.C. Lafayette; Dr. Pradel Pompilus, Catts F. Pressoir; Albert Valdman, pami anpil lòt.	

23.5.22 Lè legliz katolik elimine laten nan lamès (Council of the Vatican in 1964) kreyòl vin pran enpòtans li nan legliz katolik kon [kou] pwotestan.	
23.5.23 Anpil komedyen ayisyen tankou Alsibyad, Languichat, Piram, Jesifra, Tonton Dezirab, ak anpil lòt ankò, devlope anpil pyès teyat ak komedi an kreyòl, paske yo vle atire atansyon piblik la. Se konsa nou jwenn anpil mizik, anpil fim, anpil blag, anpil kont, anpil chan, anpil anons, anpil deba, anpil pwogram radyo an kreyòl. Nou jwenn kreyòl la gaye nan travay anpil otè nan zòn karayib la. Malgre tout pwogrè sa yo. Kreyòl la gen anpil chemen pou l kouri.	

K	L	E	P		
K	R	E	Y	O	L

EGZESIS~DEVWA / ASSIGNMENT

Saktefèt (revizyon)?

Sakafèt (pwogram)?

Sakpralfèt (pwojè)?

A. Egzèsis ak devwa pou revizyon, refleksyon ou diskisyon.

KREYÒL	ESPAÑOL
1. Defini tèm sa yo? a) antagonis b) karaktè c) pwotagonis d) denouman e) konfli f) moral 2. Chwazi yon woman e bay egzanp tèm sa yo. 3. Devlope pwòp zèv teyat ou oubyen yon woman. Eksplike devan klas la. 4. Chwazi yon zèv literè nan literati ayisyèn e analize l dapre tablo nou prezante pi wo a. Nou kapab chwazi pami otè sa yo: Oswald Durand, Etzer Vilaire, Fernand Hibbert, elt. 5. Chache nan entènèt kèk dokiman ki ekri an kreyòl tankou: Bib la, Lissette, Compère Général Soleil, elt.	Haga un resumen de la evolución del kreyòl haitiano

B. **Li twa powèm sa yo e kòmante yo ansuit**

a) Powèm: Yo

Yo
Yo pa yo
Yo se yo
Nou se nou
Yo se yo tou.
Nou konnen sa yo ka fè
Nou konnen sa yo ka di
Nou konnen yo ka l anwo
Yo ka desann anba
Yo ka fè adwat
Yo ka fè agoch
Yo ka nan mitan
Yo ka sou kote
Yo toupatou!
Yo tout bagay, men yo pa anyen!
Ala yo sa papa!
Yo se magi!
Yo nan tout sòs
Yo isit, yo lòtbò
Yo bon, yo mal
Ou ta di yo gen
yon tete dous
Yon tete anmè
Yo ka nan lanfè
Yo ka nan paradi
Ala yo sa papa!
Yo bon pou pri a
Yo anraje!
Men... O! ki yo sa?
Yo se lang?
Yo se bouch?
kisa yo ye menm?
Yo se yoyo?
O! O!
Yo se mwen!
Yo se zòt?
O! Yo se yo?
Men, nou, se [fout] nou tou.
N a jwenn ak yo
N a fè yo wè zo grann yo,
Yo va sispann fè tripotay.
(sinye: Yodikidi, autè: Tercius Belfort)

b) Ti pòl, al lekòl, tande!

Si jenn Tipòl

Ale toujou lekòl

Byen abiye e ak kòl

pou l aprann kreyòl

san parès, san bemòl,

men, pito ak pwotokòl

L a fè anpil gòl

San anpil tchòbòl

sou teren foutbòl

lavi a ki si dwòl .

Kreyòl

ka sèvi Tipòl

Bousòl

pou l pa nan tchòbòl

c) Yon akwostich pou lang kreyòl la

Kreyòl se lang pa m

Rayi chen di dan l blan

E m di sa toutbonvre

Yo met sote ponpe

Òklò kon yo ta òklò

Lang kreyòl la bèl, e li bòzò!

	KREYOL		
KREYO	K		OYERK
KREY	R		YERK
KRE	E		ERK
KR	Y		RK
K	O		K
	L		
	KREYOL		
	K		
	R		
	E		
K	Y		K
KR	O		RK
KRE	L		ERK
KREY			YERK
KREYO			OYERK

Vokabilè Kreyòl-espanyòl nan fraz
(Vocabulario español-kreyòl en oraciones)

Fraz ak ekspresyon kreyòl ~ algunas oraciones y expresiones en kreyòl

24.1 Obsèvasyon ak kòmantè ekspresyon / Observe y comente las oraciones siguientes. Itilize diksyonè miltilang lan.

NO	EKSPRESYON KREYÒL	ESPAÑOL
1	Li banda anpil	Está muy pulcro
2	About (fatige: tired): m about ak mizè sa a.	Estoy muy cansado con esta miseria.
3	Absoliman, reyèlman	
4	Achitèk la prepare plan kay Elèn nan	
5	Agase (anmède, fawouche, eksite, anbete: tinting): Ou renmen agase moun twòp.	
6	Ajans vwayaj la rele ou	
7	Ajoute di dola sou li	
8	Aksyonis yo renmen wè pri aksyon yo monte	
9	Aktè sa jwe byen nan fim nan	
10	Ala yon bon nèg se ou !	
11	Ale anwo a	
12	Ale bwachat (ale nan peyi san chapo; mouri): malere a ale bwa chat	
13	Ale tou dwat devan ou	
14	Ale, men pa mize	
15	Ame a kraze, men Lapolis la	
16	Amos Coulanges se yon gwo gitaris Ayisyen	
17	An Ayiti, di yon moun li gen dwèt long se di moun nan vòlè	
18	An Ayiti, gen de lang ofisyèl: Kreyòl ak Fransè	
19	An Ayiti, pa gen bon wout	

20	Andremèn se ansyen madanm Jonas	
21	Anjèl se ansyen mari Ana	
22	Aniz se fanm Jano	
23	Ann ale nan sinema	
24	An Ayiti, sitou nan Pòtoprens, gen anpil kamyonèt; yo rele yo taptap tou.	
25	Ann kole zepòl ak zepòl	
26	Annik: Ou annik rive, yo sèvi ou; li annik rive, li pati ; m annik ouvri bouch mwen, ou kouri avè m; m annik kòmanse, ou di m ale.	
27	Annou jwe domino	
28	Anpil ayisyen ap sèvi ak lanp tèt gridap toujou	
29	Anpil fwa, an Ayiti, yo rele chantè yo oubyen moun ki konpoze chan yo "Sanba"	
30	Anpil kay pa gen lavabo	
31	Anpil peyi pa vle lapèn de mò	
32	Anpil sèvyèt Limèn mande pou l separe	
33	Anpil vandè se machann anbilan	
34	Antouka	
35	Apa ou pa ede m!; Apa li papa ; apa li ki di m sa	
36	Apatman an pa janm lwe	
37	Apre mesyedam yo te fin fiyanse, yo marye	
38	Apre tanpèt la, gen kalmi.	
39	Atansyon, gen anpil falèz an Ayiti	
40	Atis la bay yon bon konsè jodi a	
41	Avoka se defansè nou	
42	Avyon an ateri ta	
43	Avyon an pase sou tèt kay la	
44	Ayewopò a pa lwen	
45	Ayiti gen anpil bòs pent	
46	Ayiti ka pa gen anpil resous ekonomik	
47	Bag sa a se yon kado mennaj mwen banmwen	
48	Banm rès monnen an!	
49	Baskètbòl mande rapidite	
50	Bat kat la byen; li mal bat	

51	Bat men pa di aplodi pou sa	
52	Bato a leve lank	
53	Bay malad la dite	
54	Bebe a rele Amado	
55	Bidjè Ledikasyon Nasyonal d Ayiti pa wo ditou	
56	Biyè avyon yo chè an vakans ete	
57	Biznis lan pa fè benefis, li fè fayit	
58	Biznizmann dwe peye patant	
59	Blouz li a anfòm papa!	
60	Bòkò pa Bondye	
61	Bon tranzaksyon konsève zanmi	
62	Bondye tou pre nou	
63	Bonjou mèt	
64	Bòs Mako se yon bon tayè	
65	Bòs mason an travay debyen	
66	Botanik se syans ki etidye plant yo	
67	Bouchri a pa lwen	
68	Bous Nouyòk la fèmen jodi a	
69	Byoloji se syans ki etidye lavi, sa vle di òganis vivan	
70	Chak ane, se pèt lap fè	
71	Chak ane, sechrès menase nou	
72	Chak dimanch, gen yon bifè lakay li	
73	Chak maten, m bwè kafe ou te	
74	Chak vakans, l ale nan kwazyè	
75	Chak vandredi, diskotèk la plen moun	
76	Chapo sa a soti Panama	
77	Chemiz li an pa gen tach	
78	Chèn nan trò fen, li kase	
79	Dan fè mal pa dous	
80	Dantis la rache dan an fasil	
81	Dat dekouvèt d Ayiti se 5 desanm 1492	
82	Detanzantan, lapli ap tonbe	
83	Depans ou peye avoka rele "onorè"	

84	Depi 11 septanm 2001, teworis se yon gwo pwoblèm	
85	Depi ou wè dife pran, rele ponpye	
86	Depi…jouk (soti… rive): from… until / to: depi maten rive jouk kounye a, m pa vann anyen.	
87	Detektif sa ap ba ou l sou de ti chèz	
88	Dèyè mòn gen mòn	
89	Dezabiye Sen Pyè pou abiye Sen Pòl	
90	Dife se pi bèl envansyon nou genyen	
91	Diri ak pwa bon anpil	
92	Dis chèz sifi	
93	Dlo a fre	
94	Dlo a pa ni cho ni frèt, li tyèd	
95	Doktè a gen yon espesyalite an chiriji	
96	Doktè a pran sonn li l ale	
97	Doktè a sonde malad la	
98	Dòz medikaman sa a twò fò	
99	Edikasyon fizik enpòtan menm jan ak tout lòt matyè	
100	Egzamen an pa fasil ditou	
101	Egzamen bakaloreya pa janm fasil an Ayiti	
102	Ekonomi peyi d Ayiti pa bon menm kounye a	
103	Elektrisyen an fè yon bon travay	
104	Elena renmen ale nan bal	
105	Elèv la gen bèl nòt	
106	Eli ap travay lapòs	
107	Enfimyè a pran anpil pasyans ak malad la	
108	Enjenyè a pèdi lisans li	
109	Erozyon fini ak tè nou yo	
110	Èske ou gen monnen nan ven goud?	
111	Èske ou gen opinyon sou sa ?	
112	Eske ou kapab banm nan bonis ou a ?	
113	Èske ou reveye ak pye goch ou?	
114	Eskiltè sa kapab transfòme bout bwa sa a an yon chedèv	

115	Estad "Silvio Cator" genyen yon bon espektak	
116	Estasyon machin yo tou pre	
117	Estela akouche de jimo	
118	Eta Sivil toujou mande temwen	
119	Fè pitit la bwè lèt la pou mwen souple; fè li banm repo pou m dòmi.	
120	Fè adwat	
121	Fè atansyon a yon atak kè	
122	Fè depo lajan an vit	
123	Fè kenken (there are many): Moun fè kenken nan fèt la	
124	Fè ladesann lakay (live for a while in the house of…) : Se pa tout moun ki renmen fè ladesann lakay moun.	
125	Fè m yon kado, m a travay avè ou	
126	Fedia Laguerre se yon bon atis ayisyen	
127	Fotograf la vann albòm tou	
128	Foutbòl se espò nasyonal ayisyen	
129	Gade an fas ou	
130	Gade tèt chòv la non!	
131	Galon an ranpli dlo	
132	Gason, pot yon napkin ak yon chalimo pou mwen souple.	
133	Gen anpil bisiklèt nan vil Gonayiv ak Okay	
134	Gen anpil elèv	
135	Gen anpil katye nan Pòtoprens	
136	Gen de travay wap fè, fò ou mete gan	
137	Gen moun ki bouyi dlo anvan yo bwè l	
138	Gen moun ki pa renmen peye ak chèk	
139	Gen moun ki renmen valiz an kui	
140	Gen moun ki sere bijou yo nan kòf	
141	Gen moun se vejetal sèlman yo manje	
142	Granfrè mwen se Lolo	
143	Granmoun renmen kale timoun	
144	Grann mwen gen yon ti boutik	
145	Grann mwen la	

146	Grann mwen te vèv anvan l te mouri	
147	Granpapa m te mouri	
148	Gratèl se maladi po	
149	Grip la sakaje m anpil	
150	Grip la fèl gaga (toudi)	
151	Jan ak Jak se asistan, se pa yo kap deside	
152	Janiz renmen Sikoloji	
153	Je lap gade, li pa wè	
154	Jèn sa renmen jwe biya	
155	Jenou m ap fè m mal	
156	Jewografi se etid tè a ak tout sa ki [rete] ladann	
157	Jewoloji se etid tè a, konpozisyon l ak istwa fòmasyon li	
158	Jij la fin pwononse santans lan	
159	Jij la pa pran priyè nan men moun	
160	Jip la twò kout	
161	Jistis se pou tout moun	
162	Jonas lopital	
163	Jonas se mennaj Andra	
164	Jwè No 12 la bay yon gòl	
165	Kabann nan fèt an bwa	
166	Kabicha (ti dòmi) : Chofè a fè yon ti kabicha sou volan, e li manke fè aksidan.	
167	Kalson an pwòp	
168	Kansè se yon move maladi	
169	Kantite lajan ou genyen se kapital ou	
170	Kap Ayisyen se dezyèm pò maritim an Ayiti	
171	Kay mwen an gen yon sèl etaj	
172	Kay sa a gen anpil eritye	
173	Kay sa fèt an blòk	
174	Kèk Inivèsite ofri bous detid a etidyan etranje	
175	Ki atitid ou anvè lavi a?	
176	Ki ekivalans goud la jodi a?	
177	Ki meni k gen pou jodi a ?	
178	Ki nimewo selilè ou ?	

179	Ki pri machandiz sa?	
180	Ki pri zaboka sa a ?	
181	Kilè yap fè kous la?	
182	kite …repo (stop to do something): M ap fè ou kite m repo.	
183	kite (dejar # de quitar): Kite m ede, non.	
184	Klima peyi d Ayiti a tropikal	
185	Kòm li gen enfeksyon, doktè preskri l antibyotik	
186	Kòman ou wè sa?	
187	Kominikasyon enpòtan anpil jodi a	
188	Konbyen kat jewografi sa a?	
189	Konbyen kòb ou gen nan kont lan?	
190	Konbyen pake tabak sa a?	
191	Kont mwen an se yon kont kouran	
192	Kont ou an se yon kont depay	
193	Koral la chante mès la byen	
194	Kote londri a ye?	
195	Kounye a yo separe	
196	Kous bisiklèt la se pou dimanch	
197	Kous cheval la se pou samdi	
198	Kouzen mwen te rele Lavius Belfort	
199	Kriminèl toujou di yo inosan	
200	Kuizinye sa a, se kle gason	
201	La sante se richès	
202	Lanmè a move	
203	Latè se planèt pa nou	
204	Lavi se yon teyat	
205	Lè gen gwo lapli, gen inondasyon	
206	Lè kouch ozòn nan fin disparèt, ki sa nap fè?	
207	Lè ou abiye, se pou mete sentiwon	
208	Lè ou blese, se bandaj ou met sou li	
209	Lè ou fè espò, mis ou vin pi fèm	
210	Lè ou fè espò, ou gen bon sante	
211	Lè ou fin mastike l, ou mèt vale l	
212	Lè ou gen dan fè mal, pa bwè dlo twò glase	

213	Lè ou mache anpil, pye ou fè ou mal	
214	Lè ou mande pri machandiz la, se machande ou machande l	
215	Lè ou travay twòp, ou gen toudisman	
216	Legliz sa a toujou gen moun	
217	Lekòl kòmanse a 8 è di maten	
218	Lekòl lap planifye yon pwomenad	
219	Lekòl mwen an enteresan	
220	Lesamdi se jou pou fè netwayaj	
221	Li agoch ou	
222	Li anrimen	
223	Li gen bon jan	
224	Li gen tèt di (tèt fè)	
225	Li gen ti tay	
226	Li gen yon bèl chato	
227	Li gen yon doktora an Ekonomi	
228	Li gen yon doulè nan lonbrit	
229	Li gen yon metriz an edikasyon	
230	Li genyen yon bon Direktè	
231	Li genyen yon doulè nan pwatrin	
232	Li manje chak jou nan restoran	
233	Li nwa	
234	Li pa marye, li selibatè	
235	Li pat kapab peye fiyans lan	
236	Li pè bwè grenn	
237	Li pè pran piki	
238	Li renmen ale nan mache	
239	Li rete nan Abitasyon Leclerc	
240	Li se moun nan Nò	
241	Li tèmomèt la pou wè tanperati a	
242	Li toujou bon pou vizite prizon, lopital ak legliz	
243	Linèt renmen souse zo	
244	Lontan, anpil touris te konn ale an Ayiti	
245	Lontan, te gen tren an Ayiti	
246	Lwaye kay la ba pri	

247	M bezwen achte yon mont; m bezwen achte yon linèt tou nèf	
248	M jwenn li pou granmesi	
249	M konnen [ke] ou la	
250	M mouye tranp (kou kanna)	
251	M pa fouti deboulonnen boulon an etwal la.	
252	M pa gen lajan, m pral fè yon prè	
253	M pa kapab di anyen	
254	M pa konn anyen o sijè de sa	
255	M pa nan pozisyon pou m di wi	
256	M pa santi m byen	
257	M pat janm chèche konn sa	
258	M pat janm panse a sa	
259	M pat janm poze tèt mwen kesyon sa	
260	M pito bwè dlo pase m bwè alkòl	
261	M ri pou m pa chape	
262	M san souf	
263	M swete ou geri vit	
264	M ta prefere pa fè kòmantè	
265	M ta prefere pa konpwomèt tèt mwen	
266	M ta renmen gen opinyon ou sou sa	
267	M tande	
268	M tande wap pale osijè de	
269	M te prèt pou m kite sa	
270	M trè blèm	
271	M venki	
272	Machè, lavi a se tankou yon grenn gèp kap chache manje.	
273	Machin paspatou sa a pa gen destinasyon	
274	Machin piblik an Ayiti rele taptap	
275	Malad la endispoze	
276	Malad la gen preskripsyon an, men li pa gen lajan	
277	Malad la jwenn gerizon li fasil	
278	Maladi kou rele "tòtikolis"	
279	Malere pa gen kanè chèk	

280	Malere pa gen kòb labank	
281	Manadjè Biznis lan deside vann li	
282	Malfini se yon espès kap disparèt an Ayiti	
283	Mango a mi	
284	Manje a cho, kite l frèt	
285	Manje a frèt, chofe l anvan	
286	Manje a kri	
287	Manje a pa fè l byen, lap vomi	
288	Manje a san savè	
289	Manje a sou dife a	
290	Manje a sou tab la	
291	Manman mwen te rele Anita	
292	Manno se neve mwen	
293	Map achte, men fò ou banm yon resi	
294	Map fè pwose ak ou tèt kale [jous sa kaba]	
295	Mari anba a	
296	Marina renmen etidye Fizik ak Chimi	
297	Mastike manje a byen mastike	
298	Matou se yon bon politisyen	
299	Maykrowev pèmèt ou chofe manje rapidman	
300	Medam sa yo se de kòlèg (matlòt)	
301	Men goch pa men dwat	
302	Men piyay, vin pran piyay	
303	Men yo pa pran anpil tan, yo divòse	
304	Men, m renmen kabrit boukannen	
305	Men, kowosòl la dous	
306	Men, lè ou prete lajan, fò ou peye enterè sou li	
307	Meri Pòtoprens lan ap fete	
308	Mete ou a lèz	
309	Mikroskòp pèmèt ou wè bagay ki trè piti	
310	Mizik se yon fason pou konbine son oubyen bui agreyab pou zòrèy	
311	Mont lan fèt an ajan	
312	Mouchwa ou la tonbe	
313	Moun ki onèt pa komèt frod	

314	Moun ki peye dèt li anrichi tèt li	
315	Moun yo fin debwaze forè yo	
316	Mwa me se mwa gradyasyon	
317	Mwen akote ou [mwen bò kote ou]	
318	Mwen pa gen frè	
319	Mwen se mari Cleane	
320	Mwen swete nou bon apeti	
321	Mwen vle vyann nan byen kuit	
322	Mwn pa renmen poul fri	
323	Nan chimi, gen yon tablo ki gen plis pase san eleman	
324	Nan egzamen sètifika, anpil elèv echwe	
325	Nan katye a gen yon boulanje	
326	Nan ki klas ou ye?	
327	Nan ki nivo ou ye?	
328	Nan lane 2003, astwonòt ameriken yo mouri lè yo tap al ateri	
329	Nan opinyon pa ou	
330	Nan peyi pòv, pòv la pi pòv	
331	Nèg sa a gen yon fèy zòrèy!	
332	Nèg sa a pa manke anmèdan!	
333	Nèt, nèt ale, nètalkole (totalmente):Pitit la fin deraye nèt.	
334	Non, Charles pa Diplomat, li se Avoka	
335	Nonk mwen an rele Arnold	
336	Nou se asosye nan biznis lan	
337	Nou se konpayon travay	
338	Nou se moun nan Sid	
339	Nou se zanmi	
340	Nou sove ak lajan sa a	
341	Otè liv la te dedye l pou mwen	
342	Otès de lè a bay tout pasaje eksplikasyon	
343	Otobis pase an fas la	
344	Ou di atè a plen tè	
345	Ou dwe fè zong ou pi souvan	

346	Ou dwe peye pansyon an	
347	Ou gen dwa a twa malèt	
348	Ou pa gen lajan la bank	
349	Ou pa manke gwo, papa!	
350	Ou parèt byen	
351	Ou swe jous nan zo [kon nonk Bouki]	
352	Ou ta di se yon chatiman ki tonbe sou li	
353	Ouragan detri tout zòn nan nèt	
354	Pa bliye pote rad de ben	
355	Pa bwè kleren, lap ba ou estomak fè mal	
356	Pa depanse tout, manyè ekonomize	
357	Pa egzanp	
358	Pa gate enèji ou ap fè sak pa sa	
359	Pa gen pak pou timoun yo jwe	
360	pa gen pàn! (no problem) : Pa gen pàn, m prale avè ou	
361	Pa gen vòl dirèk de Pòto Riko a Ayiti	
362	Pa kite depans yo pi plis pase salè ou	
362	Pa melanje alkòl ak dlo	
363	Pa mouye kò ou	
364	Padone moun ki fè ou ditò	
365	Palè Nasyonal te bèl, men li kraze an 2010	
366	Pantalèt se rad fi	
367	Pantalon djin alamòd	
368	Pantalon polyester pa alamòd ankò	
369	Papa genyen yon famasi	
370	Paran mwen yo te mouri	
371	Pasaje yo dwe an sekirite	
372	Paspò mwen an preske fini	
373	Patron an revoke anplwaye a san rezon	
374	Pè a voye rele papa m legliz la.	
375	Pèchè pwason sa a vann bon mache	
376	Pen an tou cho	
377	Pen patat se yon bon desè ayisyen	

378	Penn kapital ak penn de mò se senkant kòb ak de gouden	
379	Peyi d Ayiti divize an distri	
380	Pifò agrikiltè yo se nan mòn yo rete	
381	Pifò moun andeyò ale rete lavil	
382	Pilòt avyon an pase lòd pou tout moun boukle sentiwon yo	
383	Pitit mwen toujou avè m	
384	Plonbye a ranje tiyo dlo a	
385	Polisyon se move bagay	
386	Pòm nan delisye [dous]	
387	Pou yo ba ou yon kat kredi, fò w gen kredi	
388	Pouki sa li mèg konsa?	
389	Poutan, Kamèn li menm renmen ale wè dram	
390	Pran sak pa pou ou rele vòl	
391	Pran yon bon douch lematen	
392	Pran yon ipotèk sou kay la, konsa w a gen plis lajan	
393	Prèske (almost): manje a prèske kwit	
394	Prizonye yo sove	
395	Pwofesè a bay devwa chak jou	
396	Pwomès se dèt	
397	Pyanis sa a pa gen tankou l	
398	Pye bwa sa a grandi vit	
399	Pye ou fè ou mal, repoze	
400	Rad la blan kou koton	
401	Rad la fèt an swa	
402	Raketè a (brasè a) fè tout sa l konnen pou l vòlè lajan an	
403	Resepsyonis lan ap resevwa ak yon bèl souri	
404	Resi (finally): M resi jwenn (adrès) kay la	
405	Sa depan de ou	
406	Sa ki pi rèd	
407	Sa koute m lèzye de la tèt	
408	Sa rèd anpil	

409	Sa vle di: anpil moun pa konnen sa sa vle di renmen.	
410	Sak pase l pase	
411	Sandal la tou nèf	
412	Se 15 pou san poubwa pou bay	
413	Se ak lapenn nap gade rediksyon pouvwa acha moun yo	
414	Se Akewoloji lap etidye	
415	Se arestasyon sou arestasyon	
416	Se bab kanmarad kap mache pran dife.	
417	Se Bondye ki bannou pwoteksyon	
418	Se chany ki netwaye soulye m	
419	Se destriksyon tout byen nou yo ki fè nou pòv jodi a	
420	Se devwa nou tout pou n pwoteje lanati	
421	Se do/ se dwe: Se pa mwen, se do ou menm ki fou.	
422	Se gras a teknoloji ki fè lemonn pwogrese	
423	Se gras a rebwazman ki fè tè a pa fin ale nèt	
424	Se Istwa ki di nou kijan limanite te ye nan tan lontan	
425	Se jiri a ki kapab libere ou, oubyen kondane ou	
426	Se Kontab la ki pou fè rekonsilyason an	
427	Se Kontab mwen ki prepare rapò a	
428	Se koulè blan m renmen	
429	Se la tou mwen fè atletis	
430	Se lang nou ki pèmèt nou pale	
431	Se nan ba Marina m toujou bwè yon byè	
432	Se nan envèsyon lajan chita	
433	Se nan jenès ou dwe prepare vyeyès	
434	Se nan jimnazyòm sa a mwen fè espò	
435	Se nan katedral mès la te chante	
436	Se nan Lwès Pòtoprens ye	
437	Se nan televizyon sèlman m renmen wè jwèt bòks	

438	Se pa lapenn (it is not worth the trouble; the effort): se pa lapenn pou w ap chache tounen zanmi avè m.	
439	Se pa tout: Se pa tout ayisyen ki gen moun lòtbò dlo (etranje)	
440	Se pa tout kote taksi rive	
441	Se pa tout lekòl ki gen laboratwa	
442	Se pa tout moun ki gen òdinatè	
443	Se pa tout moun ki pratike relijyon	
444	Se pa tout moun ki renmen gòlf	
445	Se pou etidye anpil pou kap pase egzamen an	
446	Se pou ou fè resiklaj papye sa yo	
447	Se pou ou toujou mete linèt ou	
448	Se pou sa, maladi a disparèt	
449	Se rich yo prete lajan	
450	Se sa menm (exacto) : se sa menm m t ap chache a.	
451	Se sou jèn yo espwa peyi a chita	
452	Se vyewo li ye, li pa djèskanm	
453	Sekestre moun se yon deli grav	
454	Senk fenèt ak twa pòt pa kont pou kay la	
455	Sèvant lan konn fè manje byen	
456	Si gagann ou ap fè ou mal, al wè doktè	
457	Si nou pa gen mikwofòn, nou pa kap chante	
458	Si ou ale, fò ou retounen anvan lontan	
459	Si ou fò nan matematik, ou ka rive lwen	
460	Si ou gen faks, voye papye a pou mwen	
461	Si ou gen lajan, ou mèt envesti l	
462	Si ou gen tèt fè mal, al kay doktè	
463	Si ou koupab, di ou koupab	
464	Si ou met vès, fò ou met kravat	
465	Si ou pa koupab, ou inosan	
466	Si ou pa vini, mwen avè ou, [se] de zòm pèdi	
467	Si ou santi ou pa byen, se pou al fè yon tchèk	
468	Si se pat mekanisyen an, machin nan tap dòmi nan lari	

469	Si w an Ayiti, se nan Lès Sendomeng ye	
470	Si yo pa legal, yo ilegal	
471	Sitou	
472	Sòlda sa a te patisipe nan dezyèm gè mondyal la	
473	Sosyoloji se syans ki etidye sosyete a, ak kijan li fòme	
474	Souke kò ou: manyè souke kò ou	
475	Syans san konsyans se yon ruin pou nanm moun	
476	Syantifik yo fè dekouvèt teknisyen yo itilize	
477	Talè konsa lapli pral tonbe.	
478	Tan a degaje, ou mèt soti san pwoblèm	
479	Tan an mare, sanble li pral fè lapli	
480	Tan se lajan	
481	Tande koze! mezanmi, tande koze!	
482	Tè a sèk, li merite wouze	
483	Tenis se jwèt de presizyon	
484	Tèt mwen ap vire	
485	Tèt nou enpòtan anpil	
486	Ti patat fè chay	
487	Tifrè mwen se Tanna	
488	Timoun pa ti bèt	
489	Tou depan de	
490	Tou : bien, ya,una vez por toda: ou tou konn sa; kite m tou peye ou; Ou tou sou, w ap kontinye bwè byè; tou pran lajan an pandan l poko fin depanse	
491	Tout kò nèg sa a se pwal	
492	Tout mèt yo konpetan	
493	Tout moun ta dwe pratike natasyon	
494	Tout sa wap fè dwe legal	
495	Transpòtasyon pa fasil	
496	Trètman koute lajan	
497	Tribinal fèt pou bay tout moun jistis	
498	Twalèt la tou pre ou	
499	Vakans kòmanse an jen, li fini an sektanm	

500	Vant fè mal la prèt pou pase	
501	Verifye si ou bezwen viza	
502	Veso plastik kreye pwoblèm anbyental	
503	Viris sa ap mache de kay a kay	
504	Vle pa vle	
505	Volebòl se yon bèl jwèt	
506	Vwayaj la te byen pase	
507	Vwazen ou se tankou fanmi ou	
508	Vyann nan sale, pa manje l	
509	W a gentan konnen (sa m pral fè l).	
510	Yo choute yon penalite sou gadyen an	
511	Yo di	
512	Yo fè l operasyon ayè	
513	Yo kondane li pou dizan	
514	Yo mennen l nan kazèn	
515	Yo pran kay la daso	
516	Yo te fiyanse, kounye a, yo kite	
517	Yo te rele nèg ki fèk debake nan peyi a nèg bosal ou danda; sa ki te deja nan peyi a te rele nèg kreyòl.	
518	Yon bon sipèvizè toujou vijilan	
519	Yon òfelen se ti moun ki, an jeneral, pa gen paran	
520	Yon sant de sante se yon bon pwojè	
521	Yon sèl kout lapli pran mwen sou wout la!	
522	Youn nan pitit mwen yo rele Marva	
523	Zaboka a pouri	
524	Zoranj lan anmè	
525	Zòye sa di, chanje l	

24.2 Yon mo nan yon fraz. Li mo ou ekspresyon ki agoch la; ansuit, li fraz ki adwat la. Apre, mete mo ou ekspresyon an an español/ Lee cada palabra o expresión que está a la izquierda. Luego, lee la oración a la derecha. Finalmente, escribe el significado del vocabulario en español.

No	Kreyòl	Español	Egzanp
1	Abitasyon	Zona	Li rete nan Abitasyon Leclerc
2	Achitèk	Arquitecto	Achitèk la prepare plan kay Elèn nan
3	Adwat		Fè adwat
4	Agoch		Li agoch ou
5	Agrikiltè		Pifò agrikiltè yo se nan mòn yo rete
6	Ajans vwayaj		Ajans vwayaj la rele ou
7	Ajoute		Ajoute di dola sou li
8	Akewoloji		Se Akewoloji lap etidye
9	Akote		Mwen akote ou
10	Aksyon		Aksyonis yo renemn wè pri aksyon yo monte
11	Aktè		Aktè sa a jwe byen nan fim nan
12	Alèz, komod		Mete ou a lèz
13	Ame (lame)		Ame a kraze, men lapolis la
14	Anba		Mari anba a
15	Anfas		Gade an fas ou
16	Anmè		Zoranj lan anmè
17	Anplwaye		Mwen se anplwaye, m pa mèt
18	Anrimen		Li anrimen
19	Ansyen		Se vyewo li ye, li pa yeskanm
20	Ansyen madanm		Andremèn se ansyen madanm Jonas
21	Ansyen mari		Angel se ansyen mari Ana
22	Anwo		Ale anwo a
23	Apatman		Apatman pa janm lwe
24	Aplodi		Bat men pa di aplodi pou sa
25	Arestasyon		Se arestasyon sou arestasyon
26	Asistan		Jan ak Jak se asistan, se pa yo kap deside
27	Aso (d)		Yo pran kay la daso
28	Asosye		Nou se asosye nan biznis nan
29	Astwonòt		Nan lane 2003, astwonòt ameriken yo mouri lè yo tap al ateri
30	Atak kè		Fè atansyon a yon atak kè
31	Ateri		Avyon an ateri
32	Atis		"Fedia Laguerre" se yon gran atis ayisyen
33	Atletis		Se la tou mwen fè atletis

34	Avyon	Avyon pase sou tèt kay la
35	Ayewopò	Ayewopò a pa lwen
36	Ba	Se nan ba Marina m toujou bwè yon byè
37	Bab	Se bab kanmarad kap mache pran dife
38	Bag	Bag sa a se yon kado mennaj mwen banwen
39	Bakaloreya	Egzamen bakaloreya pa janm fasil
40	Bal	Elena renmen ale nan bal
41	Bandaj	Lè ou blese, se bandaj ou met sou li
42	Bank	Ou pa gen lajan la bank
43	Baskètbòl	Baskètbol mande rapidite
44	Bato	Bato an leve lank
45	Bebe	Bebe a rele Amado
46	Bidjè	Bidjè Ledikasyon Nasyonal pa wo ditou
47	Bifè	Chak dimanch, gen yon bifè lakay li
48	Bisiklèt	Gen anpil bisiklèt nan vil Gonayiv
49	Biya	Jèn sa renmen jwe biya
50	Biyè	Biyè avyon yo chè an vakans
51	Blan	Se koulè blan m vle
52	Blòk	Kay sa fèt an blòk
53	Blouz	Blouz li a anfòm papa!
54	Bòkò	Bòkò pa Bondye
55	Bòks	Se nan televizyon sèlman m renmen wè bòks
56	Bon apeti	Mwen swete nou bon apeti
57	Bonis	Eske ou kapab banm nan bonis sa yo; li touche bonis deja
58	Botanik	Botanik se syans ki etidye plant yo
59	Bouchri	Bouchri a pa lwen
60	Boukannen	Men, m renmenn kabrit boukannen
61	Boulanje	Nan katye a gen yon boulanje
62	Bous	Bous Nouyòk la fèmen jodi a
63	Bous detid	Kèk Inivèsite ofri bous detid a etidyan ayisyen
64	Boutik	Grann mwen gen yon ti boutik
65	Bouyi	Gen moun ki bouyi dlo anvan yo bwè l
66	Bwè	M pito bwè dlo pase m bwè alkòl
67	Byen kuit	Mwen vle vyann nan byen kuit
68	Byoloji	Byoloji se syans ki etidye lavi, sa vle di òganis vivan
69	Chantè	Anpil fwa, an Ayiti, yo rele chantè yo "sanba"
70	Chany	Se chany ki netwaye soulye m
71	Chapo	Chapo sa a soti Panama

72	Chatiman	Ou ta di se yon chatiman ki tonbe sou li
73	Chato	Li gen yon bèl chato
74	Chèk	Gen moun ki pa renmen peye ak chèk
75	Chèk espire	Si chèk la espire, labank pap chanje l
76	Chemiz	Chemiz li an pa gen tach
77	Chèn	Chèn nan trò fen, li kase
78	Chèz	Dis chèz pa sifi
79	Chimi	Nan chimi, gen yon tablo ki gen plis pase san eleman
80	Cho	Manje a cho, kite l frèt
81	Chofe	Manje a frèt, chofe l anvan
82	Chòv	Gade tèt chòv la non!
83	Dan	Dan fè mal pa dous
84	Dan fè mal	Lè ou gen dan fè mal, pa bwè dlo trò glase
85	Dantis	Dantis la rache dan an fasil
86	Defans	Avoka se defansè nou
87	Degaje	Tan a degaje, ou mèt soti san pwoblèm
88	Dekouvèt	Dat dekouvèt d Ayiti se 5 desanm 1492
89	Delisye	Pòm nan delisye
90	Depans	Pa kite depans yo pi plis pase salè ou
91	Depo	Fè depo lajan vit
92	Desè	Pen patat se yon bon desè ayisyen
93	Destinasyon	Machin paspatou sa a pa gen destinasyon
94	Destriksyon	Se destriksyon tout byen nou yo ki fè nou pòv jodi a
95	Dèt	Pwomès se dèt
96	Detektif	Detektif sa ap ba ou l sou de ti chèz
97	Devwa	Pwofesè a bay devwa chak jou
98	Devwa	Se devwa nou tout pou n pwoteje la nati
99	Dèyè	Dèyè mòn gen mòn
100	Dife	Manje a sou dife a
101	Diferan	Chak moun diferan nan lavi a; nou chak gen pwòp anprent pa nou
102	Diplomat	Non, Charles pa diplomat, li se avoka
103	Direktè	Li genyen yon bon Direktè
104	Diskotèk	Chak vandredi, diskotèk la plen moun
105	Distri	Peyi d Ayiti divize an distri
106	Dite	Bay malad la dite
107	Divòse	Men yo pa pran anpil tan, yo divòse
108	Djin	Pantalon djin a la mòd kounye a
109	Doktè	Doktè a sonde malad la

110	Doktora	Li gen yon doktora an Ekonomi
111	Domino	Annou jwe domino
112	Don	Fè m yon don, m a travay avè ou
113	Douch	Pran yon bon douch lematen
114	Doulè	Li gen yon doulè nan lonbrit
115	Doulè nan pwatrin	Li genyen yon doulè nan pwatrin
116	Dous	Men, kowosòl la dous
117	Dòz medikaman	Dòz medikaman sa a trò fò
118	Dram	Poutan, Kamèn li menm renmen ale wè dram
119	Dwèt	An Ayiti, di yon moun li gen dwèt long se di moun nan vòlè
120	Edikasyon fizik	Edikasyon fizik enpòtan menm jan ak tout lòt matyè
121	Egzamen	Egzamen an pa fasil ditou
122	Ekivalans	Ki ekivalans goud la jodi a?
123	Ekonomi	Ekonomi peyi d Ayiti pa bon menm kounye a
124	Ekonomize	Pa depanse tout, manyè ekonomize
125	Elektrisyen	Elektrisyen an fè yon bon travay
126	Elèv	Gen anpil elèv
127	Endispoze	Malad la endispoze
128	Enèji	Pa gate enèji ou ap fè sak pa sa
129	Enfeksyon	Kòm li gen enfeksyon, li dwe pran antibyotik
130	Enfimyè	Enfimyè a pran anpil pasyans ak malad la
131	Enjenyè	Enjenyè a pèdi lisans li
132	Enterè	Men, lè ou prete lajan, fò ou peye enterè sou li
133	Envesti	Si ou gen lajan, ou mèt envesti l
134	Envèsyon	Se nan envèsyon lajan a chita
135	Eritye	Kay sa a gen anpil eritye
136	Erozyon	Erozyon fini ak tè nou yo
137	Eskiltè	Eskiltè sa kapab transfòme bout bwa sa a an yon chedèv
138	Espès kap disparèt	"Malfini"se yon espès kap disparèt an Ayiti
139	Espesyalis	Doktè a gen yon espesyalite an chiriji
140	Espò	Lè ou fè espò, ou gen bon sante
141	Estad	Estad Silvio Cator genyen yon bon espektak
142	Estasyon machin	Estasyon machin yo tou pre
143	Estomak fè mal	Pa bwè kleren, lap ba ou estomak fè mal
144	Etaj	Kay mwen an gen yon sèl etaj
145	Faks	Si ou gen faks, voye papye a pou mwen
146	Falèz	Atansyon, gen anpil falèz an Ayiti

147	Famasi	Papa genyen yon famasi
148	Fanm	Aniz se fanm Jano
149	Fayit	Biznis lan pa fè benefis, li fè fayit
150	Fè solèy	Li fè solèy, tann rad yo deyò a
151	Fè van	Lap fè van, lapli pap tonbe
152	Fenèt	Senk fenèt twòp pou ti kay sa a
153	Fiyanse	Yo te fiyanse
154	Fizik	Marina renmen etidye Fizik ak Chimi
155	Forè	Moun yo fin debwaze forè yo
156	Fotograf	Fotograf la vann albòm tou
157	Foutbòl	Foutbòl se espò nasyonal ayisyen
158	Fre	Dlo a fre
159	Frè	Mwen pa gen frè
160	Fri	Mwen pa renmen poul fri
161	Frod	Moun ki onèt pa komèt frod
162	Fyans	Li pat kapab peye fyans lan
163	Gagann	Si gagann ou ap fè ou mal, al wè doktè
164	Gan	Gen de travay wap fè, fò ou mete gan
165	Gerizon	Malad la jwenn gerizon li fasil
166	Gòl	Jwè No 12 la bay yon gòl
167	Gòlf	Se pa tout moun ki renmen gòlf
168	Gradyasyon	Mwa me se mwa gradyasyon
169	Gran frè	Granfrè mwen se Lolo
170	Gran papa	Granpapa m te mouri
171	Granmoun	Granmoun te renmen kale timoun
172	Grann	Grann mwen la
173	Grenn	Li pè bwè grenn
174	Grip	Krip la sakaje m anpil
175	Gitaris	Amos Coulanges se yon gwo gitaris ayisyen
176	Gwo	Ou pa manke gwo papa!
177	Ilgal	Si yo pa legal, yo ilegal
178	Inondasyon	Lè gen gwo lapli, gen inondasyon
179	Inosan	Si ou pa koupab, ou inosan
180	Ipotèk	Pran yon ipotèk sou kay la, konsa w a gen plis lajan
181	Istwa	Se Istwa ki di nou kijan limanite te ye nan tan lontan
182	Je	Je lap gade, li pa wè
183	Jèn	Se sou jèn yo espwa peyi a chita
184	Jenou	Jenou m ap fè m mal
185	Jewografi	Jewografi se etid tè a ak tout moun ki rete ladann

186	Jewoloji	Jewoloji se etid tè a, konpozisyon l ak istwa fòmasyon li
187	Jij	Jij la pa pran priyè nan men moun
188	Jimnazyòm	Se nan jimnazyòm sa a mwen fè espò
189	Jimo	Estela akouche de jimo
190	Jip	Jip la trò kout
191	Jiri	Se jiri a ki kapab libere ou, oubyen kondane ou
192	Jistis	Jistis se pou tout moun
193	Kabann	Kabann nan fèt an bwa
194	Kafe	Chak maten, m bwè kafe
195	Kalson	Kalson an pwòp
196	Kanè chèk	Malere pa gen kanè chèk
197	Kansè	Kansè se yon move maladi
198	Kapital	Kantite lajan ou genyen se kapital ou
199	Karyè, kous	Kilè yap fè kous la?
200	Kat	Bat kat la byen
201	Kat jewografi	Konbyen kat jewografi sa a?
202	Kat kredi	Pou yo ba ou yon kat kredi, fò ou gen kredi
203	Katedral	Se nan katedral mès la te chante
204	Kazèn	Yo mennen l nan kazèn
205	Klas	Nan ki klas ou ye?
206	Klè	Li fè klè
207	Klima	Klima peyi d Ayiti a twopikal
208	Kòf (bwat)	Gen moun ki sere bijou yo nan kòf
209	Kòlèg	Medam sa yo se de kòlèg
210	Kominikasyon	Kominikasyon enpòtan anpil jodi a
211	Kondane	Yo kondane li pou dizan
212	Konpanyon	Nou se konpanyon travay
213	Konsè	Atis la bay yon bon konsè
214	Kont	Konbyen kòb ou gen nan kont lan?
215	Kont depay	Kont ou an se yon kont depay
216	Kont kouran	Kont mwen an se yon kont kouran
217	Kontab	Se Kontab mwen ki prepare rapò a
218	Koral	Koral la chante mès la byen
219	Koton	Rad la blan kou koton
220	Kou	Maladi kou rele "tòtikolis"
221	Kouch ozòn	Lè kouch ozòn nan fin disparèt, ki sa nap fè?
222	Koupab	Si ou koupab, di ou koupab
223	Kous bisiklèt	Kous bisiklèt la se pou dimanch

224	Kous cheval	Kous cheval la se pou samdi
225	Kout lapli	Yon sèl kout lapli pran mwen sou wout la!
226	Kouzen (kouzin)	Kouzen mwen te rele Lavius
227	Kravat	Si ou met vès, fò ou met kravat
228	Kri	Manje a tou kri
229	Kriminèl	Kriminèl toujou di yo inosan
230	Kui	Gen moun ki renmen valiz an kui
231	Kuizinye	Kuizinye sa a, se kle gason
232	Kwazyè	Chak vakans, l ale nan kwazyè
233	Laboratwa	Se pa tout lekòl ki gen laboratwa
234	Labou	Pa sal pye w nan labou a
235	Lang	Se lang nou ki pèmèt nou pale
236	Lanmè	Lanmè a move
237	Lanp	Anpil ayisyen sèvi ak lanp
238	Lapòs	Eli ap travay lapòs
239	Lavabo	Anpil kay pa gen lavabo
240	Legal	Tout sa wap fè dwe legal
241	Legliz	Legliz sa a toujou gen moun
242	Lekòl	Lekòl kòmanse a 8 è
243	Leman	Leman gen de pol: yonn pozitif, yonn negatif
244	Lès	Si w an Ayiti, se nan Lès Sendomeng ye
245	Linèt	Se pou ou toujou mete linèt ou
246	Londri	Kote londri a ye?
247	Lopital	Jonas lopital
248	Lwaye	Lwaye kay la ba pri
249	Lwen	Londri a pa lwen
250	Lwès	Se nan Lwès Pòtoprens ye
251	Machande	Lè ou mande pri machandiz la, se machande ou machande l
252	Mache	Li renmen ale nan mache
253	Machin piblik	Machin piblik an Ayiti rele taptap
254	Malad	Se pousa, maladi a disparèt
255	Malèt	Ou gen dwa a twa malèt
256	Manadjè	Manadjè biznis lan deside vann li
257	Mandyan (pòv)	Nan peyi pòv, pòv la pi pòv
258	Manman	Manman mwen te rele Anita
259	Mare, an demwazèl	Tan an mare, sanble li pral fè lapli
260	Mari	Mwen se mari Cleane
261	Marye	Apre yo fin fiyanse, yo marye

262	Mastike	Mastike manje a byen mastike
263	Matematik	Si ou fò nan matematik, ou ka rive lwen
264	Maykrowev	Maykrowev pèmèt ou chofe manje rapidman
265	Mèg	Pouki sa li mèg konsa?
266	Mekanisyen	Si se pat mekanisyen an, machin nan tap dòmi nan lari
267	Melanje	Pa melanje alkòl ak dlo
268	Men	Men goch pa men dwat
269	Meni	Ki meni k gen pou jodi a
270	Mennaj	Jonas se menaj Andra
271	Meri	Meri Pòtoprens lan an fèt
272	Mèt	Tout mèt yo konpetan
273	Mètdam	Li mètdam anpil
274	Metriz	Li gen yon metriz an edikasyon
275	Mi	Mango a mi
276	Mikrofòn	Si nou pa gen mikwofòn, nou pa kap chante
277	Mikroskòp	Mikwoskòp pèmèt ou wè bagay ki trè piti
278	Mis	Lè ou fè espò, mis ou vin pi fèm
279	Mize	Ale, men pa mize
280	Mizik	Mizik se yon fason pou konbine son agreyab pou zòrèy
281	Monnen	Èske ou gen monnen nan ven goud?
282	Mont	Mont lan fèt an ajan
283	Mouchwa	Mouchwa ou la tonbe
284	Mouye	Pa mouye tèt ou, w a pran fredi
285	Natasyon	Tout moun ta dwe pratike natasyon
286	Nèj	Li fè lanèj
287	Netwayaj	Lesamdi se jou pou fè netwayaj
288	Neve (nyès)	Manno se neve mwen
289	Nivo	Nan ki nivo ou ye
290	Nò	Li se moun nan Nò
291	Nonk (tant)	Nonk mwen an rele Jozèf
292	Nòt	Elèv la gen bèl nòt
293	Nwa	Li nwa
294	Nyaje	Tan nyaje
295	Òdinatè, konpitè	Se pa tout moun ki gen òdinatè
296	Òfelen	Yon òfelen se ti moun ki pa gen paran
297	Òkès	Tropicana se non youn nan pi gran òkès ayisyen
298	Onorè	Depans ou peye avoka rele "onorè"
299	Operasyon	Yo fè l operasyon ayè
300	Otè	Otè liv la te dedye l pou mwen

301	Otèl	Otèl sa a pa chè
302	Otès de lè	Otès de lè a bay tout pasaje eksplikasyon
303	Otobis	Otobis pase an fas la
304	Ouragan	Ouragan detri tout zòn nan
305	Padone	Padone moun ki fè ou ditò
306	Pak	Pa gen pak pou timoun yo jwe
307	Palè	Palè Nasyonal pa manke bèl
308	Pansyon	Ou dwe peye pansyon an
309	Pantalèt	Pantalèt se rad fi
310	Paran	Paran mwen yo te mouri
311	Pasaje	Pasaje yo dwe an sekirite
312	Pase, reyisi	Se pou etidye anpil pou kap pase egzamen an
313	Paspò	Paspò mwen an preske fini
314	Patant	Biznizman dwe peye patant
315	Patwon	Patron an revoke anplwaye a san rezon
316	Pèchè	Pèchè pwason sa a vann bon mache
317	Pen	Pen an tou cho
318	Pèn de mò	Anpil peyi pa vle lapèn de mò
319	Penalite	Yo choute yon penalite sou li
320	Penpennen	Li penpennen sou lajan
321	Pent	Ayiti gen anpil bòs pent
322	Pèt	Chak ane, se pèt lap fè
323	Peye	Lè ou peye dèt ou, se anrichi ou anrichi tèt ou
324	Piki	Li pè pran piki
325	Pilòt	Pilòt avyon an pase lòd pou tout moun broche sentiwon yo
326	Pitit (fi)	Youn nan pitit mwen yo rele Bernice
327	Pitit (gason)	Pitit mwen toujou avè m
328	Piyay	Men piyay, vin pran piyay
329	Planèt	Latè se planèt pa nou
330	Plastik	Veso plastik kreye pwoblèm anbyental
331	Plonbye	Plonbye a ranje tiyo dlo a
332	Po	Gratèl se maladi po
333	Pò	Kap Ayisyen se dezyèm pò maritim an Ayiti
334	Polisyon	Polisyon se move bagay
335	Politisyen	Mato se yon bon politisyen
336	Polyestè	Pantalon polyester pa lamòd ankò
337	Ponpye (sapè ponpye)	Depi ou wè dife pran, rele ponpye
338	Pòt	Li gen yon pòt an bwa

339	Poubwa	Se 15 pou san poubwa pou bay
340	Pouri	Zaboka a pouri
341	Prè	M pa gen lajan, m pral fè yon prè
342	Prekosyon	Pran prekosyon ak lanbisyon
343	Preskripsyon	Malad la gen preskripsyon an, men li pa gen lajan
344	Pri	Ki pri machandiz sa?
345	Prije	Prije sitwon an pou fè limonad la
346	Prizon	Li toujou bon pou vizite prizon, lopital ak legliz
347	Prizonye	Prizonye yo sove
348	Pwomenad	Lekòl lap planifye yon pwomenad
349	Pwoteksyon	Se Bondye ki bannou pwoteksyon
350	Pwa	Diri ak pwa bon anpil
351	Pwal	Tout kò nèg sa a se pwal; li gen tatou tou.
352	Pwosè	Map fè pwose ak ou jous sa kaba
353	Pyanis	Pyanis sa a pa gen tankou l
354	Pye	Lè ou mache anpil, pye ou fè ou mal
355	Pye bwa	Pye bwa sa a grandi vit
356	Pye fè mal	Pye ou fè ou mal, repoze
357	Rad de ben	Pa bliye pote rad de ben
358	Ranpli	Galon an ranpli dlo
359	Rebwazman	Se gras a rebwazman ki fè tè a pa fin ale nèt
360	Rediksyon	Se ak lapenn nap gade rediksyon pouvwa acha moun yo
361	Rekonsilyasyon bankè	Se Kontab la ki pou fè rekonsilyason an
362	Relijyon	Se pa tout moun ki pratike relijyon
362	Rès monnen	Banm rès monnen an!
363	Resepsyonis	Resepsyonis lan ap resevwa ak yon bèl souri
364	Resi	Map achte, men fò ou banm yon resi
365	Resiklaj	Se pou ou fè resiklaj papye sa yo
366	Resous	Ayiti pa gen anpil resous ekonomik
367	Restoran	Li manje chak jou nan restoran
368	Retounen	Si ou ale, fò ou retounen anvan lontan
369	Sale	Vyann nan sale
370	San savè	Manje a san savè
371	Sandal	Sandal la tou nèf
372	Sant	Yon sant de sante se yon bon pwojè
373	Santans	Jij la fin pwononse santans lan
374	Sante	La sante se richès

375	Sechrès	Chak ane, sechrès menase nou
376	Sèk	Tè a sèk, li merite wouze
377	Sekestre	Sekestre moun se yon deli grav
378	Selibatè	Li pa marye, li selibatè
379	Selilè, pòtab	Ki nimewo selilè ou?
380	Sentiwon	Lè ou abiye, se pou ou mete sentiwon
381	Separe	Kounye a yo separe
382	Sètifika	Nan egzamen sètifika, anpil elèv echwe
383	Sèvant	Sèvant lan konn fè manje
384	Sèvyèt	Anpil sèvyèt
385	Sid	Nou se moun nan Sid
386	Sikoloji	Janiz renmen Sikoloji
387	Sinema	Ann ale nan sinema
388	Sipèvizè	Yon bon sipèvizè
389	Siveyan	Yon siveyan vijilan
390	Sòlda	Sòlda sa a patisipe nan gè Irak la
391	Sonn	Doktè a pran sonn li l ale
392	Sosyoloji	Sosyoloji se syans ki gen pou wè ak etid sosyete a, ak kijan li fòme
393	Souse	Linèt renmen souse zo
394	Sove	Nou sove ak lajan sa a
395	Swa	Rad la fèt an swa
396	Syans	Syans san konsyans se yon ruin pou nanm moun
397	Syantifik	Syantifik yo fè dekouvèt teknisyen yo itilize
398	Tab	Manje a sou tab la
399	Tabak	Konbyen pake tabak sa a?
400	Tablèt	Tablèt la di
401	Taksi	Se pa tout kote taksi rive
402	Tayè	Bòs Marco se yon bon tayè
403	Teknoloji	Se gras a teknoloji ki fè lemonn pwogrese
404	Tèmomèt	Li tèmomèt la pou wè tanperati a
405	Temwen	Eta Sivil toujou mande temwen
406	Tenis	Tenis se jwèt de presizyon
407	Tèt	Tèt nou enpòta anpil
408	Tèt fè mal	Si ou gen tèt fè mal, al kay doktè
409	Teworis	Depi 11 septanm 2001, teworis se yon gwo pwoblèm
410	Teyat	Lavi se yon teyat
411	Ti frè	Ti frè mwen se Tanna
412	Ti tay	Li gen ti tay

413	Timoun	Timoun pa ti bèt
414	To de chanj	Ki to goud la jodi a? // Konbyen goud la ye jodi a?
415	Tonnè	Li fè yon gwo kout tonnè
416	Tou dwat	Ale tou dwat devan ou
417	Tou pre	Bondye tou pre nou
418	Toudisman	Lè ou travay tròp, ou gen toudisman
419	Touris	Lontan, te gen anpil touris an Ayiti
420	Touristik	Lontan, Ayiti te yon gwo peyi touristik
421	Transaksyon	Bon tranzaksyon konsève zanmi
422	Transpòtasyon	Transpòtasyon pa difisil
423	Tren	Lontan, te gen tren an Ayiti
424	Trètman	Trètman koute lajan
425	Tribinal	Tribinal fèt pou bay tout moun jistis
426	Twalèt	Twalèt la tou pre ou
427	Tyèd	Dlo a pa ni cho ni frèt, li tyèd
428	Vakans	Vakans kòmanse an jen, li fini an sektanm
429	Vale	Lè ou fin mastike, ou mèt vale l
430	Vandè	Anpil vandè se machan anbilan
431	Vant fè mal	Vant fè mal la prèt pou pase
432	Vèdik	Vèdik la fin pwononse
433	Vèf, vèv	Grann mwen te vèv anvan l te mouri
434	Vejetal	Gen moun se vejetal sèlman yo manje
435	Vil	Pifò moun andeyò ale rete lavil
436	Viris	Viris sa ap mache de kay a kay
437	Viza	Verifye si ou bezwen viza
438	Vòl	Pran sak pa pa ou rele vòl
439	Vòl (ayewopò)	Pa gen vòl dirèk de Pòto Riko a Ayiti
440	Volebòl	Volebòl se yon bèl jwèt
441	Vomi	Manje a pa fè l byen, lap vomi
442	Vwayaj	Vwayaj la te bien pase
443	Vwazen	Vwazen ou se tankou fanmi ou
444	Vyann	Vyann nan sale
445	Vyeyès	Se nan jenès ou dwe prepare vyeyès
446	Wout	An Ayiti, pa gen bon wout
447	Zanmi	Nou se zanmi
448	Zepòl	Ann kole zepòl ak zepòl
449	Zòn, bidonvil, katye	Gen anpil katye nan Pòtoprens
450	Zong	Ou dwe fè zong ou pi souvan
451	Zòrèy	Nèg sa a gen yon fèy zòrèy

452 Zouti — Ak ki zouti shany lan byen netwaye soulye a?

453 Zòye — Se de zòye ki sou kabann nan

24.3 Ann pale. Kèk blag ak lòt obsèvasyon sou lang. Ann blage. Ansuit, kòmante sou sa.

Kreyòl	Español (Reproduzca las burlas en español)
No Tasa. Yon ajan imigrasyon panyòl di yon vwayajè ameriken nan ayewopò a, lè l fin gade paspò l: " No tasa!" E li pa vle touris la kontinye. Nan diskite diskite, vwayajè a oblije pèdi vwayaj la, paske l pat konprann sa ofisye a tap di l. Touris la te etidye mo panyòl "tasa" vle di tas tan kou nan "tas kafe". Poutan, lè yon entèprèt te vin ede l, li eksplike touris la ajan te di l li pat peye taks, sa vle di, enpo leta a. Touris la pat konnen mo panyòl "tasa" genyen yon sinonim "Taza" e ki vle di: enpo, taks. "Tasa pa taza".	No Tasa.
Un sandwiche de jabón. Lè yon etranje rive nan yon lòt peyi, li pa fasil pou l adapte l, sitou lè l pale yon lòt lang. Yon ayisyen te rive Pòto Riko kote moun pale panyòl. Chans pou li, li te jwenn yon travay nan faktori. Chak midi, tout moun al achte manje, e plizyè nan yo mande "un sándwich de jamón y queso". Ayisyen an ki pat kapte byen sa panyòl yo te di, li mande "un sándwich de jabón con queso". Anplwaye a ki tap ri, bay mesye a yon sándwich ak kim savon sou li anplis de fromaj la. Mesye a te fè kèk mwa ap manje pen ak kim savon. "Jabón" pa "jamón".	**Un sandwiche de jabón** .

293

Tu seras… Nan prèske tout lekòl kongreganis an Ayiti, tout moun te oblije pale franse. Yon jou, yon ti gason rankontre yon ti fi nan lekòl kay mè a, li ba li lanmen, li grate men li e li di: "Tu seras…" Ti fi a vekse! Li kouri al nan direksyon e li di direktris la toutan kolò: " chèr ser, il est frequent; un jeune homme me grate la main et me dit: Tu seras…! Tu seras… Direktris la fache e li voye chache tinèg la, e li di l konsa: Tu es fréquent! Pourquoi as-tu graté la main de ma petite fille et lui dit: Tu seras…Tu seras quoi? Tu seras ma femme? Ti gason an ki te trè entelijan, di mè a konsa. Chè sè, nan lekòl sa a nou oblije pale franse, pa vre?. Pandan m tap pase toupre ti fi a, m te wè yon rat ki tap kouri; m te touche men tifi a, e m te di l pou l te tiye rat la. M te di l sa an franse: tue ce rat! Se tout istwa a sa wi, mezanmi. Pat gen zafè de "tu seras ma femme". Ti fi a te wont anpil; chèsè te anbarase tou. "Tu seras" pa " "tue ce rat"	You will be…
Poisson pa poison. Nan lang franse a, la diferans de yon sèl lèt "s" nan mo poisson e poison" kapab koze lavi ou lanmò. Moun manje **poisson** pou l pase grangou, tandiske si moun bwè oubyen manje **poison**, lap mouri. An kreyòl, s se s, z se z.	El pescado no es veneno.
House No A or No eight? Yon etidyan ki pat fin maton nèt nan lang anglè a te rive nan yon biwo. Apre l te fin mande direksyon, yo di l: "Go to number A"; poutan, etidyan te ale nan "number 8" paske li di nan tèt li,"A" pa yon nimewo (number).	
Tú tienes una cara vasca. Yon touris pòtoriken te rive nan peyi Lespay. Yon bèl jèn ti demwazèl te akeyi l byen akeyi. Pou l te demontre tifi a li te apresye l anpil, li di: "tú tienes una cara vasca". Tidemwazèl la te konprann mesye a te vle di l figi l sanble ak vonmi, tandiske sa mesye a te vle di reyèlman vre sèke figi li te bèl tankou moun ki soti nan ras "basque". Mezanmi, zafè kilti a, se gwo koze!	Tú tienes una cara deasca.

Bolsa ou funda. Lang toujou varye de yon peyi a yon lòt, e menm de yon rejyon a yon lòt. Se konsa panyòl ki pale nan Repiblik Dominikèn pa egzakteman egal a sa ki pale an Espay oubyen a Pòtoriko. Sa vre tou pou angle ameriken ak angle Angletè; pou angle nan nò ak angle nan sid, elatriye. Yon bon mo nan yon peyi kapab yon move mo nan yon lòt. Pa egzanp, Pòtoriko, lè w ale nan makèt, yo mete machandiz ki achte yo nan "bolsa", tandiske Sendomeng, yo mete yo nan "funda" paske pou dominiken, "bolsa" genyen yon sans pejoratif. Pou yon moun Sen Maten, sa ayisyen rele timoun se timaymay; sa ayisyen rele mari se yon boug pou yo. Lè ayisyen di yo rele yon moun nan telefòn, moun Sen Maten se kriye yo kriye moun nan. An Ayiti de machin kapab fè aksidan; Sen Maten, yo di de machin yo...[konyen].	Bolsa o funda.
Blokis/anbouteyaj. An Ayiti nou jwenn blokis ou anbouteyaj; Ozetazini nou jwenn "traffic jam"; Pòtoriko nou jwenn " tráfico"; an Frans nou jwenn " embouteillage" …	Tapón.
Blakawout ou breakdown. An Ayiti nou gen blackout oubyen pàn kouran; Ozetazini nou gen breakdown [of power shortage]; Pòtoriko, "la corriente se fue; hay un apagón"…	Apagones.
Koukouyoukou ou quiquiriquí? An Ayiti, moun di kòk fè "koukouyoukou!"; Pòtoriko, yo di kòk fè " quiquiriqui!; Ozetazini, kòk fè " doodledoodledoo! Kijan kòk chante nan peyi ou?	Quiquiriquí.
Pè Ponsè pase Pilat. Kanta pou blag, kont, istwa, pwovèb ak charabya, bagay sa yo fè kenken nan tout lang, men, ou ta di sa fèt yon fason espesyal nan lang kreyòl la. Yon charabya tankou "Pè Ponsè pase Pilat an pèpè pou preche pou pen patat" se jis pou montre fraz la gen 10 lèt p, e pou defye pwononsyasyon an kreyòl. Se konsan tou moun toujou defye yon lòt lè l mande l pou l di rapidman: anba plat pye Pyèpyè plen pyan oubyen: sèt tèt chat nan sèt sak.	Padre Poncet pasó by Pilate.

Fòmasyon ak orijin mo kreyòl yo

25.1 Kijan mo lang kreyòl ayisyen an fòme? / Formación de las palabras del kreyòl haitiano

KREYÒL	ESPAÑOL
25.1.1 Kreyasyon yon mo nouvo, yon mo ki patko egziste ditou (coinage) tankou: Aspirin, òdinatè, Palmoliv, Frijidè, djipiyès (GPS), sèlfi (selfie).	25.1.1 Creación de una palabra nueva (coinage): Aspirin, òdinatè, palmoliv, frijidè, djipiyès (GPS), sèlfi (selfie).
25.1.2. Derivasyon (izaj sa ki rele afiks yo): prefiks, enfiks, sifiks. Egzanp: dechouke (mo a soti nan chouk), dekrase (kras), mawonay (mawon); eritay (eritye).	25.1.2 Derivación (uso de afijos): dechouke, dekrase, mawonay; eritay.
25.1.3 Prete mo nan lòt lang etranje. Gen anpil mo laten ak grèk ki rantre nan anpil lang; se konsa tou nou genyen laten ak grèk ansanm ak lòt lang ankò nan kreyòl la: eksetera (et cetera), rezime (résumé), chèz (chaise), biwo (bureau), pataswèl (pata suelta), bokit (bucket)…	25.1.3 Préstamos: eksetera (et cetera), rezime (résumé), chèz (chaise), biwo (bureau), pataswèl (pata suelta), bokit (bucket)…
25.1.4 Mo konpoze. Nan kreyòl la, tankou nan anpil lòt lang, gen anpil mo konpoze: vanpouse, chirepit, laviwonndede, chenjanbe, jwèt malè, nan ginen, danri, sannen, sanzave, fonkoze.	25.1.4 Palabra compuesta: vanpouse, chirepit, laviwonndede, chenjanbe, jwèt malè, nan ginen, danri, sannen, sanzave, fonkoze.
25.1.5 Fizyon de mo ansanm (blending). Menm si nou pa kapab mete de mo nan blendè pou n rive jwenn yon sèl, nou kapab pran yon pati nan chak mo yo pou n fòme yon lòt mo nouvo tankou: motèl (motor hotel), zanmi (les amis)	25.1.5 Fusión (blending): motèl (motor hotel), zanmi (los amigos)

25.1.6 Itilizasyon yon moso nan yon mo (Kliping). Nan fè ekonomi bout chandèl, nan fè kripya, nou ka rive kreye yon kalite mo tankou: gaz, pwof, ad, bis (pou gazolin, pwofesè, advertising; otobis).	25.1.6 Uso de una parte de una palabra (cliping): gaz, pwof, ad, bis (por gazolina, profesor, advertising; automóvil).
25.1.7 Akwonim. Menm jan ak blending, moun kapab pran moso nan plizyè mo pou yo fòme yon lòt mo nouvo tankou: HSO (Haitian Students Organization), UN (United Nations), HASCO (Haitian Sugar Company), ONA, KAMEP, ONAAK, MINUSTAH, elt.	25.1.7 Acrónimo: HSO (Haitian Students Organization), UN (United Nations), HASCO (Compania azucarera de Haití), ONA (Ofis Nasyonal d Alfabetizasyon), KAMEP (Central Autónoma de Agua Potable), ONAAK (Ofis Nasyonal d Alfabetizasyon e d Aksyon kominotè), MINUSTAH (Mission des Nations Unis pour la Stabilisation d'Haïti), elt.
25.1.8 Konvèsyon. Konvèsyon vle di fè yon mo tankou yon vèb tounen yon non oubyen yon non tounen yon vèb: mache a mache; manje manje a; pran yon ti goute; goute sèl pa mande rete.	25.1.8 Conversión : mache (caminar) vs mache (mercado); manje (comer) manje a (comida); pran yon ti goute (merienda); goute (probar) sèl pa mande rete.
25.1.9 Bakfòmasyon (backformation). Se revè konvèsyon. Se fè yon non tounen yon vèb:chòy, bagay.	25.1.9 Es el contrario de la conversión
25.1.10 Zewo fòmasyon	25.1.10 Cero formación
25.1.11 Eponimi (Alizyon). Eponimi se yon mo ki soti nan yon non pwòp. Egzanp : Atlas, Ford (machin), anpil non eleman chimik yo.	25.1.11 Eponimia (alusión). Palabra derivada de un nombre propio. Ejemplo: atlas, Ford (carro), muchos de los nombres de elementos químicos, etc.
25.1.12 Aferèz. Se yon figi gramè ki elimine yon fonèm ou yon gwoup fonèm okòmansman yon mo etranje. Se kontrè apokòp ki li menm elimine fonèm alafen yon mo: Acabar, kaba; acajou, kajou; "hasta", ata; "écumer", kimen, elt.	25.1.12 Aferesis: Eliminación de un fonema o grupo de fonemas al principio de una palabra (diferente de apocope): kaba (acabar); kajou (acajou); ata ("hasta"), kimen ("écumer"), elt.
25.1.13 Apokòp. Elimine fonèm alafen yon mo etranje: jamais, janm; défendre, defann; table, tab.	25.1.13 Apocope (eliminación de un fonema al final de una palabra): janm (jamais); defann (défendre); tab (table)

25.1.14 Epentèz. Se lè yo ajoute yon fonèm nouvo a yon mo pou yo kreyolize l: affaire, zafè; sur ce bord-ci, bò isit; netoyer, netwe; âme, nanm; échelle, nechèl; ici, isit; homme, nonm; rien, anyen, etc. Grenadye alaso; sa ki mouri zafè a yo.	25.1.14 Epentesis: adición de un fonema nuevo a una palabra para creolizarla: zafè (affaire); bò isit (sur ce bord-ci; netye (nettoyer); nanm (alma); nechèl (échelle, escalera); nonm (homme, hombre); anyen (rien, nada)…
25.1.15 Metatèz ou transpozisyon. Se deplasman yon lèt ou yon gwoup lèt ou silab de yon mo: brouette, bwouèt; ombilic, lonbrit; poupée, poupe, pope; s'il vous plaît, souple; carrefour, kalfou; foyer, fouye; sablier, sabilye, etc.	25.1.15 Metatesis o transposición : Es el desplazamiento de una letra o grupo de letras o silabas para formar una nueva palabra : bilye (bliye, olvidar) ; bwouèt (brouette); lonbrit (ombilic, ombligo); pope (poupée, muneca); souple (s'il te plait, por favor), kalfou
25.1.16 Pwostèz. Se adisyon yon lèt okòmansman de yon mo pou l ka vin sonnen pi byen (Efoni): Les avocats, zaboka; les étoiles, zetwal; scapulair, eskapilè; âme, nanm; haïr, rayi; hanches, ranch; laguer, delage, elatriye.	25.1.16 prostesis : adición de una letra al principio de una palabra por cuestión de eufonia : zaboka (les avocats), zetwal (les étoiles); eskapilè (scapulair); nanm (âme); rayi (haïr); ranch (hanches); delage (laguer), etc.

Note byen: Tonalite: An kreyòl, jan yon moun pale vo plis pase sa li di a. Egzanp: map /ba/ yo/ sa/ yo/ me/ri/te/ (Les voy a dar lo que merecen) gen plis fòs pase: map ba yo sa yo merite).

25.2 Ki kote mo kreyòl yo soti?

25.2.1 Mo endijèn oubyen mo ki soti nan Amerik Latin nan:

An general, mo an: -ouav, -ouan, -av, -ana, -an. Mo tankou: amak, Ayiti, kasab, kenèp; gwayab; kannari; koralen; kwi; mabouya; manyòk; mapou; mayi; patat; sanba; sapoti; zaboka; kayiman (acayouma=reptile), zagoudi (acuti), ajoupa (aíupa), lanbi, eks.

25.2.2 Mo afriken:

Anplis de estrikti a, kreyòl la pran plizyè mo nan lang afriken (ewe, wolof, anjeven, angola, banbara, fongbe, kikongo, yoruba…): Bouki, vodou; akasan; baboula (banboula); bouda (mbunda=fès, dèryè)); bobori; gonbo; bòkò (book, bokono=deven, sòsye); hounfò (ounfò); houngan (oungan); hounsi (ounsi); ountò (la conga de la ceremonia vuduesca);kenken (sab lanmè, anpil); kokolo (banbara: kuncolo=tèt); loa; moundong; tomtom (tumtum); tchotcho (bambara: farin lapli; wanga; hounfò (ounfò); lwa; moundong; vodou; (an jeneral tout mo lang vodou yo).

25.2.3 Kreyòl la kapab konsidere kòm yon lang melanje euro-africaine ki gen 95% sentaks afriken men ki gen 85% vokabilè fransè: tab, chèz, bifè, lè, lòm, bonè, elatriye.

25.2 De dónde vienen las palabras del kreyòl?

25.2.1 Palabras indigenas (America Latina): Generalmente, son las palabras en: -ouav, -ouan, -av, -ana, -an tales como: amak, Ayiti, kasab, kenèp; gwayab; kannari; koralen; kwi; mabouya; manyòk; mapou; mayi; patat; sanba; sapoti; zaboka; kayiman (acayouma=reptile), zagoudi (acuti), ajoupa (aíupa), lanbi, eks.

25.2.2 Palabras africanas. Además de la estructura, el kreyòl hereda varias palabras africanas, generalmente de los idiomas: ewe, wolof, anjeven, angola, banbara, fongbe, kikongo, yoruba…): Bouki; akasan; baboula (banboula); bouda (mbunda=fès, dèryè; bobori; bouki, gonbo; bòkò (book, bokono=deven, sòsye); hounfò (ounfò); houngan (oungan); hounsi (ounsi); ountò (drum of the ceremony);kenken (sab lanmè, anpil); kokolo (banbara: kuncolo=tèt); loa; moundong; tomtom (tumtum); tchotcho (bambara: farin lapli); vodou; wanga; bobori; hounfò (ounfò); lwa; moundong; vodou; (an jeneral tout mo lang vodou yo).

25.2.3 El francés. El kreyòl puede ser considerado como una mezcla euro-africana con 95% de sintaxis africana pero con 85% de vocbulario francés: tab, chèz, bifè, lè, lòm, bonè, etc.

25.2.4 Fòmasyon mo nouvo (newolojis). Se ayisyen sèlman ki kapab konnen pi fasilman vrè sans mo oubyen ekspresyon sa yo: Atache; dechouke; lavalas; pouchis; granmanjè; naje pou soti; JFF (Jan l fini l fini); JPP (Jan l pase l pase); JTT (Jan l tonbe l tonbe); zenglendo; sou beton an; foule beton an (fè grèv ou manifestasyon); GNB (grenn nan bounda); kloròks o asid batri, zèb nan bouch, tèt kale, kale tèt, zo kiki, Ayiti dekole, pwogram nan pa ateri, elt.

25.2.5 Mo ki soti nan kilti pèp ayisyen an. Se ayisyen sèlman ki kapab konnen pi fasilman vrè sans mo oubyen ekspresyon sa yo tou: Kadejak, chenjanbe, lagolago, laviwonndede, palavire, bogota, Antwàn nan gonmye, malpouwont, tchentchen; restavèk, voye toya sou yon moun, eks. (Wè tab mo etranje yo)

25.2.6 Mo ki soti nan angle: B(r)abako; babay; djòb; chany; anbègè; batrimann; bis; bokit; dasomann; fè bak; gòdèm!; foutbòl; tchòbòl; kannistè; kòl; kawoutchou; òtdòg; ponch; sik (enfermo); sosyal; windo; djèskanm; goudren. (wè tab mo etranje yo)

25.2.7 Mo ki soti nan panyòl (espanyòl): Abladò (palanpil); bòlèt (jwèt); boske (chèche); kaba (fini); kabicha (dòmi yon ti kras); sapat (chosi); sandal (chosi); sefwe (li ale,li mouri); vyewo (ansyen); bobo ou beko (bo); kesedjo, kesekwann (m pa konn anyen); komokyèl (sa m ta di); mantèg (grès); matcho (gason galan); mòn (ti montay); mizadò (mize pou vini); awoyo (debòde)…

25.2.4 Neologismo. Son los haitianos que pueden entender fácilmente el significado de estas palabras: Atache (agente secreto); dechouke (desarraigar); lavalas (avalancha); pouchis (traicionero); granmanjè (batata político); naje pou soti (salir sano y salvo de una situación); JFF (termina como termine); JPP (pase como pase); JTT (caiga como caiga); zenglendo (bandolero); sou beton an (estar desempleado); foule beton an (hacer huelga o manifestación), GNB (persona que tiene pepa); kloròks o asid batri (hambruna), zèb nan bouch (el hecho de ocupar un puesto siendo oponente al estatu quo), tèt kale (totalmente), kale tèt (pillar, derrobar), zo kiki (jóvenes que se dedican a actividad sexual precoz), Ayiti dekole (Haití arranca), pwogram nan pa aterí (el programa no baja, no alcanza al pueblo), elt.

25.2.5 Palabras que vienen de la cultura haitiana. Son los haitianos que pueden entenderlas más fácilmente: Kadejak, chenjanbe, lagolago, laviwonndede, palavire, bogota, Antwàn nan gonmye, malpouwont, tchentchen; restavèk, voye toya sou yon moun, eks. (Wè tab mo etranje yo)

25.2.6 Palabras que vienen del inglés: B(r)abako (barbecue); babay (adiós); djòb (trabajo); chany (brillar); anbègè (hamburguesa); batrimann (el hombre de la batería); bis; (autobús) bokit (recipiente); dasomann (asaltante); fè bak (ir de reversa); gòdèm! (caramba!); foutbòl (fútbol); tchòbòl (problema); kannistè (canister); kòl (meta); kawoutchou (goma); òtdòg (perro caliente); ponch (punch); sik (enfermo); sosyal (seguro social); windo (ventana); djèskanm (recién llegado); goudren (wè tab mo etranje yo)

25.2.7 Palabras que vienen del español

Abladò (hablador); bòlèt (bolita); boske (buscar); kaba (acabar); kabicha (cabecear); sapat (zapato); sandal (sandalia); sefwe (se fue); vyewo (Viejo:); bobo ou beko (beso); kesedjo, kesekwann (qué sé yo…); komokyèl (cómo quién, cómo cual); mantèg (manteca); matcho (macho, Don Juan); mòn (cerro); mizadò (tardar); awoyo (arroyo)…

25.3. Orijin kèk lòt mo

25.3 Origen de algunas otras palabras

Orijin	Mo		
Galibi	Auniq	Annik	Sèlman, inikman, jis, fenk
Italyen	Piasta =fèy metalik	Pyas	Goud, lajan
Italyen	Vitiello=un tipo de zapato	vityelo	A pye
Malinke	Ambe sògòma	Sogo	Orevwa
Pòtigò	Cobres	Kòb	Pyès lajan
Fon	Vi		timoun
Yorouba	En-en		En-en
Ewe	Me	Mwen	M

25.4 Mo ansyen ki soti nan lang panyòl la / arcaísmos kreyòl-español

Kreyòl	Panyòl	Siyifikasyon oubyen egzanp
Abladò	Hablador	abladò sa yo pa banm chans pou m pale.
Awona, fanm endesan	Ajo, ajona	Awona se moun ki gen move repitasyon
Awoyo	Arroyo	
Ayè	Ayer	
Baboukèt	Barboquejo	
Bobo	Boboyo, bobuyo	
Bobo, beko	Beso	
Bòlèt	Bolita	
Boske	Buscar	
Dechalbore	Deschaborrar	

Dekabès	Cabeza	
Depatcha	Despachar	
Dezafi	Desafío	
Fouyadò	Investigador	
Gabèl	Gabela	
Goud	Gordo	
Kaba	Acabar	
Kabicha	Cabecear	
Kaderik	Calder, calderica	
Kako	Caco	
Kesedjo kesekwan	Qué sé yo, qué sé cuando	
Komokyèl	Cómo quién:	
Konbit	Convite	
Koukouy	Cucuyo	
Kounouk	Conuco	
Mantèg	Manteca	
Matcho	Macho, Don Juan	
Mizadò	El que demora mucho	
Mòn	Cerro	
Pataswèl	Pata suelta, patada	
Pataswèl (pa lavire)	Pata suelta	
Sandal	Sandalia	
Sapat	Zapato	
Sefwe	Se fue	
Sesin (sisin)	Sesina, tasajo	
Tchèl	Chele	
Vyewo	Viejo	

25.5 Enfliyans lang afriken sou lang kreyòl la

Doktè Jean Price Mars, otè de Ainsi parla l'oncle, Pòtoprens, Ayiti panse rasin lang kreyòl la soti pi lwen: « Aksepte donk patrimwàn zansèt nou yo kòm yon blòk.Vire l, tounen l, egzaminen l avèk entelijans e sikonspeksyon e n a wè... ke l reflete imaj redui imanite toutantye ki nan pla men » (**Jean Target, 2001**).

Lang kreyòl la pa pran nesans nan koloni Sendomeng lan; li pa yon pidjin, ni yon jagon oubyen yon reminisans lang fransè. Kreyòl fòme avèk yon sèl jenerasyon de moun afriken, tandi ke pidjin fòme ak de jenerasyon de moun ki pa afriken. Kreyòl la kapab konsidere kòm yon lang melanje ewo-afriken ki gen 95% sentaks afriken men ki gen 85% vokabilè fransè.

Genyen kat fanmiy lang ki nan kontinan Afrik la: Afwo-Azyatik, nilo-sayaryen, nijewo-kongolè ak kwazàn. Branch nijewo-kongolè a divize an 6 ramifikasyon: Atlantik oksidantal, mande, voltayik oubyen Gou, kwa, adamawouya ak benouwe-kongo. Yon lang genyen yon sèl istwa, yon sèl orijin ak yon sèl mòd fòmasyon. Kidonk, kreyòl pa ka gen orijin ewopeyen epi orijin afriken. Lang kreyòl la soti nan twa lang afriken (eve, fon, yorouba). Lang sa yo soti nan branch kwa ki li menm fè pati de famiy lang ki rele nijewo-kongolè a (nigero-congolaise). An Ayiti nou rele eve yo arada. Kreyòl la itilize twa lang sa yo nan twa nivo: fòm estanda, fòm dyalèk ak fòm popilè.

Mo nijewo a pou kont li fè referans a 300 lang ki pale nan peyi sa yo: Senegal, Ganbi, Ginen Biso, Syera Leyone, Mali, Bikina Faso, Liberya, Kotdivwa, Gana, Togo, Benen ak Nijerya. Mo Kongolè a refere a anviwon 700 lang ki pale depi Kamewoun rive jouska Angola. Lang kreyòl la se denominatè komen 1050 lang de fanmiy nijero-kongolè, sa vle di 1/5 tout lang ki pale nan lemond. Kanta pou p**wononsyasyon lang kreyòl la,** o**tè Penin de Jarrien fè remake lang afriken yo (tankou lang berichon) pa renmen fè konsòn yo sonnen. Mo fransè tankou **mercredi, artiste, occuliste** kapab li kòm: mekredi, atis, oculis sa fè moun konprann pwononsyasyon kreyòl la pa pran nesans nan koloni Sendomeng lan.

Chans pou nou, kòm tan ap pase, kreyòl ayisyen an sanble ap fè plis pwogrè chak jou. Jodi a, kreyòl ayisyen an antre sou tout sèn. Li monte tout tab. Li nan tout fowòm.

25.6 Kèk mo afriken nan kreyòl ayisyen an / palabras africanas en el kreyòl. Complete la tabla

Orijin mo a	Mo a ak sa l vle di	Fè yon fraz ak mo a
Afriken	Solokoto /sòlòkòtò Divinò	Mwen pa nan moso Bondye moso solokoto
	Tonmtonm	
Angeven	Bouzen	
Angola	Bonda, bouda, fès, dèryè	
Bambara	Tchotcho, farin lapli, ti kras lajan	
Dioula (Ginen)	Kenken, anpil	
Congolè (angolè)	Zonbi, moun mouri ki leve	

Fongbe (Ashanti, éwé, fongbé, yoruba)	Dosou/dosa, ti moun ki fèt apre jimo yo	
	Pedevi, krebete, rachitik	
	Vodou, vodoun	
	akasan	
	Ago	
	Bòkò, prèt vodou	
	Degi, sa yo ajoute sou yon machandiz	
	abobo, ayibobo, aklamasyon, m dakò	
Kikongo	Bakoulou	
	Bèbè, bèkèkè	
	Gangan	
	Moun	
	Wanga	
	Baka	
	Moko	
Wolof	Ak	
	Bouki	
	Bowòm	
	tchanpan, fanm de move mès, vye manje	
Yoruba	Lwa	
	Papalwa	
	rara, chan de lwanj	

K	L	E	P		
K	R	E	Y	O	L

EGZESIS-DEVWA / ASSIGNMENT

Saktefèt (revizyon)?

Sakafèt (pwogram)?

Sakpralfèt (pwojè)?

A. Egzèsis ak devwa pou revizyon, refleksyon ou diskisyon.

KREYÒL	Español
1. Ki premye kontak nou ak lang kreyòl la? Konbyen mo ou ekspresyon kreyòl nou konnen deja? ekri epi pwononse yo? Eske nou wè liv oubyen revi kreyòl deja? Eske nou abitye tande pwogram radyo, konferans ou tèks mesaj? Eske nou konn li imel, nouvèl ou enfòmasyon sou entènèt? Eske nou konn koute k-7? Youtoube? Sidi VCR, elt.? Konbyen lèt ki genyen nan alfabè ofisyèl kreyòl la?	
2. Ki karakteristik prensipal kreyòl ayisyen an genyen?	
3. Kilè kreyòl te rekonèt kòm lang ofisyèl an Ayiti?	
4. Ki lang ki kontribye pou bay nesans a mo ki nan lang kreyòl ayisyen an?	
5. Nan ki ane lang kreyòl la te rekonèt kòm lang ansèyman an Ayiti	
6. Nonmen senk sans nou yo e di ki aksyon nou kapab fè ak chak nan yo.	
7. Nan ki lòt peyi moun pale kreyòl.	
8. Eske kreyòl ak fransè gen menm valè an Ayiti?	
9. Ki kote kreyòl ayisyen an soti	
10. Kisa ou ka di de jounen entènasyonal kreyòl?	
11. Eske gen yon sèl kalite lang kreyòl?	

B. Ann koute: Di ki mwayen nou pito itilize pou nou koute lang kreyòl la: pwofesè nou, manm fanmi nou, vwazen nou, kondisip nou, zanmi nou, konpanyon travay nou, moun kap pase nan lari a, emisyon radyo, televizyon, k-7, sidi, DVD, dokimantè, fim, vwayaje nan peyi kote yo pale lang lan... Poukisa koute yon lang enpòtan anpil?

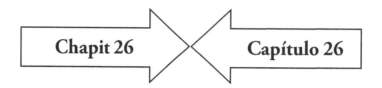

Plis egzèsis / Ejercicios adicionales

A. Li tèks kreyòl ki agoch la a hot vwa. Souliye mo kreyòl fransize yo. Ansuit, ekri mo mal ekri yo an bon jan kreyòl nan kolonn adwat la.

Kreyòl fransize	Bon jan kreyòl
Anpil nan peuple ayisyen an partir kite peyi d Ayiti pou y al vivre a letranger. D' ailleurs, se deux kalite moun ki rete nan peyi a: moun ki pa gen mwayen dutout oubyen sila yo kap byen mennen. Konsa, nou ka wè gen plusieurs kalite ayisyen: riches ou pauvres; moun lavil, moun morne ou moun andehors; moun save ou analfabetes… Nou bay seulement quelques examples de divizyon ki genyen nan peyi a. Gen anpil lòt encore. Men, nou panse que gen yon l'heure kap rive, tout prejuje dwe disparaître. Nou konnen lutte la pa facile. Men, nap continuer l.	

B. Souliye mo kreyòl fransize yo ki nan kolonn agoch la. Annsuit, kopye e korije yo nan kolonn adwat la. Fè atansyon a atik yo.

Kreyòl fransize	Bon jan kreyòl
a. Nimewo de telefòn	
b. Jodi a se lundi (mardi, mercredi, jeudi, vendredi).	
c. Gad on voleur!	
d. Ki couleur cheveu ou?	
e. Depute a malade	
f. Lecon an pas utile pou mwen	
g. Ou pa besoin peur	
h. Frigidaire la decharje	
i. Moteur la gate, men tout bagay yo an forme	
j. Se terre la kap tourne autour solèy la	
k. Malheure a ou si ou pa prezante devan juge naturel ou.	
l. O Seigneur Dieu, Jesus, Marie, Joseph, se nou ki defenseur nous.	
m. Ekip l'aigle noir la pèdi match la	
n. Tranbleman de terre la frape Ayiti du.	
o. Misyon carnaval des fleurs la enteresan	
p. Al kote pasteur la pou l ede w prepare priere la.	

C. Ann ekri. Traduzca al kreyòl

Español	Kreyòl	Inglés
Tengo hambre		I am hungry
Yo quiero ir a la biblioteca		I want to go to the library
Es un placer encontrarle		Pleased to meet you
Como te sientes		How do you feel?
Yo te voy a recoger		I will pick you up
Perdona		I beg your pardon
¿Esto te molesta?		Do you mind?
Es una broma		I am kidding
Estoy muy agradecido		I am very grateful
Con su permiso		With your permission
Quiero estar seguro		I want to be sure
Les Saluda de mi parte		Give them my regards
No puerda su tiempo		Don't waste your time
Tiene que pagar sobrepeso		You have to pay over weight
Me gustaria sacar una foto		I like to take a picture
Hablemos de eso		Let's talk about it
Tengo prisa		I am in a hurry
Pase lo que pase		No matter what happens
Cometo un error		I make a mistake
Adelante		Go ahead
Silencio, por favor		Keep quiet, please
Dios mediante		God's willing
Me gustaria tomar un baño		I like to take a bath
Lo siento mucho		I am very sorry
Cogelo suave		Take it easy
Si yo fuera tú		If I were you

D. Ann pale. Konvèsasyon.

a. Di kisa nou renmen, kisa nou fou pou li, ki sa nou apresye, kisa nou sipòte, kisa nou rele viv pou li.

b. Di ki sa nou pa vle wè k je, kisa nou rayi, kisa nou deteste, kisa nou rele aba pou li

E. Di ki kote ou soti, ki kote ou ye oubyen ki kote ou prale. Lugar de origen / nacionalidad. Diga de donde viene, adonde va y donde está.

Sijè + vèb	Kote /lye/plas	Sujeto + verbo	Lugar
Mwen…	San Juan		
Mwen sot…	Pari		
Mwen pral…	Frans		
Nou te…	Kanada		
Eske ou… ?	Ayiti		
	Etazini		
	Beljik		
	Swis		
	Jamayik		
	Brezil		
	Chin		
	Lotèl la		
	Biwo a		
	Garaj la		

F. Ann ekri. Konplete ak vèb ki kòrèk la, lè sa nesesè (se, renmen, ye, genyen).

Janjak ak Matonn _____ ayisyen, men yo rete angletè. Yo _____ 20 an. Janjak _____ jounalis men Matonn _____ Mis. Mesyedam yo _____ enteresan anpil. Yo chak _____ anpil lajan. Men, yo _____ pa egoyis ditou. Yo _____ pataje ak zanmi yo e ak vwazen yo. Yo _____ pa chich ditou.

G. Ann ekri. Kòman yo rele moun kap viv nan peyi sa yo ?

- Pòto Riko: _____   - Ayiti: _____

- Etazini: _____   - Venezwela: _____

- Lafrans: _____   - Kiba: _____

- Angletè: _____   - Jamayik: _____

- Repiblik Dominikèn: _____   - Kanada: _____

H. Ann ekri. Jan mo klase an kreyòl pou fè yon fraz. Gwoupe mo sa yo nan lòd lojik pou fòme fraz ki gen sans an kreyòl.

    a. Pa – non-mwen - mal –pi _____

    b. Pwa – manje- mwen- ta- diri- ak _____

    c. Mari – rele – pitit- Jonas- la _____

    d. Pawòl- se- verite- pa- tout- ki _____

    e. Kontan –vini-m- poutèt- nou-anpil- mwen-ou –wè- _____

I. Ann ekri. Parea la columna A con la B

A	B
Ou fèk vini	No empieza a chavar
Li sot naje	Ven a ver
Li pran chante	Sabes lo que quiero
Li tonbe rele	Ya habló
Pa kòmanse babye	Acaba de nadar
Kisa ou vle di	Acaba de llegar
Ou konn sa m vle	Empezó a gritar
Vin wè	¿Qué quiere decir?
Ou fin pale	De repente, empieza a cantar

J. Ann ekri.Tradui fraz sa yo an kreyòl

Kreyòl	Español	Kreyòl	Español
1. Mwen ale (manje, bwè, lekòl…)	Voy (a comer, beber, a la escuela…)	2. Yo pa la	Ellos no están
3. Yo se fanm vanyan		4. Kote yo soti?	
5. Ki lè l ye?		6. Li pè pran piki	
7. Si ou pa koupab, ou inosan		8.Kay la gen twa chanm	
9. Enjenyè a pèdi lisans li		10. Malad la endispoze	
11. Jonas lopital depi maten		12. Mwen la anvan lè.	
13. Yo sanble tèt koupe.		14. Yo se de marasa	
15. M al dòmi (tou grangou, swaf, bonè, ta…)		16. M mache pou m al nan mache	
17. Pa fòse m		18. Manje a gen anpil grès	

K. Ann li. Mete fraz say o an espanyòl

KREYÒL	ESPAÑOL
Se yon liv	
Ou se elèv	
Ou se pòtoriken	

310

Se nan dlo yo separe pèch	
Se nan mòn anpil abitan rete	
Se twazè l ye, li lè pou n ale	
Ki moun ou ye?	
Se mwen menm Jonas.	
Pouki sa ou pa manje?	
Se paske li ta, e mwen pa vle gonfle	
Eske se pòtoriken ou ye?	
Non, se pa pòtoriken mwen ye, mwen se ayisyen	
Di mwen pa la	
kote Janklod ye?	
li se yon nèg ki kapon anpil	
Tata ansent	
men li pa pi mal	
Mari bèl anpil	
Jèta pa la	
Mwen malad	
Li te mechan anpil	
li te fache	
Me manman m, tololo!	
Gen yon tan pou tout bagay sou latè	

L. Anrichi konesans ou. Pastan ak jwèt. Eske ou konn pratike bagay sa yo ? konplete tablo a.

Abit	(arbitro)
Ale nan	(gagè, nan mache, nan bal, nan dlo)
Balon, boul	(balón)
Bat kòk	(hacer pelar los gallos)
Chante	(chanson, kouplè, refren, an kè)
Choute	(golpear el balón)
Danje	(peligro)
Danse	(djouba, boulero, fantezi, kontredans):
Defans	(defensa)
Double	Doblar
Drible	(doblar a varios jugadores)

311

Ekip (equipo)	Futbol, baloncesto …
Estad (estadio)	
Fente (fingir)	
Fot (falta)	
Gòl ("gol", meta)	
Jwe (jugar)	
Kan (campo)	
Kou fran (tiro directo)	
Koup mondyal (copa mundial)	
Kout tèt (cabezazo)	
Mitan (medio tiempo, primera mitad)	
Parye pou lajan	
pou granmesi	
san temwen	
Penalite (penal)	
Resite (powèm, leson)	
Santre (centralizar)	
Soufle (nan kòn, nan banbou, blad)	
Tire (tirar)	
Touch (tocar la bola con la mano, falta)	
Di kijan ou renmen divèti ou	Jwe kat, gita, pyano, bandjo, raf, bòlèt, vyolon, domino, mizik, tronpèt, klarinèt, woman eks.
Mwen pa abitye manje <u>kokoye ole</u>	
Jinèt, se pa sa m te di w	
Jan pap kite moun ranse (relajarse con uno) avè l	
Li se pakapala	
Li pa manje anyen ki frèt	
Li tèlman tchak, li pa manje tchaka (mayi)	
Nou ka pa konprann pouki sa	
Yo pa ka ale	

M. Traduzca al kreyòl: Ayiti, peyi 5 P

Gen kritik ki di Ayiti se yon peyi "5 P": **pa** genyen, **pa** konnen, **pa** kapab, **pa** fòt mwen e **pa** pi mal. Sepandan, lè yon moun ap pale de Ayiti oubyen ekri sou peyi sa a, se pou fè anpil anpil atansyon. Jous kounye a, anpil moun pa rive konprann Ayiti. Se pou sa yo di se yon peyi enigmatik. Anpil politisyen, Diplomat ak sosyològ konfese e menm souliye yo pa ka rive konprann peyi a. Ayiti se Ayiti. Ayiti se gwo peyi.[1]

N. Tradui tèks sa an panyòl.

Moun sa yo al nan bal chak samdi. Se nan Night Club "Bonplezi" ya l yaya kò yo. Night club sa a se pou Jonas (li ye), pitit bòs Jonasen an. Chak moun peye senkant dola nan pòtal. Gen moun ki trouve sa chè. Men, yo di l te pi chè toujou nan tan lontan. Okenn malere pat ka abòde l. Se konsa, pis (el salón de baile) la te konn preske vid. Bondye pou li, jeran an (anchajè a) te deside bese pri antre a. Se pa ti kontan moun yo te kontan.

O. Varyasyon an kreyòl

Mo konplè	Lòt mo sinonim	Significado
Ake	Avèk	Con
Amen / alelouya	Ayibobo	Amen
Bliye	Bilye	Olvidar
Bodmè	Bòdmè	
Bra	Bwa	
Bri	Bwi, bui	
Chache / bouske	Chèche	
Chemen	Chimen	
Chen	Chyen	
Chonje	Sonje	
Disèl	Sèl	
Dou	Dous	
Efò	Jefò	
File	Koze	
Gadinaj	Gadinay	
Gonbo	Kalalou	
Gwayav	Gouyab	
Jòmou	Joumou	
Jwa	Jwè	
Kacheman	Kachiman	
Kachimbo	Pip	
Kana	Kanna	
Kannistè	Mamit	
Kawo	Fè	
Kin	Bokit	
Kòkòtò	Chich	

---

[1]   Véanse el libro: Haití: Mito y Realidad, P.32

Konbe	Konbyen
Kouyi	Keyi
Madmwazèl	Manmzèl
Moute	Monte
Nan	Lan
Onè respè	Chapo ba
Out	Dawou
Pa	Kina / kinan
Pann (pandye)	Kwoke
Pannad	Soup pen
Pitan m	Pitit mwen
Rad a ou/ rad a w	Ra ou a
Souye	Siye
Vit	Rapid, trapde, san pèdi tan ; nan yon bat je…

P. Ansèkle mo ou ekspresyon ou pa konprann nan chak fraz. Mete yo an español. Fè kòmantè pa ou.

	Kreyòl	Equivalente	Comentario
1	Apa w pa di anyen		
2	Apa wap chòv		
3	Bay piti pa chich		
4	Bòn nan [renmen] fè koutay		
5	Bwat pawòl li fini		
6	Chak jou pa dimanch		
7	Cheve l plen kap		
8	Dam nan banm poto		
9	De moun sa yo se menm tenyen an		
10	Delè a se a twazè		
11	Depi ayè li frèt avè m		
12	Dèyè m ap koupe klou la a		
13	Doktè a banm yon piki pou doulè a		
14	Dòmi nan je m, kite m ale		
15	Fèy sa a bon pou anpil maladi		
16	Flè a fennen		
17	Fò nou fè yon jan pou n pase		
18	Kawoutchou machin nan plat		

19	Kè m fè m mal pou ou		
20	Kè map sote		
21	Ki moun ap vin di sa !		
22	Ki nimewo pye ou?		
23	Ki sa ou gen pou fè jodi a ?		
24	Kisa moun sa ye pou ou		
25	Kolye chemiz la sal		
26	Kote ouvrebwat la ?		
27	Kou ki pou tiye koukou a		
28	Lap fè gwo gagann		
29	Lajan al kay lajan		
30	Lap bat vant mwen		
31	Lap bougonnen		
32	Lap bwè kòb li!		
33	Lap chare mèt la		
34	Lap fè djòlè		
35	Lap fè makak		
36	Lap fè van ak yon fèy papye		
37	Lap gade m pa anba		
38	Lap kale mango a		
39	Lap pran pòz nèg fò l		
40	Li achte yon boutèy pafen		
41	Li akrèk anpil		
42	Li ban m yon kout pwen		
43	li bo l sou [tèt] bouch		
44	Li boude bouch li		
45	Li dezòd anpil		
46	Li domaje nan ponyèt		
47	Li fè m je dou		
48	Li gen foli chèf		
49	Li gen je lanvè		
50	Li gen lasi nan je l (la chassie)		
51	Li gen move jan		
52	Li gen pwen		
53	Li gen yon sin bò kou li		

54	Li genyen m rankin		
55	Li jouda anpil		
56	Li joure m byen joure		
57	Li kilbite m		
58	Li konn gou bouch li		
59	Li konnen anpil bagay nan anglè		
60	Li kras anpil		
61	Li kwè li ka fè m prann nanna pou sizàn		
62	Li lonje dwèt sou mwen		
63	Li mete yon pantalon pyese		
64	Li mete yon soulye depaman nan pye l		
65	Li mouye [an] tranp		
66	Li pa pran bal		
67	Li pa pran priyè, li pa pran kantik		
68	Li pale nan nen		
69	Li poko fè dan zòrèy		
70	Li poko fin gaya nèt		
71	Li pote vè		
72	Li pran daso nan bal la		
73	Li pran nan kouran		
74	Li rabache leson an		
75	Li rele m nan leta		
76	Li renmen bay blag		
77	Li renmen fache anpil		
78	Li renmen kale kò l		
79	Li renmen manje fritay		
80	Li rete do touni		
81	Li se tokay mwen		
82	Li se yon gason makomè		
83	Li se yon grandizè		
84	Li se yon kasètkay		
85	Li se yon lang long		
86	Li se yon pòtè		
87	Li se yon tafyatè		
88	Li sanble ak papa l tèt koupe		

89	Li swe tankou [pitit] bouki		
90	Li van machandiz la kach		
91	Limyè machin nan pa etenn		
92	Liv dezyèm men pa chè		
93	Liv la dechire pak an pak		
94	M about avè w		
95	M grangou anpil		
96	M kontre bab pou bab avè l		
97	M manje twòp dous makòs, m rebite l		
98	M pa konnen l ni an pent ni an penti		
99	M pa vle [pou] sezisman touye l		
100	M pa vle pran sèso		
101	M pap achte chat nan makout		
102	M pral montre l [ki] sa m peze		
103	M pral tcheke yon woulib		
104	M razè jous nan kou		
105	M santi yon doulè nan rèl do		
106	M se lanmè, m pa sere kras		
107	M te sispèk [santi] sa		
108	Machann nan koupe kou m		
109	Machin nan frenen sèk		
110	Malad la ap depale		
111	Malè avè w si di sa		
112	Manmzèl ap fè lera		
113	Map fè l peye sa kanmenm		
114	Map pran bal mwen nan fon		
115	Map remèt ou sa w fè m nan		
116	Mata se yon manfouben		
117	Mche se yon zo bouke chen		
118	Mche se yon zo kiki		
119	Melon sa a gwo nèg, papa		
120	Monchè, met moun sou ou		
121	Mont mwen annavans		
122	Msye mazora		
123	Msye se yon bèf chenn		

124	Msye se yon patat		
125	Msye se yon ti sousou		
126	Msye sou dèyè l kounye a		
127	Nou pa gen bwapen		
128	O ! Apa wap fè vant !		
129	O! Kilè w vini		
130	O! Wap mennen papa!		
131	Ou chaje ak pwoblèm		
132	Ou frekan anpil		
133	Ou mete chat veye mantèg		
134	Ou pile m		
135	Pa [fout] jete fatra la		
136	Pa degobye nan sosyete		
137	Pa ekri betiz sou mi an		
138	Pa fè madigridji sou tablo a		
139	Pa frappe pye sou mwen		
140	Pa gade m sou laparans		
141	Pa pèmèt ou demnti m		
142	Pa satiyèt mwen		
143	Pa vin giyonnen m		
144	Pa vin pase ray ou sou mwen		
145	Pantalon an dezipe		
146	Pòm nan rak		
147	Pwoblèm yo kraze m		
148	Rivyè a desann		
149	Sa klè tankou dlo kokoye		
150	Sa l fè l fè !		
151	Sa pa regade w		
152	Sa pirèd !		
153	Sa te fè kè m kontan		
154	Sa w di la pa kanpe sou anyen		
155	Se bon pou li		
156	Se byen jwenn byen kontre		
157	Se èsès map fè l mache		
158	Se kòm si ou te di atè a plen tè		

159	Se kot manman l li pran sa		
160	Se li ki tout fanmi li		
161	Si l bon pou ou, w a wè l		
162	Si w fache, al nan mache		
163	Sispan mouche nen ou!		
164	Sòt fè swe		
165	Soulye m bon pou ou		
166	Te gon bourara deyò a		
167	Ti fi a fòme		
168	Ti travay sa a raz		
169	Trigonometri se pa matyè m		
170	Vè a plen ra bouch		
171	Vwala, se sa menm		
172	Yap jwe tonton palmis		
173	Yo fèmen telefòn nan sou li		
174	Yo kraze seri pòt la		
175	Yo mete l deyò nan kay la		
176	Yo pa kwè nan wanga		
177	Yo pran kouran lajounen, yo bay li aswè		
178	Yo se machann pèpè		
179	Yo te manke goumen		
180	Zòrèy mwen ap kònen [sonnen]		

Referans ~ Referencias

American Academic Press, The (ed.). William Strunk, Jr., et al. The Classics of Style: The Fundamentals of Language Style From Our American Craftsmen. Cleveland: The American Academic Press, 2006. ISBN 0978728203.

Archer, M. (1988). La Créolologie Haïtienne. Latinité du créole d'Haïti. Imprimerie Le Natal.

Bajeux, J.C. (1999). Mosochwazi: Anthologie de la littérature créole. Port-au-Prince, Haïti.

Barber, Charles (1999). The English Language : A Historical Introduction . Cambridge Approches to Linguistics. Cambridge University Press.

BBC Kids Language Program Spanish, French, German or Italian for Children. Award Winning & Fun! www. Early-Advantage.com

Belfort, Tercius (2001). Manual para Enseñar el Idioma Kreyòl. Educa Vision. Coconut Creek, Florida.

Belfort, Tercius. (1995). Haití, Mito y Realidad. Puerto Rico. Impreso en Jay-Ce Printing.

Bloomfield, L. &Clarence, L.B. (1961). Let's read: a linguistic approach. Detroit: Wayne State University Press.

Comhaire-Sylvain, S (1953). Le créole haïtien : Morphologies et syntaxe, Port-au-Prince, Haïti. Imprimerie De Meester.

Constitution République d'Haïti (1987). Port-au-Prince, Haïti. Koutwazi Ministè Enfòmasyon ak Kowòdinasyon.

Dejean, Y. (1986). Ann Aprann Òtograf Kreyòl la. New York, published by K.A.P.A.B.

Devonish, H. (1986). Language and Liberation: Creole Language, Politics in the Caribbean, London: Karia Press.

Dorin, B. (1973). La fausse querelle du créole te du français. Conjonction 20, Revue Franco-Haïtienne. Port-au-Prince, Haïti.

Dorland. The American Illustrated Medical Dictionary (1954), 22 edition. W.B. Saunders Company. Philadelphia.

Faine, J. (1939) La créole dans l'univers : études comparatives des parlers français-créoles. Port-au-Prince, Haïti.

Fouchard, J. (1972). Langues et littératures des aborigènes d'Haïti. France. [no publisher]

Franck, E. (1975). Dezafi. Port-au-Prince. Edition Fardins

Freeman, Bryant and Laguerre, Jowel. Haitian-English Dictionary, second edition. Institute of Haitian Studies. University of Kansas.

Grimes, B.F. (1996). Summer Institute of Linguistics, Inc. http//www.sil.org

Hall, R.A., Jr. (1953). Haitian Creole Grammar, texts, vocabulars. Philadelphia.

Harwood, Natalie (2003). The Complete Idiot Guide to Learning Latin (second edition). ALPHA Penguin Group, USA.

Kemk, Andreas (2001), cited by Andrews, Larry. Linguistics for L2 Teachers. Lawrence Erlbaum Associates, Publishers Mahah, New Jersey.

Koute, pale, li, ekri (1996). Biwo Lang Kreyòl. Wout ayewopò, kwen ri Bèjerak. Pòtoprens, Ayiti. Enprimri Edisyon dèz Antiy, SA. Sekreteri pou Alfabetizasyon.

Learning FrenchMaster French In 21 Days. Claim Your Free Access To Online Course! Info-Tree. Com/French-Made-Easy.

Manigat, Max (2007). Mots Créoles du Nord d'Haïti : Origines, Histoire, Souvenirs. Educa Vision. Coconut Creek, Florida.

Manman doudou, papa cheri. https://video.search.yahoo.com/video/play

Morisseau, Felix Lery ( ). Mèsi Papa Desalin.

Multi Diccionario : Alemán, Francés, Inglés, Español (1988). Editorial Nauta, S.A.

Paultre, C. (1982). Tonton Lubin. Port-au-Prince, Haïti. Boukan.

Pelleprat (1655). Introduction à la langue des galibis. S&G. Cramoisy. Paris.

Pérez Roman, Carmen & Michel Ferrié, Francis (1980). Introduction to Business Translation : A Handbook in English-Spanish Contrastive Linguistics. Editorial Universitaria, Universidad de Puerto Rico.

Pompilus, P. (1983). Manuel d'initiative à l'étude du créole. Haïti. Impressions magiques.

Pressoir, C.F. (1947). Débats sur le créole et le folklore. Haïti, Imprimerie de l'Etat (d'Haïti).

Richard-Amato, Patria A (2003). Making It Happen : From Interactive to Participatory Language Teaching. Theory and Practice (third edition). Pearson Longman. United States.

Rundle, Bede. *Grammar in Philosophy*. Oxford: Clarendon Press; New York: Oxford University Press, 1979. ISBN 0198246129.

Savain, R.E. Haitian Kreyol in Ten Steps (Dis pa nan Kreyòl Ayisyen-an). Rochester, Vermont, Schenkman Books, Inc.

Schieffelin, B.B. & Doucet, R.C. (1994). The real Haitian Creole: ideology, metalinguistics, and orthographic choice; American Ethnologist 21 (1): 176-200.

Sylvain, Georges (1929). Cric ? Crac ?. (Editions in Creole and in French)

Valdman, A. (1978). Initiation à la linguistique : Le créole, structure, statut et origine. Paris, Editions Klincksieck.

Valdman, Albert (1996). Learner's Dictionary of Haitian Creole. Indiana University

Vázquez-Ayora, Gerardo (1977). Introducción a la Traductología. Georgetown University of Languages and Linguistics. United States of America.

Vernet, P. Téchenique d' écriture du créole haïtien. P. 101

Webster's Comprehensive Spanish-English Dictionary (2010), new edition. Merriam-Webster, Inc., United States of America.

INTERNET RESOUCES

http://a4esl.org/q/h/homonyms.html. *http://amnesia.eljuego.free.fr/Fichas_gramatica/*
FG_palabras_compuestas.htm#6

http://catedras.fsoc.uba.ar/rubinich/pareto.html

http://Creoles.free.fr/cours/groupes.htm

http://ec.hku.hk/mt/dictiona.htm

http://en.wikipedia.org/wiki/French_manual_alphabet

http://en.wikipedia.org/wiki/List_of_chemical_element_name_etymologies. http://es.wikipedia.
org/wiki/Diminutivo.

http://en.wikipedia.org/wiki/List_of_Puerto_Rican_slang_words_and_phrases"

http://es.wikipedia.org/wiki/Distribuci%C3%B3n_Pareto"

http://es.wikipedia.org/wiki/Filia

http://fr.wikipedia.org/wiki/Liste_des_phobies

http://french.about.com/library/begin/bl-dentist.htm

http://french.about.com/library/bl-frenchinEnglish-list.htm

http://french.about.com/library/express/blexpres.htm

http://french.about.com/library/fauxamis/blfauxam_z.htm

http://images.google.com.pr/imgres?imgurl

http://iteslj.org/Lessons/Alkire-Euphemisms.html

http://jumk.de/calc/longitud.shtml.

 http://martine6.club.fr/musimage/homonymes/homonymes.htm.

http://naxoseduKSion.blogspot.com/search/label/Lenguaje%20corporal

http://perso.club-internet.fr/jacbayle/livres/arKSreol/list12.htm http://www.oceanes.fr./~stomer/
francais/28oct_fr.htm (bannzil kreyòl)

http://perso.orange.fr/proverbes/anglais.htm

http://perso.orange.fr/proverbes/espagnol.htm

http://wikitravel.org/fr/Guide_linguistique_portugais. *http://www.123teachme.com/learn_spanish/*
augmentatives_diminutives.

http://www.americas.health-sector-reform.org/spanish/00001145.htm.

http://www.answers.com/topic/spanish-nouns

http://www.bbc.co.uk/religion/religions/

http://www.biblegateway.com/versions/index.php?action=getVersionInfo&vid=23

http://www.bio-conseil.net/Redactionnel/Divers/art_TabVitamine.html

http://www.carencrohighschool.org/la_studiesSeries/Creole/CreoleLanguage.htm http://www.deltabravo.net/custody/body.php

http://www.christianisrael.com/haitian_Creole/index.htm (the Bible)

http://www.dlh.lahora.com/ec/paginas/temas/variaciones111.htm.

http://www.dmu.edu/medterms/urinary/urinary_terms.htm

http://www.doctorshealthsupply.com/homeopath/vitamin_table.htm. http://www.down21.org/salud/neurobiologia/motivacion_2.htm

http://www.down21.org/educ_psc/educacion/menu.html#). http://66.46.185.79/bdl/gabarit_bdl.asp?Th=3&id=1852

http://www.elsene.irisnet.be/site/fr/sports/sports/sport.php?numsport=86

http://www.Englishclub.com/vocabulary/contractions-other.htm. http://www.enplenitud.com/nota.asp?articuloid=7254. *http://www.espagnolfacile.com/cgi2/myexam/voir2r.php?id=18863*

http://www.ethnologue.com/show_subject.asp?KODe=CRE.

http://www.eumed.net/cursecon/economistas/Pareto.htm

http://www.galicias.com/frases/educacion.htm.

http://www.geocities.com/Athens/Thebes/6177/ws-cognates.html. http://www.geocities.com/RainForest/8893/tabla1.htm.

http://www.geocities.com/frenchCreoles/kreyol/krldict.txt

http://www.gestiopolis.com/

http://www.guajara.com/wiki/fr/wikipedia/l/li/liste_des_listes.html.

http://www.haitianproverbs.com/

http://www.imp.ucla.edu/profiles/pwof01.htm

http://www.kokogiak.com/logolepsy/ow_c.html

http://www.ling.udel.edu/arena/morphology.html

http://www.linguist.de/tokpisin

http://www.mundofree.com/mariscal/consonantes.htm

http://www.mundofree.com/mariscal/homofonos.htm

http://www.mundofree.com/mariscal/homografos.htm

http://www.nakedtranslations.com/fr/2004/09/000235.php http://www.nyu.edu/pages/linguistics/anlcbk.html

http://www.ojohaven.com/collectives/

http://www.phobialist.com/

http://www.presse-francophone.org/apfa/langues/italien.htm

http://www.proftnj.com/alimvita.htm

http://www.proverbatim.com/haitian/

http://www.proverbes-citations.com/pwoverbes.htm

http://www.proverbios.com

http://www.rie.cl/?pa=584

http://www.rinkworks.com/words/linguistics.shtml

http://www.slideshare.net

http://www.stat.ucl.ac.be/

http://www.studyspanish.com/lessons/tenexp.htm

http://www.uaca.ac.cr/acta/1987feb/adimare.htm

http://www.uch.edu.ar/rrhh/

http://www.une.edu.au/langet/tokpisin.htm

http://www.unhchr.ch/udhr/lag/pdg.htm

http://www.uv.mx/eee/sp_interactivo/0046.aumentativos-diminutivos.htm

http://www.vistahigherlearning.com/pdfs/enfoques_toc.pdf

http://www.Whitesmoke.com

http://www.wikipedia.org/wiki/tok_pisi_language

http://www.wisdomquotes.com/cat_education.html

http://www.worldlanguage.com/languages/bislama.htm

http://www.WorldLanguageLearning.com/spanish

www.coumbithaitien.com/index2.html (constitution)

www.HaitiForever.com

www.HaitiForever.com.

www.haiti-reference.com/arts/culture/proverbes.html#danger

www.kaynou.org

www.librerimapou.com

www.mrsmcgowan.com/reading/stages.htm

www.oceanes.fr./~stomer/francais/28oct_fr.htm (bannzil kreyòl)

www.une.edu.au/langet/tokpisin.htm

www.vanuatuturism.com/bislama.htm

Printed in the United States
by Baker & Taylor Publisher Services